Die Anwendung des ABGB in Italien im 19. Jahrhundert
und seine historischen Aspekte

Salzburger Studien zum Europäischen Privatrecht

Herausgegeben von Prof. DDr. J. Michael Rainer

Band 30

PETER LANG
Frankfurt am Main · Berlin · Bern · Bruxelles · New York · Oxford · Wien

Daniele Mattiangeli

Die Anwendung des ABGB in Italien im 19. Jahrhundert und seine historischen Aspekte

PETER LANG
Internationaler Verlag der Wissenschaften

Bibliografische Information der Deutschen Nationalbibliothek
Die Deutsche Nationalbibliothek verzeichnet diese Publikation in der Deutschen Nationalbibliografie; detaillierte bibliografische Daten sind im Internet über http://dnb.d-nb.de abrufbar.

Für die finanzielle Unterstützung
bei der Drucklegung bedanken wir uns
bei der Stiftungs- und Förderungsgesellschaft
der Paris-Lodron-Universität Salzburg.

ISSN 1435-6069
ISBN 978-3-631-62359-6

Internationaler Verlag der Wissenschaften
Frankfurt am Main 2012

www.peterlang.de

Vorwort des Herausgebers

Dieses Buch entstand im Rahmen eines von mir geleiteten Projektes des österreichischen FWF. Zur Durchführung eines derartigen Vorhabens schien der Autor Daniele Mattiangeli als besonders geeignet, hatte er doch nach dem Erwerb eines italienischen Doktorates an der Universität Roma III auch ein österreichisches juristisches Doktorat erworben. Dem Autor ist es gelungen aufgrund zahlreicher Forschungsaufenthalte in Italien die Bedeutung des österreichischen Zivilgesetzbuches in weiten Teilen dieses Landes zu erfassen und in allgemein verständlicher Weise zu präsentieren. Richtigerweise hat der Verfasser dabei die Mühe nicht gescheut, die Geltung des österreichischen ABGB in jenen historischen Rahmen zu stellen, der erst die Rezeption bzw. die Ablehnung des Gesetzes in italienischen Gebieten erklären kann. Von besonderer Bedeutung erscheint in diesem Zusammenhang das Verhältnis des ABGB zum Code civil Frankreichs zu sein, hat doch das ABGB dieses Gesetzbuch nach Ende der napoleonischen Herrschaft abgelöst und wurde es seinerseits dann in jenen italienischen Provinzen, die im Verlaufe der kriegerischen Auseinandersetzungen zwischen Piemont, Savoyen und Österreich 1859 und zwischen Italien und Österreich 1866 an Italien fielen, wiederum von einem unmittelbar französisch beeinflussten Gesetzbuch, dem Codice civile von 1865 abgelöst. Daniele Mattiangeli hat bei seinen Untersuchungen weder die Rechtsprechung vernachlässigt, noch auf Originaldokumente, die bislang unveröffentlicht waren, verzichtet. Dieses in sich abgerundete und in seiner historischen Dimension überaus wertvolle Buch kann zweifellos einen nennenswerten Beitrag zur Rechtsgeschichte Österreichs und Italiens liefern.

J. M. Rainer

Vorwort des Autors

Zahlreiche Veranstaltungen wurden in den letzten Monaten anlässlich der 200 Jahr-Feier des ABGB organisiert. Für das aktuelle österreichische Privatrecht ist die aktuelle Diskussion über die Reformbedürfnisse des ABGB im heutigen europäischen Panorama sicher bedeutend. Die Geschichte des ABGB und seine Ausstrahlungen auf andere Rechtsordnungen in den vergangenen 200 Jahren sind jedoch ebenfalls ein sehr wichtiges Phänomen, das eine eigene Vertiefung und Überprüfung verdient. Aus diesem Grund, und auch um gemeinsame romanistische Wurzeln des ABGB in einer vergleichenden europäischen privatrechtlichen Perspektive zu untersuchen, hat Prof. J. M. Rainer vor drei Jahren ein Forschungsprojekt ins Leben gerufen, um diese Doppelproblematik zu untersuchen. Dieses Forschungsprojekt wurde vom FWF unterstützt, im Rahmen des Projektes ist unter anderem dieses Buch entstanden.

Untersucht wird die Umsetzung des ABGB in Nord-Italien und die darauffolgenden Ergebnisse, im Vergleich mit den vorhergehenden romanistischen Grundlagen des Rechts in den betroffenen Regionen und weiteren Einflüssen von ausländischen Gesetzgebungen, die in derselben Periode entstanden sind. Somit versucht dieses Buch ein wenig mehr Klarheit in historischem und juristischem Sinn über die Umsetzung des österreichischen Rechts in Nord-Italien im XIX. Jahrhundert zu schaffen.

Für die Entstehung und die Realisierung dieses Buches bin ich vielen Kollegen sehr dankbar. An erster Stelle möchte ich mich bei meinem Lehrmeister und Doktorvater Prof. Michael Rainer für die Idee und Initiative zu diesem Projekt, und die Möglichkeit, darin mitzuwirken, bedanken. Prof. Friedrich Harrer hat mich bei der Untersuchung der Ausstrahlungen des ABGB in Geschichte und Gegenwart der heutigen italienischen Privatrechtsordnung mit wertvollen Hinweisen unterstützt. Prof. Johannes Rainer danke ich für die Unterstützung bei der Übertragung des Dokuments von Giovanni Sardagna aus der deutschen Kurrentschrift. Prof. Brigitte Mazohl bin ich für sehr wichtige Hinweise zum geschichtlichen Aspekt dieser Arbeit und zur Untersuchung relevanter Dokumente zu Dank verpflichtet.

Ein großer Dank gebührt auch dem österreichischen Haus-, Hof- und Staatsarchiv, das zwei interessante Manuskripte von G. Grisi und G. Sardagna zur Verfügung gestellt hat, die in diesem Buch erstmals veröffentlicht werden können. Für die finanzielle Unterstützung bei der Drucklegung danke ich der Stiftungs- und Förderungsgesellschaft der Paris-Lodron-Universität Salzburg.

Daniele Mattiangeli

Inhaltsverzeichnis

1. Historische Ereignisse und sozial-politische Hintergründe der Gesellschaft in der Lombardei und in Venetien

1.1 Historische Ereignisse zwischen 1800 und 1859 in Nord-Italien

Zwischen dem Ende des XVIII. Jahrhunderts und dem Beginn des XIX. Jahrhunderts, ereigneten sich zahlreiche historische, politische und soziale Änderungen im Gebiet Nord-Italiens[1].

Am Ende des XVIII. Jahrhunderts und vor der französischen Revolution, ist die Geschichte Nord-Italiens fragmentiert und kompliziert, das politische Panorama der nord-italienischen Städte stark geteilt.

In Mailand gab es noch das „Ducato di Milano", in Venedig, Friaul, Istrien, Dalmatien und in einem Teil der Lombardei die venezianische Republik, in Nord-Emilien verschiedene kleine Frei-Städte, Herrschaften („signorie") und Fürstentümer: Das Herzogtum von Parma, das Herzogtum von Modena, das Herzogtum von Ferrara (das später an den „Stato Pontificio" ging) und die Romagna waren noch unter der Herrschaft des „Stato Pontificio"[2].

Die politische und soziale Konfiguration Nord-Italiens war sehr unterschiedlich und in zahlreiche Herrschaften geteilt, ähnlich der Situation der mittelalterlichen Periode. Die Herrschaften waren andere, da die meisten vom österreichischen Kaiserreich abhängig waren und nicht mehr von den Franzosen oder den Spaniern, aber die Spaltung der nord-italienischen Bevölkerung war im politischen, sozialen und geographischen Sinn gleich[3].

Zwischen 1796 und 1814 ändert sich das politische Klima in Nord-Italien radikal. Mit der französischen Revolution und ihren Ideen der Freiheit, Gleichheit und Brüderlichkeit breitet sich das Gedankengut der französischen „Philosophen" auch in Italien aus[4]. Auch die Herrschaften Nord-Italiens wurden von diesen Ideen berührt und beeinflusst. So beginnen verschiedene neue politischen und sozialen Ideen die nord-italienische Gesellschaft zu beeinflussen und zu ändern, und immer breitere Schichten sind der Ansicht, dass sich auch in Italien

1 G. Candeloro, *Storia dell'Italia moderna, I: Le origini del Risorgimento*, Mailand 1956, S. 26 f.

2 Vgl. L. Guerci, *Le monarchie assolute, II: Permanenze e mutamenti nell'Europa del Settecento*, Turin 1986, S. 140 f. und, Allgemein über diese Periode, S. 502 ss.

3 A. Giardina/V. Vidotto, *Manuale di Storia, II: L'età moderna*, Bari 1996, S. 420 f.

4 F. Diaz, *Dal movimento dei Lumi al movimento di popoli. L'europa tra illuminismo e rivoluzione*, Bologna 1986, S. 311 f.; S. 683 f.

etwas ändern sollte[5]. Die Menschen möchten die Gesellschaft des „Ancien Régime" ändern und beginnen zu glauben, dass jeder Mensch gleichgestellt und frei sei, ohne von einem Herren beherrscht zu sein[6]. Die Bevölkerung, in Anbetracht der französischen Ereignisse, lehnt sich mehr und mehr auf, Untertanen von Prinzen und Herzögen zu sein. Die Unzufriedenheit und der Wille zur Freiheit der Italiener steigen in jedem Teil Italiens, und erleichtern dabei den zukünftigen Auftritt Napoleons. Tatsächlich werden Napoleon und die französische Armee als Befreiungs-Besetzung gesehen, deren Ankunft bejubelt wird[7].

Am 12. März 1796 beginnt die sogenannte italienische Kampagne, und Napoleon zieht mit 38.000 schlecht ausgerüsteten Soldaten in Nord-Italien ein, um die Österreicher an den südlichen Grenzen ihres Kaiserreichs zu schwächen[8]. In Wirklichkeit sollte diese Kampagne (nach den Plänen des „Direktoriums") nur ein Ablenkungsmanöver gegen die Österreicher sein, um diese in Italien zu mobilisieren, sodass weitere französische Truppen die nördlichen Grenzen am Rhein, ohne großen Widerstand der österreichischen Armee, angreifen konnten.

Napoleon verwandelt jedoch ein einfaches Ablenkungsmanöver in einen der erfolgreichsten Siege gegen die Österreicher. Zuerst gelingt es ihm, die Armee für diese Kampagne unter Einsetzung moderner Propaganda-Maßnahmen zu begeistern. Gleichzeitig weckte Napoleon auch die Sympathie der italienischen Bevölkerung, die ihn als Befreier sah. Dank dieser beiden Faktoren gelingt es Napoleon, ganz Nord-Italien zu verändern und eine Basis für die zukünftige Italienische Republik zu gründen[9]. Während der italienischen Kampagne gewinnt Napoleon zuerst gegen die piemontesischen Truppen von Vittorio Amedeo von Savoia, der mit den Österreicher alliiert war, und siegt später endgültig bei der Schlacht von Lodi gegen die österreichische Armee, die 70.000 Männer (also das doppelte der eigenen Armee) zählte[10].

Den Sieg bejubelten nicht nur Bonapartes Soldaten, sondern auch die Einwohner Mailands[11]. Nach der Schlacht von Lodi konnte Napoleon weitere Siege

---

5 D. Carpanetto/G. Ricuperati, *L'Italia del settecento. Crisi, trasformazioni, Lumi*, Bari 1986, S. 9 f.

6 P. Macry, *Introduzione alla storia della società moderna e contemporanea*, Bologna 1980, S. 20 f.

7 Über die Beziehungen zwischen der Bevölkerung und Napoleon, und seine Propaganda, um als „Befreier und Retter" der Völker zu erscheinen, siehe im Allgemeinen: J. Tulard, *Napoleone. Il mito del salvatore*, Mailand 1980.

8 D. G. Chandler, *The Campaigns of Napoleon*, I, London 1973, S. 35 f.

9 Nicht zu vergessen ist, dass der „Tricolore", die italienische Flagge (Grün-weiß-rot), auf Napoleon zurückgeht.

10 D.G. Chandler, *The Campaigns of Napoleon*, I, London 1973, S. 101 f.

11 F. McLynn, *Napoleon. A biography*, New York 2011, S. 113 f.

erringen, Österreich war beim Friedensschluss von Campo Formio schließlich gezwungen, auf beträchtliche Gebiete zu verzichten. Nach dem Frieden errichtete Bonaparte in Nord-Italien die Cisalpinische Republik[12] und die Ligurische Republik als Tochterstaaten der französischen Republik. Die militärischen Erfolge verhelfen ihm zu steigender Popularität in Frankreich, die wiederum Unbehagen beim dort herrschenden Direktorium verursacht[13].

Auch Rom erlebt eine Revolution (die Römische Republik) und in ganz Italien möchten sich immer mehr Menschen vom herrschenden Adel auf „französische Art" befreien. So entstehen zwischen 1797 und 1800 die transpadanische Republik, die Republik von Ancona („Repubblica anconetana") und die Römische Republik.

Später, mit dem Konsulat und dem Kaiserreich, wurde Napoleon vorher Konsul (im Dezember 1799 wurde er als „erster Konsul" für 10 Jahre gewählt und im August 1802 durch eine Volksabstimmung Konsul auf Lebenszeit) und danach auch Kaiser (nach einer Volksabstimmung krönte sich Napoleon am 2. Dezember 1804 in Paris selbst zum Kaiser, in Anwesenheit von Pius VII[14]). Aufgrund der neuen Kriegserfolge ergeben sich auch wieder Änderungen in Italien. In Frankreich gelingt Napoleon inzwischen die Gründung der „Banque de France" (Anfang 1804) und der Erlass des berühmten „Code Civil" (1804)[15].

Ebenfalls im Jahre 1804 entsteht in Italien das sogenannte Italienische Königreich[16], das mehr oder weniger ganz Nord-Italien beinhaltete. Das Italienische Königreich ist Nachfolger der Italienischen Republik (deren Präsident Napoleon von 1802 bis 1805 war[17]), die wiederum Nachfolgerin der Cisalpinischen Republik (nach den „*Comizi di Lione*") war.

Auf ein paar Jahren der Ruhe (1803-04) folgt wieder Krieg. Zar Alexander I. schließt im April 1805 ein Bündnis mit Großbritannien, um Frankreich auf seine alten Grenzen zurückzuwerfen[18]. Dem Bündnis des Zaren gehörten Österreich, Schweden und Neapel an, zur Gegenseite zählten viele deutsche Bundesländer,

---

12 Siehe L. Fauvelet de Bourienne, *Memoirs of Napoleon Bonaparte*, I, London 1836, S. 391 f.

13 F. Herre, *Napoleon Bonaparte. Eine Biographie*, München 2006, S. 45-56 und L. Bergeron, France under Napoleon, Princeton 1981, S. 87 f.

14 V. Veltzke, *Napoleon: Trikolore und Kaiseradler über Rhein und Weser*, Köln 2007, S. 11.

15 Der Code Civil wurde 1804 erlassen. Die letzte Fassung des Gesetzbuches erstellte der sehr talentierte Jurist J.M.E. Portalis.

16 C. Dipper, *Napoleonische Herrschaft in Deutschland und Italien*, Berlin 1995, S. 270 f.

17 Napoleon wurde 1802 zum Präsidenten der italienischen Republik ernannt, der Mailänder Francesco Melzi d'Eril wurde Vize-Präsident.

18 T. Riotte, *Hannover in der britischen Politik*, Münster 2005, S. 132 f.

unter anderem Bayern[19]. Dieser Krieg endet wieder mit einem erfolgreichen Sieg von Napoleon, dem berühmten Sieg von Austerlitz[20], und am 26. Dezember 1805 wird mit Österreich der Friedensvertrag von Pressburg geschlossen. Das unterlegene Österreich verliert unter anderem die letzten italienischen Territorien, die an das Königreich Italien gehen[21]. Mit strategischer Heiratspolitik versucht Napoleon, seine Machtansprüche zu verfestigen[22]. Nach 1805 verlieren die Österreicher auch Venedig und Dalmatien. Venedig wird dem „Regno d'Italia" zugeordnet und Dalmatien (zusammen mit Görz und Istrien) der illyrischen Provinz mit Hauptstadt in Ljubljana[23].

Napoleon wird am 26. Juni 1805 in Mailand mit der Eisernen Krone der Langobarden zum König Italiens gekrönt[24]. Ein weiterer Streitpunkt mit Österreich eröffnet sich, da der österreichische Kaiser Franz der II., als Kaiser des „sacrum romanum imperium", auch Kaiser aller „Römer" war. Dies löst sich mit der Niederlage der Österreicher im III. Koalitionskrieg und mit dem offiziellen Ende des „sacrum romanum imperium" 1807[25].

In diesen Jahren verschlechtern sich die Beziehungen Napoleons zu Preußen, das mit dem russischen Zaren ein geheimes Bündnis schließt. Gleichzeitig fordert die neue Koalition Napoleon im August 1806 auf, seine Truppen hinter den Rhein zurückzuziehen[26]. Im Oktober 1806 stoßen die Truppen Napoleons und die der neuen Koalition bei der Schlacht bei Jena und Auerstadt gegeneinander, die preußischen Truppen werden vernichtend geschlagen; die französischen Truppen marschieren in Berlin ein. Der Krieg geht weiter und Napoleon bringt seine Truppen in Richtung Polen und Russland, erfährt auch erste Rückschläge[27], hat aber bald ganz Kontinentaleuropa mehr oder weniger unter seiner Kontrolle[28].

---

19 A. Giardina, V. Vidotto, *Manuale di Storia, II: L'età moderna*, Bari 1996, S. 538.

20 Während dieser Kampagne gelingt es Napoleon sogar, Wien zu erobern.

21 A. Giardina, V. Vidotto, *Manuale di Storia, II: L'età moderna*, Bari 1996, S. 539.

22 S. J. Woolf, *Napoleone e la conquista dell'Europa*, Bari 1990, S. 36 f.

23 A. Bauer, *Europa und seine Regionen: 2000 Jahre Rechtsgeschichte*, Köln 2007, S. 558.

24 Zur eisernen Krone und ihre Geschichte siehe R. Bombelli, *Storia della corona ferrea dei re d'Italia*, Firenze 1870, S. 1 f.

25 Siehe F. Pesendorfer, *Eiserne Krone und Doppeladler*, Wien, S. 10.

26 H. P. Geerke, *Napoleon vom Leutnant zum Kaiser*, Leipzig 1913, S. 189 f.

27 G. Lefebvre, *Napoleon*, Stuttgart 2003, S. 228 f.

28 G. Lefebvre, *Napoleon*, Stuttgart 2003, S. 227.

Nach diesen erfolgreichen Perioden, in denen Napoleon direkt oder indirekt die gesamte europäische Politik beeinflussen konnte[29], wechselt sich Napoleons Schicksal und die Gestaltung Europas ändert sich nocheinmal.

Im April 1809 entscheidet sich Napoleon, einen weiteren Krieg gegen Österreich zu führen, bei der Schlacht von Aspern-Essling gelingt es den Österreicher dem französischen Vormarsch Einhalt zu gebieten[30]. Nach dieser ersten Niederlage Napoleons gelingt ihm jedoch in der Schlacht bei Wagram der Sieg über Österreich, das in Folge auf Dalmatien, Zentralkroatien, die Krain und das Küstenland verzichten muss.

Um die Verbindungen mit Österreich zu stärken, heiratet er, nach der Scheidung von Joséphine, 1810 Marie-Louise von Habsburg[31], die älteste Tochter des österreichischen Kaisers Franz I. Gleichzeitig verschlechtern sich aber die Beziehungen mit Zar Alexander I, die zum Kriegszug der „Grande Armée" gegen Russland führen sollte[32]. Nach anfänglichen Siegen bleibt den Resten der Grande Armée nur der Rückzug, geschwächt und dezimiert durch die russische Politik der verbrannten Erde, und der endgültigen Niederlage in der Schlacht an der Beresina[33]. Zurück in Frankreich breitet sich langsam Widerstand ehemaliger Verbündeter und auch feindlicher Staaten aus, der in einem Ultimatum gegen Napoleon am Friedenskongress in Prag mündet[34]. Nach Widerständen Napoleons erfolgt die endgültige Niederlage der Franzosen 1813 in Leipzig, Napoleon zieht sich mit den Resten seiner Armee hinter den Rhein zurück.

Das Ende Napoleons rückte immer näher und auch in Frankreich regt sich öffentlicher Widerspruch gegen das Regime des Kaisers, der am 4. Mai 1814 ins Exil auf Elba ging, am 1. März 1815 jedoch nach Frankreich zurückkehrte. Nach der Rückkehr Napoleons entscheiden sich Österreich, Russland, Großbritannien und Preußen auf dem Wiener Kongress zum militärischen Einsatz. Der Krieg mit Napoleon geht weiter, wenn auch zum letzten Mal. Nach anfänglichen Siegen unterliegt er in Waterloo, und wird auf Beschluss der Alliierten nach St. Helena im Südatlantik verbannt[35].

---

29 H. Butterfield, *The Peace Tactics of Napoleon 1806-1808*, III, Cambridge 1929, S. 269 f.

30 W. M. Sloan, *Life of Napoleon Bonaparte*, III, Whitefish 2005, S. 170.

31 J. Bertaut, *Marie Louise, la Femme de Napoleon I*, 1791-1847, Paris 1940, S. 16 f.

32 A. Giardina, V. Vidotto, *Manuale di Storia, II: L'età moderna*, Bari 1996, S. 544.

33 G. F. Nafziger, *Napoleon's invasion of Russia*, New York 1998, S. 228 ff.; S. 330 f.

34 W. Zimmermann, *Die Befreiungskämpfe der Deutschen gegen Napoleon*, Stuttgart/Leipzig 1836, S. 598 ff.

35 Eine interessante Monographie über die Gefangenschaft von Napoleon in St. Helena ist C.T. Montholon, *History oft he captivity of Napoleon at St. Helena*, London 1846, S. 140 f.

Nach dem Fall Napoleons beginnt in Europa die sogenannte Periode der Restauration. Während des Wiener Kongresses, vom 18. September 1814 bis 9. Juni 1815, wurden in Europa neue Grenzen festgesetzt und neue Staaten erschaffen.

Unter der Leitung des österreichischen Außenministers Metternich[36] (der tatsächlich Geist und „Seele" dieses Kongresses war), treffen sich Vertreter aus den wichtigsten europäischen Staaten und Herrschaften; unter ihnen Österreich, Preussen, Großbritannien, Frankreich, Schweiz, Russland und der Vatikan[37].

Die territoriale Neuordnung Europas war total, fast alle Grenzen der vorigen Länder wurden neu gestaltet[38]. Neue Länder, Herrschaften, kleine Königreiche und Prinzipate entstanden, andere wiederum verschwanden. Viele Änderungen traten ein, vor allem in den vorigen österreichischen Gebieten des ehemaligen Heiligen römischen Kaiserreichs. Hier wird nur auf die Änderungen in Österreich, Schweiz und Italien verwiesen. Der österreichische Kaiser verzichtete auf seine Ansprüche in den Niederlanden und am Oberrhein, und sollte sich im Allgemeinen aus dem deutschen Westen zurückziehen[39], erhielt aber wieder Galizien und Illyrien. Salzburg und das Innviertel konnten als neue Gebiete gewonnen werden. Die niederländischen Territorien Österreichs gingen an das neu geschaffene Vereinigte Königreich der Niederlande unter dem Haus Oranien-Nassau[40], das auch den Großherzog von Luxemburg bestimmen konnte. Die Schweiz verlor Veltlin, Chiavenna und Bormio sowie die Stadt Mülhausen im Elsass, gewann aber auch weitere Gebiete hinzu (u. a. Basel, Fricktal, Rhäzuns und Tarasp). Zu diesem Zeitpunkt beginnt die Doktrin der schweizerischen Außenpolitik, die auf der Neutralität und auf der Unabhängigkeit von jedem fremden Einfluss durch die europäischen Großmächte basiert.

In Nord- und Mittelitalien wurden viele österreichnahe Herrschaften geschaffen. Das Herzogtum von Parma und Piacenza und Guastalla (in dem als Herrscherin die Ehefrau von Napoleon, Marie-Louise Habsburg, eingesetzt wur-

---

36 C. Pötsch, *Metternich: Seine Politik und sein Europaverständnis*, Norderstedt 2006, S. 9 f.

37 Zur Geschichte des neuen französischen König Luis-Philippe und seine Herrschaft siehe: J. Bertaut, *Le roi bourgeois*, Paris 1936, S. 7 f.

38 P. Krüger, *Das unberechenbare Europa: Epochen des Integrationsprozesses vom späten 18. Jahrhundert bis zur Europäischen Union*, Stuttgart 2006, S. 35 f.

39 K. Vocelka, *Österreichische Geschichte*, München 2007, S. 71 f.

40 O. Mörke, *Das Haus Oranien Nassau als Brückenglied zwischen den politischen Kulturen der niederländischen Republik und der deutschen Fürstenstaaten*, in H. Lademacher (Hrsg.), *Oranien-Nassau, Die Niederlande und das Reich*, Münster/Hamburg 1995, S. 47 f.

de), das Großherzogtum „Granducato di Toscana“[41] und das Herzogtum von Modena und Reggio[42] sowie das Herzogtum von Lucca[43].

In Neapel wurde die alte Dynastie der Bourbonen wiederhergestellt[44], auch in Piemont-Sardinien wurde die alte Herrschaft restauriert (Sardinien-Piemont erhielt zusätzlich Genua). Acuh der Kirchenstaat wird mit vielen ehemaligen Gebieten wiederhergestellt. In dieser neuen Gestaltung entstand auch das Königreich Lombardo-Venetien[45], das als solches am 9. Juni 1815 nach dem Wiener Kongress aus den Gebieten Lombardei und Venetien des Königreichs Italiens (die Lombardei zählte bereits zur von Napoleon gegründeten Cisalpinischen Republik, aus der 1805 das Königreich Italien hervorging[46]) begründet wurde.

Die Amtssprache des neuen Königreiches, das vom Kaiser von Österreich regiert wurde, war italienisch. Zwischen 1815 und 1848 vertrat ein Vizekönig den österreichischen Kaiser, danach General-Gouverneure (unter anderem Josef Wenzel Graf Radetzky und Maximilian von Mexiko)[47]. Das Königreich Lombardo-Venetien zählte rund 5.173.000 Einwohner (1857) auf einer Fläche von 47.500 Quadratkilometern[48]. Der erste König des Lombardo-Venetianischen Königreichs war Franz I, Kaiser von Österreich (1815-1835), der zweite Ferdinand I, Kaiser von Österreich (1835-1848), und der letzte Franz–Joseph I, Kaiser von Österreich und König von Ungarn (1848-1866). Nach der Schlacht von Solferino (Frieden von Villafranca) musste Österreich auf die Lombardei zugunsten Frankreichs verzichten (das es mit Sardinien zum Tausch gegen Nizza einsetzte) [49]. Venetien und auch das Gebiet von Mantua gingen schließlich 1866 an das neu gegründete Italien.

Das Königreich Lombardo-Venetien ist wichtiger Gegenstand der aktuellen Arbeit, da hier (wie auch im Friaul und in Trentino-Südtirol) das ABGB umge-

---

41 Siehe das interessante und sehr seltene Buch von J.R. Galluzzi, *Istoria del Granducato di Toscana*, IV, Florenz 1822, S. 32 f.

42 *Archiv für Kunde österreichischer Geschichtsquellen*, Band 23, Wien 1860, S. 212 f.

43 *Mitteilungen des Instituts für Österreichische Geschichtsforschung*, Band 7, Ausgaben 2-3, Wien 1949, S. 281 f.

44 A. Omodeo, *Die Erneuerung Italiens und die Geschichte Europas 1700-1920*, Zürich 1951, S. 319-325.

45 M. Meriggi, *Il regno Lombardo-Veneto*, Turin 1987, S. 2 f.

46 J. Willms, *Napoleon: Eine Biographie*, München 2005 , S. 306 f.

47 Siehe F. Valsecchi, *Il dominio del Lombardo-veneto e i problemi della politica austriaca in Italia*, in R. Giusti, *Il Lombardo-Veneto (1815-1866), Atti del convegno storico*, Mantua 1977, S. 3 f.

48 M. Meriggi, *Il regno Lombardo-Veneto*, Turin 1987, S. 33 f.

49 Siehe das historische Buch von E. von Olberg, *Die französische Armee auf dem Exerzierplatze und im Feld. Mit einem Rückblick auf den Feldzug in Italien im Jahre 1859*, Berlin 1861, S. 150 f.

setzt wurde[50]. Die allgemeine historische Einführung möchte die Schwierigkeiten und die Hintergründe der späteren gesellschaftlichen und politischen Entwicklung dieses Landes zeigen.

1.2 Die politische und soziale Entwicklung nach der Restauration in der Lombardei und Venetien

Der Name Lombardo-Venetien entstammt einer langen und umstrittenen Diskussion[51], die auf der Tatsache basiert, dass die Lombardei und Venetien, nach dem langobardischen Kaiserreich, kein einziges Mal vereinigt waren[52]. Aus diesem Grund waren die Österreicher der Ansicht, dass sie es mit der Verwendung anderer Bezeichnungen (wie zum Beispiel „Granducato di Milano" oder „Repubblica di Venezia") nie erreicht hätten, diese beide Bevölkerungen zu einigen, sondern sich im Gegenteil den Zorn der Venezianer oder der Lombarden zugezogen hätten. Ebenfalls ausgeschlossen wurde die napoleonische Bezeichnung (Regno d'Italia) oder österreichnahe Bezeichnungen wie Österreichisch-Italien oder Ost- und Westitalien, die unter der italienischen Bevölkerung wahrscheinlich wenig Gefallen gefunden hätten.

Die Österreicher entschließen sich für eine allgemeine „geographische" Bezeichnung. Diese lange und umstrittene Entscheidung spiegelte sehr gut die Künstlichkeit dieser neuen, verwaltungsorientierten Schaffung wieder[53].

Diese neue bürokratische Kreation war in Wirklichkeit eine absolute Monarchie unter dem Österreichischen Kaiser, diente aber dazu, die Norditaliener an eine „Scheinautonomie" glauben zu lassen. Es gab eine Hauptstadt (von 1815 bis 1859 Mailand und von 1859 bis 1866 Venedig) und zwei verschiedene Regierungen: eine in der Lombardei und eine in Venetien[54]. Die zwei Regierungen basierten, auf Grund der historischen und politischen Unterschiede zwischen der Lombardei und Venetien, auf zwei verschiedenen Formen: ein Herzogtum in Mailand und eine Republik in Venedig. Andere ex-venezianische Territorien, wie zum Beispiel Triest oder Nord-Dalmatien waren im Gegenteil direkt dem

---

50 B. Eccher, *Das ABGB und die italienische Privatrechtswissenschaft*, G. Pallaver, Geschichte, Institutionen und Recht bei Karl Anton von Martini. Trient 2002, S. 251.

51 M. Meriggi, *Il regno Lombardo-Veneto*, Turin 1987, S. 30 f.

52 A. Giardina, V. Vidotto, *Manuale di Storia, II: L'età moderna*, Bari 1996, S. 346 f.

53 F. Valsecchi, *Il dominio del Lombardo-Veneto e i problemi della politica austriaca in Italia*, in R. Giusti, *Il Lombardo-Veneto (1815-1866), Atti del convegno storico*, Mantua 1977, S. 3 f.

54 M. Meriggi, *Il regno Lombardo-Veneto*, Turin 1987, S. 42 f.

Österreichischen Kaiserreich zugeordnet[55]. Offiziell wurde Lombardo-Venetien vom österreichischen Kaiser beherrscht. Dieser herrschte durch den Vize-König, der in Mailand und Venedig seine Residenz hatte[56].

Jede Regierung Lombardo-Venetiens bestand aus einem Gouverneur und einem Rat („Consiglio di Governo"), in dem die politischen Angelegenheiten behandelt wurden. Sie konnte die Bereiche Zensur, interne Verwaltung, lokale Steuern, Ausbildung, öffentliche Bauarbeiten und Provinzial-Angelegenheiten behandeln. Fast die gesamte „exekutive" Macht lag in den Händen des Gouverneurs und des Rates, wie auch das Kommando über die italienische Armee. Nur die Finanzverwaltung und die Leitung und Organisation der Polizei waren direkt von der kaiserlichen Regierung in Wien kontrolliert, die auch den Gouverneur direkt ernannte.

Der Vize-König hatte in Wirklichkeit nur eine Honorarfunktion und Randrolle, da die wichtigsten Kompetenzen in der Hand des Gouverneurs lagen[57]; er konnte Feiern und Bälle ausrichten, den italienischen Adeligen verschiedene Honorartitel vermitteln, oder aber an den Zeremonien teilnehmen.

Die wichtigsten Stellen des Königreichs „Lombardo-Veneto" wurden vom Kaiser bestimmt, der diese fast nur an Deutsche oder Österreicher vergab. Auch die Gouverneure und Offiziere der Armee waren Österreicher oder Deutsche. Natürlich waren auch der Vize-König oder der Generalgouverneur österreichischer[58] oder deutscher Herkunft. Zeugnis hierfür liefert beispielsweise die Aussage des Adeligen Paolo de' Capitani 1832 an Metternich: "*Che necessità c'è di far occupare ogni posto notevole da tirolesi e da sudditi di altre provincie*"[59]. Die wichtigsten Stellen wurden vor allem an Tiroler vergeben[60], die „leitende Klasse" der Lombardei und Venetien bestand Großteils aus Tirolern, Österreichern und Deutschen; fast kein Italiener zählte zu ihr. Dieser Zustand unterschied sich deutlich von der Politik der Periode von Maria Theresa. Die Kaiserin

55 D. Nohlen, D. Sternberger, B. Vogel, K. Landfried, *Die Wahl der Parlamente: Europa, II*, Berlin 1969, S. 921 f.

56 M. Meriggi, *Il regno Lombardo-Veneto*, Turin 1987, S. 33 f.

57 Siehe B. Mazohl, *Gli ultimi anni del dominio austriaco in Lombardia*, in R. Giusti (Hg.), *Il Lombardo-Veneto (1815-1866)*, Mantua 1977, S. 78 f.

58 Die Vize-Könige Lombardo-Venetiens waren: Prinz Heinrich XV. Reuß zu Plauen (1814-15), Graf Friedrich Heinrich von Bellgarde (1815-16), Erzherzog Anton von Österreich (1816-18), Erzherzog Rainer von Österreich (1818-1848). Die Generalgouverneure: Kaiser Franz Joseph von Österreich (1848-59), Graf Joseph Radetzky von Radetz (1848-57), Erzherzog Maximilian von Österreich (1857-59).

59 F. Arese, *La Lombardia e la politica dell'Austria: Un colloquio inedito del Metternich nel 1832*, in *Archivio storico Lombardo*, serie ottava, volume II, Mailand 1950, S. 1-55.

60 F. Arese, *La Lombardia e la politica dell'Austria: Un colloquio inedito del Metternich nel 1832*, in *Archivio storico Lombardo*, serie ottava, volume II, Mailand 1950, S. 3.

versuchte, die Italiener in die österreichische Verwaltung zu integrieren, um eine echte kulturelle Integration zu erreichen und um die italienischen Untertanen mit der österreichischen Krone zu verbinden[61].

Diese politische Integration zwischen Italienern und Österreichern war auch ein Ziel des Wiener Kongresses von 1815. Die neue Situation der italienischen Politik und die Aufstände 1820-21 zwangen die Österreicher zu einem Strategiewechsel. Diese neue Strategie, die auch von der Polizei stark beeinflusst war, führt bald dazu, die Lage noch zu verschlechtern und das Ende der österreichischen Monarchie in Italien zu verursachen. Eine große Rolle in dieser Strategie spielt auch der Gouverneur Radetzky, der in Italien einen Polizei-Staat erschuf[62].

Diese neue Strategie verursacht unter den Italienern noch mehr Misstrauen, und, aufgrund der strengen und ungerecht empfundenen Aktionen der österreichischen Polizei, vergrößert sich der Hass gegen die Österreicher.

Berühmt war zB das Buch von Silvio Pellico „*Le mie prigioni*[63]", in dem der Italiener von der Brutalität der österreichischen Polizei gegen italienische politische Gefangenen erzählt.

Zwischen 1821 und 1847 verfolgt und kontrolliert die Polizei, auf Befehl von Radetzky und seiner untergeordneten Offiziere, viele italienischen Einwohner Lombardo-Venetiens auf systematische Weise. Gleichzeitig entziehen der Gouverneur und die Leiter der Armee dem italienischen Adel alle wichtigen Stellen in der Verwaltung und alle Offizierspositionen der Armee, und besetzten sie mit Deutschen und Österreichern (vor allem Tirolern)[64].

Diese neue Politik von Metternich und von Radetzky verursacht viele Probleme in der Gesellschaft[65]. Zu Beginn freute sich der italienische Adel noch darüber, dass die österreichische Monarchie Napoleon besiegt hatte, in der Ansicht, ihre alten Privilegien zurückgewinnen zu können. Nachdem der Adel jedoch einsah, dass die wichtigen Stellen der Verwaltung und der Armee nicht mehr erreichbar waren, ließ die Begeisterung für die österreichische Monarchie wieder ab[66]. Den Adeligen wurde nur die Teilnahme an den „*congregazioni provin-*

61 A. Contini, *I Lorenesi in Toscana. Un innesto difficile*, in B. Mazohl, M. Meriggi (Hg.), *Österreichisches Italien - Italienisches Österreich?*, Wien 1999, S. 55 f.

62 B. Mazohl, *Gli ultimi anni del dominio austriaco in Lombardia*, in R. Giusti (Hg.), *Il Lombardo-Veneto (1815-1866)*, Mantua 1977, S. 78 f.

63 S. Pellico, *Le mie Prigioni*, Mailand 1986 (Erstauflage 1832).

64 C. Donati, *L'organizzazione militare della monarchia austriaca nel secolo XVIII e i suoi rapporti con i territori e le popolazioni italiane*, in B. Mazohl, M. Meriggi (Hg.), *Österreichisches Italien - Italienisches Österreich?*, Wien 1999, S. 297 f.

65 F. H von Hellwald, *Der österreichische Feldmarshall Graf Radetzky: Eine biographische Skizze*, Stuttgart/Augsburg 1858, S. 438 f.

66 M. Meriggi, *Il regno Lombardo-Veneto*, Turin 1987, S. 118 f.; S. 140 f.

ciali" erlaubt, die in Wirklichkeit nur lokale und politisch unwichtige Angelegenheiten regelten, wie die Wartung der Straßen und der kommunalen Gebäuden, oder die Beziehungen mit den Pfarren[67].

Die einzige wichtige Rolle, die den Italienern gelassen wurde, war die Leitung der wichtigsten Theater, wie die „*Scala*" von Mailand und die „*Fenice*" von Venedig[68]. Die Direktion dieses, für die Periode wichtigen Kommunikationsmittels, setzten die Italiener sehr gut im Sinne einer anti-österreichischen Propaganda ein[69]. Ein bedeutendes Beispiel stellt Giuseppe Verdi dar, der viele seiner Werke in Mailand und Venedig aufführte[70]. Die Österreicher unterschätzten jedenfalls die Kommunikationsmacht der Theater, die eingesetzt wurden, um die Ideologie der italienischen Heimat zu verbreiten und die Zustimmung der breiten Bevölkerung zu gewinnen[71].

Die „italienische *causa*" wurde zum ersten Mal nicht nur von den normalen Menschen unterstützt, sondern auch seitens der sonst sehr konservativ eingestellten Adeligen. Die formelle und unbedeutende Rolle der Adeligen im österreichischen Lombardo-Venetien gefiel diesen nicht, sie unterstützten die „italienischen Revolutionsideen" nicht nur persönlich, sondern auch ökonomisch[72].

Wenn auch die Österreicher versuchten, die Karte der Tradition zu spielen, war dies wahrscheinlich zu spät und jedenfalls erfolglos. Sie versuchten, Traditionen dieser Gebiete einzusetzen, wie die Nutzung der sogenannten „Corona Ferrea", der eisernen Krone der Langobarden[73].

Diese Krone (wie bereits in der Zeit Napoleons) wurde auch zur offiziellen Krone des Königreiches Lombardo-Venetiens[74], die Krönung des Vize-Königs erfolgte im Dom von Mailand. Auch der von Napoleon eingeführte Orden der Eisernen Krone wurde beibehalten, mit dem viele lombardischen Adeligen geehrt wurden[75]. Diese Maßnahmen erfolgten zu spät, und schienen den Italienern vor allem inhaltslos, denn das wichtigste Problem der Adeligen, keine tatsächli-

---

67 F. Pesendorfer, *Eiserne Krone und Doppeladler*, Wien 1992 , S. 146.

68 M. Meriggi, *Il regno Lombardo-Veneto*, Turin 1987, S. 118 f.; S. 110 f.

69 N. Mangini, *Sulla politica teatrale dell'Austria nel Lombardo-Veneto*, in R. Giusti (Hgbr.), *Il Lombardo-Veneto (1815-1866). Atti del convegno storico*, Mantua 1977, S. 139 f.

70 M. Conati, *La Bottega della Musica. Verdi e la Fenice*, Mailand 1983, S. 149-150

71 M. Deambrois, *La stampa della restaurazione nel Lombardo-Veneto*, in R. Giusti (Hbgr.), *Il Lombardo-Veneto (1815-1866). Atti del convegno storico*, Mantua 1977, S. 161 f.

72 F. Pesendorfer, *Eiserne Krone und Doppeladler*, Wien 1992, S. 147

73 F. Pesendorfer, *Eiserne Krone und Doppeladler*, Wien 1992, S. 125 f.

74 A. von Helfert, *Zur Geschichte des lombardo-venetianischen Königreichs*, Wien 1908, S. 285 f.

75 M. Meriggi, *Il regno Lombardo-Veneto*, Turin 1987, S. 93 f.

che Macht ausüben zu können, blieb bestehen[76], die Autonomie des Königreichs war nur eine „Schein-Autonomie". Die Italiener empfanden Österreich nur als Besetzungsmacht, die an keiner Integration interessiert war, und den Lombarden und den Venezianern keine Autonomie zugestehen wollte[77]. Diese Überlegungen führten zur politischen und sozialen Instabilität dieses Königreiches.

Die neue österreichische Politik von Radetzky konnte die italienische Revolution 1848 in Mailand und Venedig nicht vermeiden, vielmehr verursachte sie diese. Tatsächlich, am 22. März 1848, nach den sogenannten „Cinque giornate di Milano", wurden die Österreicher aus Mailand und Venedig vertrieben. Die zwei Regierungen und ihre Räte wurden durch zwei neue republikanische und vorläufige Regierungen ersetzt[78]: die vorläufige Regierung von Mailand und die „wiedergeborene" Republik von Venedig in der Lombardei resp. in Venetien[79].

Diese Revolution dauerte nur kurz an, da die Italiener bereits am 9. August 1848 den ersten Krieg für die Freiheit verloren. Nach der Niederlage von Custoza[80] (wo die Piemonteser den Krieg verloren) wurde Mailand wieder von den österreichischen Truppen besetzt und die vorläufige Regierung von Mailand aufgelöst. Im März 1849 verloren die Piemonteser in Novara gegen die Österreicher und am 24. August 1849, nach einer langen Belagerung, fiel auch Venedig in die Hand der österreichischen Armee, die neu geborene Republik wurde wieder aufgelöst[81]. Nach den Revolutionen und Kämpfen der Jahre 1848 und 1849 leitete die Regierung im Königreich Sardinien eine Phase der Reformen ein, und bereitete sich politisch und militärisch für einen erneuten italienischen Freiheitskampf vor. Camillo Benso von Cavour, der diese neue Politik maßgeblich gestaltete[82], war ein politisches Genie – vor allem dank seiner Arbeit ist Italien heute ein vereinigtes Land. Mit Intuition gelang es ihm, durch die Beteiligung am Krimkrieg, der italienischen Frage politische Bedeutung in Frankreich und

---

76 Zum Problem der Adeligen in Lombardo-Venetien siehe M. Meriggi, Il regno Lombardo-Veneto, Turin 1987, S. 118 f.; S. 140 f.

77 Zum Problem der Autonomie und über die Öffnungen von Maximilian von Österreich in diesem Bereich siehe: B. Mazohl, *Gli ultimi anni del dominio austriaco in Lombardia (1857-59)*, in R. Giusti (Hg.), *Il Lombardo-Veneto (1815-1866)*, Mantua 1977, S. 79 f.

78 F. Pesendorfer, *Eiserne Krone und Doppeladler*, Wien 1992 , S. 217 f.

79 Für Venedig siehe: R. Giusti, *Il Veneto nel Risorgimento dal 1848 all'unità*, Venedig 1983, S. 15 f.; Zur Lombardei und das Königreich Lombardo-Venetien im Allgemeinen siehe: F. Pesendorfer, *Eiserne Krone und Doppeladler*, Wien 1992, S. 240 f.

80 A. Le Masson, *Storia della campagna di Novara nel 1849 dall'autore di Custoza*, Turin 1850, S. 6.

81 R. Giusti, *Il Veneto nel Risorgimento dal 1848 all'unità*, Venedig 1983, S. 25 f.

82 C. Pischedda, *Problemi dell'unificazione italiana*, Modena 1963, S. 8 f.

Großbritannien, die ihm wichtigste Verbündete im Kampf gegen Österreich schienen, zu verleihen[83].

Die Geschichte der nord-italienischen Befreiung endet jedoch nicht mit 1849. Am 20. Juli 1858 trifft der piemontesische Erste Minister Camillo Benso Graf von Cavour den französischen König Napoleon III in einer kleinen französischen Stadt, Plombières-les-bains, um einen Geheimvertrag über die neue Organisationsform Italiens zu treffen[84]. Offiziell wird der Cousin Napoleons III mit der Tochter des Königs von Sardinien, dem späteren italienischen König Viktor Emanuel vermählt, um das Bündnis zu stärken. Die Beziehungen zwischen Cavour und Napoleon III scheinen in diesen Jahren kompliziert. Es besteht der Anschein, dass Cavour die Gräfin von Castiglione, damalige Geliebte von Napoleon III, als Spionin einsetzte[85], um Informationen über den französischen König einzuholen.

Im Abkommen von Plombières-les-Bains[86] boten die Franzosen den Piemontesern Schutz gegen einen eventuellen Angriff der Österreicher, die Franzosen sollten dafür die Savoyen und Nizza erhalten. Cavour verursachte gewissermaßen den Angriff der Österreicher[87], und es begann der zweite italienische „Unabhängigkeitskrieg", bei dem die Österreicher die gesamte Lombardei verloren. Österreich begann die militärische Aufrüstung nach einer provokativen Rede Königs Viktor Emanuel[88], da es Frankreich hinter den Provokationen vermutete, und stellte Sardinien im April 1856 ein Ultimatum, sich zu entwaffnen[89]. Sardinien erfüllte das Ultimatum nicht, die Österreicher marschierten am 29. April 1856 in Piemont unter dem Oberbefehl von Graf Ferencz József Gyulay ein. Eine Unterstützung des Deutschen Bundes oder Preußens blieb aus, die Kriegshandlungen konzentrierten sich auf das Gebiet Norditaliens[90].

---

83 M. Montanari, *Politica e strategia in cento anni di guerre italiane: il periodo risorgimentale*, Rom 1996, S. 401 f.

84 P. Stadler, Cavour: *Italiens liberaler Reichsgründer*, München 2001, S. 117 f.

85 Über die Geschichte der Contessa di Castiglione siehe M. D'Amore, *La donna nella storia. Viaggio nei secoli alla scoperta del ruolo della donna*, Rom 2004, S. 235 f.

86 A. Palmer, *Glanz und Niedergang der Diplomatie. Die Geheimpolitik der europäischen Kanzleien vom Wiener Kongress bis zum Ausbruch des ersten Weltkrieges*, Düsseldorf 1986, S. 203.

87 S. Walpole, A.C. Lyall, *The history of twenty-five years 1856-65*, London 1904, S. 232 f.

88 E. Riva, *Manuale di Storia* 1300-2000, Rom 2007, S. 98.

89 K. Weigand, *Österreich, die Westmächte und das europäische Staatensystem nach dem Krimkrieg*, Husum 1997, S. 333 f.

90 B. Caizzi et al., *Nuove questioni di storia del risorgimento e dell'unità d'Italia*, II, Mailand 1961, S. 30 f.

Die österreichischen Truppen blieben auf einer langen defensiven Linie von Biella bis Pavia stehen. Anstelle die sardinische Armee gleich anzugreifen, wartete Gyulay ab, und ermöglichte es der französischen Armee, sich zu nähern[91]. Auch Viktor Emmanuel konnte sein Heer verstärken. Der Angriff erfolgte am 29. Mai durch Sardinien und Frankreich, Feldmarschall Gyulay und später Feldzeugmeister Heinrich von Heß[92] agierten ungeschickt und konnten den Vormarsch der Italiener und Franzosen nicht stoppen. Berühmt ist die Schlacht von Magenta vom 4. Juni 1859 [93] in der Heß unterlag, und in die beiden Seiten herbe Verluste erlebten. Während des Krieges traf sogar Kaiser Franz Joseph selbst auf dem Kriegsschauplatz ein, und übernahm, gemeinsam mit Heß, den Oberbefehl[94]. Am 23. Juni überschreitet die österreichische Armee den Fluss Mincio und greift den Feind an.

Am 24. Juni 1859 wird sie durch das sardinisch-französische Heer in der Schlacht von Solferino geschlagen[95]. Etwa 118.600 Soldaten Sardiniens und Frankreichs kämpften dabei gemeinsam gegen rund 110.000 Österreicher.

In der Nähe von Solferino trägt Ludwig von Benedek[96] (der Feldzeugmeister des zweiten Teils der österreichischen Armee) eine Schlacht gegen die Armee König Viktor Emanuels II aus (Schlacht von San Martino), aber auch dort unterliegen die Österreicher. Nach den beiden Schlachten ändert sich jedoch das Schicksal der Österreicher und während sich die Truppen des Kaisers nach Mantua, Peschiera del Garda, Legnago und Verona zurückziehen, mobilisieren sich Preußen und der Deutsche Bund gegen Frankreich. Napoleon III entscheidet sich schließlich, seine Truppen zurückzuziehen, da er zusätzliche Männer im Norden benötigt und in Italien zu viele Verluste an Soldaten und Geld erlitten hatte. Am 11. Juli 1859 wird der Vorfriede von Villafranca zwischen Frankreich und Österreich (so genannter Präliminarfriede von Villafranca) geschlossen[97].

Der Friede von Zürich beendet am 10. November 1859 endgültig den Sardinischen Krieg[98]. Österreich muss die Lombardei (mit Ausnahme der Festungen

---

91 F. Engels, *Ausgewählte militärische Schriften*, II, Berlin 1958, S. 116 f.

92 V. De Castro, *Storia aneddotica politico-militare della guerra d'Italia nel 1859*, II, Mailand 1859, S. 307 f; S. 319 f.

93 V. De Castro, *Storia aneddotica politico-militare della guerra d'Italia nel 1859*, II, Mailand 1859, S. 462 f;

94 J. von Hardegg, *Vorlesungen über Kriegsgeschichte, III*, Darmstadt/Leipzig 1862, S. 248 f.

95 H. Kurz, *Von Montebello bis Solferino*, Berlin 1888, S. 90 f.

96 L. A. Bendek, *Bendeks nachgelassene Papiere*, Leipzig 1901, S. 231 f.

97 W. Rüstow, *Der italienische Krieg 1859 politisch-militärisch beschrieben*, Zürich 1860, S. 49 f.

98 P. Stadler, *Der Friede von Zürich 1859: Säkularbetrachtung einer geschichtlichen Episode*, Wien 1959, S. 4 f.

Mantua und Peschiera del Garda) an Napoleon III abtreten. Das Haus Habsburg verliert in Folge weitere italienische Gebiete. Großherzog Leopold II von Toskana und Herzog Franz V von Modena werden im folgenden Jahr durch Volksabstimmungen abgesetzt; diese Territorien schließen sich dem Königreich Sardiniens an[99]. Venetien bleibt jedoch, zur Enttäuschung von Cavour, bei Österreich.

Die Unabhängigkeitskriege Italiens sind mit 1859 noch nicht beendet, da Süd-Italien, Venedig, Rom und ein großer Teil Mittel-Italiens noch nicht vereinigt sind. Im sogenannten Deutschen Krieg 1866, in dem Italien auf der Seite Preußens kämpft, fällt schließlich auch Venetien an Italien[100].

Der deutsche Krieg 1866 ist in Italien auch als dritter Unabhängigkeitskrieg bekannt[101]. Dank diesem Krieg und dank dem Bündnis mit Preußen, können die Italiener 1866 die letzten nord-italienischen Gebiete von der Habsburgischen Monarchie befreien.

Dies war das Ende des österreichischen Lombardo-Venetiens; der letzte Vize-König, Maximilian von Mexiko, versuchte noch die Italiener für sich zu gewinnen. Maximilian hätte wahrscheinlich die Möglichkeit gehabt, die Sympathien der Italiener zu gewinnen, und vielleicht das Schicksal Lombardo-Venetien zu ändern, er hatte jedoch auch viele Gegner[102]. Er kannte die italienische Kultur und Kunst sehr gut und schätzte sie sehr. Dazu vertrat er eine deutlich liberalere politische Ansicht als sein Bruder. Einerseits fürchteten ihn die Revolutionäre und vor allem die Piemonteser (allen voran Cavour), die alles unternahmen, um seine Politik unpopulär zu machen. Anderseits hatte er auch „interne“ Feinde wie Radetzky oder seinen Bruder Franz Joseph, die im Gegenteil eine strengere Politik gegen die Italiener wollten[103]. Er war also ein Vize-König mit geringer Macht, da fast alle wichtigen politische Entscheidungen von Radetzky oder von seinem Bruder bewilligt werden sollten[104].

Der Krieg selbst war für die Italiener von Siegen und Niederlagen und vor allem vielen Missverständnissen mit den deutschen Verbündeten geprägt[105].

---

99 E. Di Nolfo, *Il trattato di Zurigo del 10 novembre 1859*, in G.B. Clemens (Hg.), *Nation und Europa, Festschrift für Peter Krüger zum 65 Geburtstag*, Stuttgart 2001, S. 85.

100 A. Giardina, V. Vidotto, *Manuale di Storia*, III, Bari 1997, S. 21 f.

101 G. Solinas, *Verona e il Veneto nel Risorgimento*, Verona 208, S. 273 f.

102 L. Gasperini, *Massimiliano d'Austria, ultimo Governatore del Lombardo Veneto nei suoi ricordi*, in *Nuova Antologia* 299 (1935), S. 565.

103 L. Gasperini, *Massimiliano d'Austria, ultimo Governatore del Lombardo Veneto nei suoi ricordi*, in *Nuova Antologia* 299 (1935), S. 249-278.

104 B. Mazohl, *Gli ultimi anni del dominio austriaco nella Lombardia*, in R . Giusti (Hg.), *Il Lombardo-Veneto (1815-1866)*, Mantua 1977, S. 78 f.

105 G. Solinas, *Verona e il Veneto nel Risorgimento*, Verona 2008, S. 275 f.

Viele Aussagen zeugen von den Missverständnissen zwischen den italienischen und den preußischen Offizieren, die dieselbe Sprache des Feindes sprachen. Manchmal hatten die italienischen Offiziere sogar Schwierigkeiten, die Verbündeten vom Feind zu unterscheiden[106]. Trotz aller Widrigkeiten gelingt es den Italienern, Nord-Italien zu befreien und schließlich das „*Regno d'Italia*" zu gründen[107]. Mit dem ersten Weltkrieg erlangen die Italiener auch den südlichen Teil Tirols (das heute noch zu Italien gehört) und einen Teil von „*Venezia-Giulia*", mit Triest und Istrien[108].

1.3 Soziale und gesellschaftliche Hintergründe in der Lombardei und in Venetien im XIX. Jahrhundert

Wie bereits erwähnt, war der soziale und gesellschaftliche Hintergrund in der Lombardei und Venetien stark zersplittert. Die beiden Regionen, wenn auch benachbart, wurden in ihrer Geschichte von verschiedenen Regierungsformen regiert und standen auch unter unterschiedlichen ausländischen Einflüssen[109]. Die Lombardei war vorher das Zentrum (mit Hauptstadt in Pavia) des langobardischen Kaiserreichs[110] und später ein Herzogtum, das sogenannte „Gran Ducato di Milano"[111]. Das Herzogtum von Mailand wurde zuerst von der italienischen Familie Sforza beherrscht, später von den Spaniern (Gonzaga)[112]. Zwischen die langobardische und die spanische Herrschaft fiel die deutsche Herrschaft durch den Kaiser des *Sacrum romanum Imperium* (heiliges römisches Kaiserreich)[113].

Viele verschiedene Herrschaften und kulturelle und soziale Einflüsse prägten die Lombardei im Mittelalter und bis zum XIX Jahrhundert. Die sozialen und kulturellen Entwicklungen in der Lombardei unterschieden sich deutlich von denen in Venedig.

106 A. Giardina, V. Vidotto, *Manuale di Storia,* III, Bari 1997, S. 22 f.

107 D. M. Smith, *Italy: A Modern History*, Ann Arbor (Michigan) 1969, S. 76 f.

108 K. Zimmermanns, A. C. Theil, C. Ulmer, *Friaul und Triest: unter Markuslöwe und Doppeladler*, Köln 2011, S. 46 f.

109 A. Giardina, V. Vidotto, *Manuale di storia*, II, Bari 1996, S. 60 f.

110 J. Jarnut, *Storia dei Longobardi*, Turin 2002, S. 30 f.

111 A. Giardina, V. Vidotto, *Manuale di storia*, II, Bari 1996, S. 61 f.

112 A. Giardina, V. Vidotto, *Manuale di storia*, II, Bari 1996, S. 112 f.

113 Über die schwierige politische Situation in Italien im XVI. und XVII. Jahrhundert siehe J. Le Goff, *L'Italia fuori dall'Italia. L'Italia nello specchio del Medioevo*, in *Storia d'Italia,* 2/2, Turin 1974 S. 1933-2088.

Nach dem Fall des römischen Kaiserreichs hatten viele Flüchtlinge die alten Fischersiedlungen[114] der Lagune von Venedig erreicht, um hier in Sicherheit zu leben. Dank dieser Flüchtlingsströme erweiterte sich die Besiedlung der Lagune im V-VI und VII Jahrhundert, wobei der Legende nach die Gründung Venedigs im März 421 erfolgte[115]. Venedig hatte auch die Herrschaft der Goten, der Langobarden, der Byzantinen und der Franken erlitten. Nach der Befreiung gründeten die Venezianer eine eigene Republik (Repubblica di San Marco)[116]. Die venezianische Republik war eine der vier verschiedenen Meeresrepubliken (mit Genua, Pisa und Amalfi) Italiens[117].

Die „Repubblica di San Marco" war eine Republik, die von einem Konsul („Doge") und einem Senat regiert wurde. Die venezianische Republik konnte schnell nach ihrer Entstehung große Erfolge im Mittelmeerraum erzielen[118]. Dank dem Handelsverkehr mit den östlichen Provinzen wie Mittelorient, Indien und China übten die Venezianer eine Finanz- und Handelsmacht im ganzen Mittelmeer aus. Sie wurden in Kürze zu reichen und erfolgreichen Geschäftsleuten, die nach Europa verschiedenste Waren aus dem Orient importierten[119].

Die Republik Venedig („Serenissima Repubblica di San Marco", deutsch „Erlauchteste Republik des Heiligen Markus"), war somit eine sehr wichtige Seemacht im gesamten Mittelmeerraum und darüber hinaus[120]. Die Herrschaft Venedigs erreichte ihren hohen Punkt in einem Kolonialreich, das große Gebiete von Oberitalien bis Kreta und Territorien im östlichen Mittelmeer umfaßte[121]. In

114 Die Fischersiedlungen der Laguna Veneta waren schon den Etruskern bekannt.

115 A. Zorzi, *La repubblica del leone. Storia di Venezia*, Mailand 2001, S. 8 f.

116 Die venezianische Republik war eine bedeutende Macht Europas während des gesamten Mittelalters und in den Frühepochen. Die Geschichte dieser Stadt ist lange und kompliziert. Nach der Tradition wurde die Republik Venedig im IX. Jahrhundert gegründet. Venedig war nicht nur eine wichtige eigenständige Republik, sondern auch eine der ersten Regierungen, die eine Machtenteilung vorsah. Neben dem Dogen und seiner Regierung, dem Senat und dem Rat, gab es auch weitere Organe, die die Justiz führen sollten, und die Kontrolle über die Finanzlage und über die anderen Organe durchführten. Venedig hatte früh eine sehr entwickelte Verfassung und Machtenteilung in modernem Sinn. Zur Geschichte von Venedig siehe: M. Hellmann, *Grundzüge der Geschichte Venedigs*, Darmstadt 1989, S. 4 f.

117 Siehe im Allgemeinen G. Benvenuti, *Le republiche marinare. Amalfi, Pisa, Genova, Venezia*, Rom 1989, S. 9 f.

118 A. Zorzi, *La repubblica del leone. Storia di Venezia*, Mailand 2001, S. 12 f.

119 Zu diesem Thema siehe das berühmte Buch von M. Polo, *Il milione*, Venedig 1928; und A. Zorzi, *Vita di Marco Polo veneziano*, Mailand 2000, S. 335.

120 A. Zorzi, *La repubblica del leone. Storia di Venezia*, Mailand 2001, S. 31.

121 F. Thiriet, *La Romanie vénitienne au Moyen Age. Le développement et l'exploitation du domaine colonial vénitien (XII–XV siècles)*, 2. Auflage, Paris 1975, S. 67 f.

Konstantinopel, Flandern, Alexandria und Akkon, sowie in zahlreichen Städten in der Adria und im Mittelmeer hatte Venedig Kaufmannskolonien[122]. Durch die Monopolisierung wichtiger Waren und die Handelsstellung zwischen dem Byzantinischen Reich und dem Heiligen Römischen Reich konnte Venedig großen Reichtum erlangen. Das zersplitterte Italien war für die „Serenissima" vorteilhaft und spielte in ihrer Bereicherung eine wichtige Rolle, da sie keine großen Feinde oder Handelsmächte in der Nähe zu fürchten hatte[123]. Über die Beginne berichten vor allem Legenden und nur sehr wenige zuverlässige Quellen. Tatsache ist, dass es der Stadt Venedig gelang, eine sehr bedeutende Rolle in der Politik des Mittelmeeres zu erlangen[124]. Grundlage dafür war auch die Schlagkraft der Kriegsflotte und die raffinierte Diplomatie. Venedig setzte oft Handelsblockaden und Berufsarmeen ein, wenn dies notwendig war. Konkurrenz boten am Beginn nur andere italienischen Handelsstädte, wie Amalfi, Pisa, Bologna, und vor allem Genua. Städte, die Venedig im Laufe der Zeit alle besiegte. Erst später, mit der Entdeckung des amerikanischen Kontinents, wird der Einfluss Venedigs von großen Handelsnationen wie Spanien, den Vereinigten Niederlanden, Portugal und Großbritannien, militärisch und wirtschaftlich zurückgedrängt[125]. Auch der steigende Einfluss des Osmanischen Reichs im Mittelmeer und Orient[126] beeinflusste den Niedergang von Venedig. Das endgültige Ende der venezianischen Macht kam mit Napoleon, der 1797 die Stadt besetzte; der Große Rat stimmte am 12. Mai für die Auflösung der Republik[127].

Die Venezianer nahmen auch an verschiedenen Kreuzzügen teil und waren bis zum XVI Jahrhundert eine der wichtigsten politischen und diplomatischen Mächte Europas[128].

Erst ab dem XVI Jahrhundert sinkt der Erfolg der venezianischen Republik und ihre Handelsmacht geht zurück, die Königreiche Portugal und Spanien bauten eigene Handelsstrecken für Gewürze und exotische Güter auf. Mit dem XVI Jahrhundert beginnt auch die Einfuhr verschiedener amerikanischer Agrarprodukte wie Tomaten, Kartoffeln, Kakao und Tabak, die den fernöstlichen Produkten Konkurrenz machten. Venedig war einerseits vom amerikanischen Handels-

---

122 J. J. Norwich, *A History of Venice*, New York 1982, 2. Auflage 2003, S. 45 f.

123 A. Zorzi, *Venedig. Eine Stadt, eine Republik, ein Weltreich 697–1797*, München 1981, S. 23 f.

124 G. Rösch, *Venedig. Geschichte einer Seerepublik*, Stuttgart 1998, S 6 f.

125 Siehe im Allgemeinen *P. Burke, Venedig und Amsterdam im 17. Jahrhundert*, Göttingen 1993.

126 D. S. Chamber, *The Imperial Age of Venice*, New York/London 1970, S. 65 f.

127 A. de Fournoux, *Napoléon et Venise 1796–1814*, Paris 2002, S. 112 f.

128 D. S. Chamber, *The Imperial Age of Venice*, New York/London 1970, S. 33 f.

verkehr ausgeschlossen, andererseits steigender Konkurrenz im Orient durch England ausgesetzt[129].

Im Bereich des öffentlichen und Privatrechts, und die Rechtsordnung im Allgemeinen betreffend, war die Republik Venedigs in Italien besonders relevant, da die Venezianer ein eigenes Verfassungs- und Verwaltungssystem entwickelt hatten. Politik und gehobene Verwaltung blieb dem Adel vorbehalten, der Auch für die Flotte und Kriegsführung zuständig war[130].

Die Bürger oder „*Cittadini*" waren vor allem als Kaufleute in Handel und Produktion tätig, das allgemeine Volk („*Populani*") arbeitete als Matrosen, Handwerker oder im Bereich des Kleinhandels, oder wurden als Soldaten rekrutiert. Im Bereich der politischen Führung bestand die Republik aus dem kleinen Rat und dem *Arengo*, eine Art Volksversammlung. Der kleine Rat hatte die Aufgabe, den Dogen zu beraten, sein Einfluß wurde zunehmen stärker[131]. Die sechs Mitglieder des kleinen Rats vertraten jeweils ein *Sestiero* (Stadtsechstel) von Venedig. Zahlreiche schriftliche Dokumente und Zeugnisse sind bereits ab dem XIII Jahrhundert überliefert, zB in Form von Ratsprotokollen[132]. Auch die Entwicklung der Verfassung, sowie der Innen- und Außenpolitik Venedigs ist sehr umfangreich[133]. In Briefen und Dokumenten sehen Historiker, dass in diesem System das Prinzip einer Machtteilung und gegenseitigen Kontrolle der einzelnen Gremien beachtet wurde, ein Prinzip das dem Staat beachtlichte Stabilität schenkte, in einem unruhigen Europa[134]. Große Veränderungen des Systems gab es zwischen 1132 und 1148. In diesen Jahren wurde dem alleinherrschenden Dogen ein Gremium entgegengestellt, aus dem sich später der Große Rat entwickelte, der aus Vertretern bedeutender Familien bestand, und von ein paar Dutzend Mitgliedern auf fast zweitausend anwuchs. Mit der „*Serrata*" wurde der Große Rat, der „*maggior consiglio*", der keine legislative Macht hatte, aber zu Gesetzesvorlagen gehört werde musste, 1297 auf eine beschränkte Anzahl von Familien verkleinert[135]. Höchstes Kontrollorgan stellte die „*Signoria*" dar, die

---

129 J. Kulischer, *Allgemeine Wirtschaftsgeschichte des Mittelalters und der Neuzeit*, I, München 1988, S. 235 f.

130 Für einen Überblick der venezianischen Gesellschaft siehe A. Castagnetti, *La società veneziana nel Medioevo*, I-II, Verona 1992/1993.

131 H. Kretschmayr, *Geschichte von Venedig*, I, Aalen 1964, S. 34 f.

132 Siehe zB R. Cessi (Hrsg.), *Liber Plegiorum & Acta Consilii Sapientum*, in: *Deliberazioni del Maggior Consiglio di Venezia*, Bd. 1, Bologna 1950.

133 H. Vollrath (Hrsg.), *Der Weg in eine weitere Welt. Kommunikation und „Außenpolitik" im 12. Jahrhundert*, Berlin 2008, S. 123.

134 G. Cracco, *Societé e stato nel medioevo veneziano*, Florenz 1967, S. 110 f.

135 G. Rösch, *Der venezianische Adel bis zur Schließung des Großen Rates: zur Genese einer Führungsschicht*, Sigmaringen 1989, S. 169 f.

aus den Leitern des obersten Gerichts, dem Dogen und dem kleinen Rat bestand[136]. Mitte des 13. Jahrhunderts ging aus dem Großen Rat schließlich der Senat hervor[137], der eine Art Regierung bildete. Neben dem Senat gab es ab 1310 den sogenannten Rat der Zehn, in dem auch der Doge vertreten war[138]. Dieser *Consiglio dei Dieci*, der mit umfassenden Rechten ausgestattet wurde und über die Sicherheit des Staates wachte, wurde nach einem Aufstand der Adeligen geschaffen, und sollte weitere Unruhen verhindern[139]. Viele staatliche Ämter wurden von den wichtigsten Familien besetzt. Das Amt der Prokuratoren war eine Art Finanz- und Schatzministerium, und zählte zu den höchsten Ämtern[140]. Die Leitung des Schriftverkehrs oblag dem Kanzler[141].

Die staatliche Organisation der Republik war kompliziert und von den wichtigen Familien kontrolliert. Wie und wovon sich dieses Verfassungs- und öffentliche System in Venedig entwickelte, ist heute noch unklar. Man sieht hier römische Elemente, wie die verschiedenen Versammlungen und den Senat aber auch viele eigene und originale Schöpfungen[142].

Im Bereich des Privatrechts wurde das römische Privatrecht angewendet[143]. Die Rechtsanwendung und der Prozess erfolgten bei den verschiedenen öffentlichen Organen der Stadt.

Die Lombardei ist eine Region mit einer langen, breitgefächerten Geschichte und großen Traditionen. Nach dem Fall des römischen Reiches wurde die Lombardei zuerst von den Ostgoten erobert (476-553), die von einem juristischen Standpunkt aus die römisch barbarischen Gesetze einführten[144], dann von den byzantinischen Römern, die den Kodex von Justinian brachten, und schließlich 569 von der germanischen Bevölkerung der Langobarden, von der auch der Name der Region abstammt[145].

---

136 G. Rösch, *Der venezianische Adel bis zur Schließung des Großen Rates: zur Genese einer Führungsschicht*, Sigmaringen 1989, S. 177.

137 G. Rösch, *Der venezianische Adel bis zur Schließung des Großen Rates: zur Genese einer Führungsschicht*, Sigmaringen 1989, S. 172 f.

138 H. Kretschmayr, *Geschichte von Venedig*, Band II, Gotha 1934, S. 76 ; S. 104 f.

139 H. Kretschmayr, *Geschichte von Venedig*, Band II, Gotha 1934, S. 105 f.

140 H. Kretschmayr, *Geschichte von Venedig*, Band II, Gotha 1934, S. 69 f.; S. 110 f.

141 H. Kretschmayr, *Geschichte von Venedig*, Band II, Gotha 1934, S. 76 ; S. 110 f.

142 Zur „ungeschriebenen Verfassung" und über den römischen Staat und seine Organe im Allgemeinen, siehe J. M. Rainer, *Römisches Staatsrecht*, Darmstadt 2006, S. 21 f.

143 M. R. Di Simone, *Il diritto austriaco e la società veneta*, in Venezia e l'Austria, 1999, S. 129 f.

144 H. Schlosser, *Grundzüge der neueren Privatrechtsgeschichte*, Heidelberg 2005, S. 10 f.

145 G. P. Brogiolo, A. Chavarria Arnau, *I Longobardi: dalla caduta dell'impero all'alba dell'Italia*, Turin 2007, S. 16 f.

Nach der Eroberung eines großen Teiles Italiens durch die Langobarden wird die Lombardei zum Zentrum des lombardischen Königreiches mit Hauptstadt in Pavia, Stadt die gerade 60 km von Mailand entfernt ist. Die Langobardische Periode war wahrscheinlich, von einem historischen und sozialen Standpunkt aus gesehen, eine der dunkelsten für Italien – die Zivilisation des Landes betreffend ein Sprung in die Vergangenheit. Von einem juristischen Standpunkt aus, hingegen, hatte die Schule des langobardischen Rechts in Pavia und ihre Juristen eine große Bedeutung für die Entwicklung des italienischen und europäischen Rechts während des gesamten Mittelalters[146]. Über die langobardische Schule und die Juristen aus Pavia berichtet das zweite Kapitel dieses Buches im Detail. Das aktuelle Kapitel möchte einen allgemeinen Überblick über den sozio-politischen und kulturellen Hintergrund der Lombardei vor der österreichischen Herrschaft geben.

Nach dem langobardischen Reich, das bis 774 in der lombardischen Gegend bestand, wurde die Lombardei von den Truppen Karls des Großen erobert, der vom Papst nach Italien gerufen wurde, um die verhassten Langobarden zu besiegen[147]. Nach diesem Zeitpunkt wird die Lombardei zuerst dem Karolingischen Reich einverleibt, und danach, mit der Krönung von Karl dem Großen zum Kaiser im Jahr 800 in Rom wird die Lombardei Teil des Heiligen römischen Kaiserreichs, in dem sie, zumindest offiziell, bis zu seinem formellen Ende 1806 unter Franz II, bleibt.

Während des Mittelalters bilden sich in der Region verschiedene Gemeinden und Herrschaften, die Lombardei ist von lokalen Autonomiebestrebungen gekennzeichnet, die sich der Kontrolle des Reiches entziehen wollen und in der Formierung der *Lega Lombarda* und der Schlacht gegen Friedrich Barbarossa münden[148]. Mit dem Frieden von Konstanz 1183 bleibt die Lombardei zwar im Reich, es werden ihr jedoch bedeutende Autonomien zuerkannt. In dieser Zeit entstehen die Herrschaften von einflussreichen adeligen Familien, die später zur Gründung des *Ducato di Milano* führen werden[149].

Während des Mittelalters scheint das angewandte Recht in den verschiedenen langobardischen Gemeinden römisch barbarisch zu sein, mit Einschlägen der lokalen juristischen Praxis, die sich wahrscheinlich von der Entwicklung der Jurisprudenz in der Schule von Pavia und der Wiederentdeckung des Corpus Iuris Civilis im XII Jhd. ableitete.

146 G. Wesener, G. Wesenberg, *Neuere deutsche Privatrechtsgeschichte*, Lahr/Schwarzwald 1976, S. 26-27.

147 F. Cardini, *Carlo Magno. Le lettere*, Rom 2001, S. 19.

148 E. Maestrazzi, *La lega Lombarda: Storia del Duecento*, Band I, Mailand 1851, S. 23 f.

149 D. Sella, C. Capra, *Il ducato di Milano*, Turin 1984, S. 30 f.

Im XIV Jahrhundert beginnt das Abenteuer des Herzogtums Mailand (*Ducato di Milano*), das mit der Autorisation von Wenzel von Luxemburg, Kaiser des Heiligen Römischen Kaiserreichs, 1395 an Gian Galeazzo Visconti, dem ersten Herzog von Mailand[150], entsteht. Ab diesem Zeitpunkt beginnt sich das Herzogtum unter der Leitung der Familie Visconti in der Lombardei, in Teilen des Piemonts, im Veneto, in Emilien, im Norden der Toskana und sogar in einigen Teilen des Kanton Tessins in der Schweiz zu entwickeln, und wird zu einer der wichtigsten rinascimentalen Mächte Italiens.

Das Herzogtum war zwischen dem XV und dem XVII Jahrhundert nicht nur eine der wichtigsten militärischen, sondern auch wirtschaftlichen Mächte in der italienischen Halbinsel und in Zentraleuropa, verschiedene Familien und Staaten erlangten die Kontrolle über das Herzogtum. Nach der Familie Visconti wurde das Herzogtum von der Familie Sforza regiert, unterdessen zweimal durch die Franzosen, und dann für lange Zeit durch die Spanier[151].

Die französische und spanische Herrschaft war für die lombardische Gesellschaft und die lokale Wirtschaft desaströs, und beim Volk verhasst.

Auch vom juristischen Standpunkt aus bereicherten diese Herrschaften das Gebiet nicht, das für den gesamten Zeitraum unter dem Einfluss des *ius commune* blieb und sich vor allem den Rechtslösungen der Tradition des *mos italicus*[152] widmete. Wie in der Vergangenheit blieb Pavia die wichtigste Universitätsstadt für die Rechtswissenschaften.

1706 endet die lange spanische Herrschaft, die bereits 1535 begann, und verheerende Auswirkungen, vor allem in der Wirtschaft, für das Herzogtum Mailand hatte. Unter den Spaniern wütete 1630auch die große Pest, die die Mailänder Bevölkerung halbierte[153].

1706 endet der sogenannte spanische Erbfolgekrieg, und das Herzogtum wird den Habsburgern zuteil. Die österreichische Herrschaft bringt dem Herzogtum große Innovationen und Reformen, vor allem im Bereich der Verwaltung. Zu bemerken ist, dass 1750 erstmals durch Maria Teresia ein Kataster eingeführt wurde, hierüber berichten die folgenden Kapitel.

Die österreichische Herrschaft wird zu Beginn gut akzeptiert, das Land konnte sich wirtschaftlich erholen und wird zu einer der reichsten Regionen Italiens. 1797 wird das Herzogtum an Frankreich abgetreten. Die französische Herrschaft bleibt während der gesamten napoleonischen Periode, und wird zu Beginn als eine Möglichkeit der „Befreiung" vom *ancien régime* und als Frei-

---

150 D. M. Bueno de Mesquita, *Gian Galeazzo Visconti, Duke of Milan (1351-1402): A study in the political career of an italian despot*, Cambridge 2011, S. 174 f.

151 A. Giardina, V. Vidotto, *Manuale di storia. L'età moderna*, II, Bari 1996, S. 62 f.

152 H. Schlosser, *Grundzüge der neueren Privatrechtsgeschichte*, Heidelberg 2005, S. 45 f.

153 Worüber Alessandro Manzoni in seinem Meisterwerk „*I promessi sposi*" berichtet.

heitsbringerin angesehen. Der mitgebrachte französische Code Civil wird, wie wir in Folge sehen werden, in der Lombardei zu Beginn gut akzeptiert, jedoch später sehr stark abgelehnt, vor allem im Vergleich mit dem ABGB. Am Ende der napoleonischen Periode fällt die Lombardei wieder in die Hände der Habsburger und wird mit 1814, mit der Eingliederung von Lombardo-Venetien, Teil des Habsburgischen Reiches.

Die sozialen und politischen Hintergründe des Königreichs Lombardo-Venetien waren sehr unterschiedlich und auch aus diesem Grund schwer durch eine neue Gesetzgebung zu harmonisieren, die noch dazu nicht einheimisch, sondern fremd und importiert war. Es ist somit nachvollziehbar, dass die Österreicher auf große Schwierigkeiten in Nord-Italien stießen, auch wenn kein politischer Widerstand geleistet wurde. Unter Venezianern und Lombarden waren die Unterschiede groß und es gab immer wieder Missverständnisse und kleinere Kriege, aufgrund der historischen-politischen und sozialen Entwicklungen, die sich im Laufe der Zeit in diesen beiden Regionen ereigneten[154].

---

154 Viele dieser Unterschiede sind zB im berühmten Roman von A. Manzoni ersichtlich, *Il conte di Carmagnola*, in P. Gibellini, *Alessandro Manzoni. Il Conte di Carmagnola*, Turin 1995.

2. Juristischer Hintergrund in der Lombardei und in Venetien

2.1 Die römische Tradition im Bereich des Rechts

In West-Europa, in jenen Gebieten, die vorher Teil des römischen Kaiserreichs waren, wie zum Beispiel Italien, war der justinianische Kodex im Wesentlichen bereits nach dem Untergang des weströmischen Reichs bekannt. Dieser Kodex, wenn auch nur teilweise bekannt und angewendet, hat bis zum Wiederauftauchen der Digesten in der Praxis gegen Ende des 11. Jahrhunderts die italienische Rechtslehre und Rechtskultur in einem heute nicht mehr genau feststellbaren Ausmaß beherrscht[155]. Die genauen Gründe dieser „Herrschaft" sind in der politischen Entwicklung des weströmischen Reichs nach dem Untergang 476 nach Christus zu suchen.

Wie Wesener in seinem Buch[156] anführt: „*Man muss bedenken, dass die Landnahme der Ostgoten in Italien in einer sehr schonenden Form erfolgt ist und dass namentlich der große Teodorich ein Bewunderer und Freund der römischen Kultur gewesen ist, der selbst ein Mal in einer Ansprache versichert hat, er wolle mit Gottes Hilfe die Kaisergesetzgebung unverletzt aufrechterhalten*".

Wie viele biographische Studien zeigen[157], hatte Teodorich in Konstantinopel studiert und war ein echter „Freund" der römischen Kultur, die er selbst sehr gut kannte; er hatte die Absicht, das Recht Justinians anzuwenden und seine Bevölkerung zu „romanisieren". Justinian hingegen zielte darauf ab, Italien zurückzuerobern; der erfolgreich durchgeführte Krieg (von 535 bis 553) brachte das gotische Italien wieder unter die Herrschaft Ostroms.[158]

Nachdem der Großteil Italiens wieder in „römische Hände" gefallen war, setzte Justinian, auf Bitten des römischen Papstes Vigilius (von 537 bis 555 nach Christus), schon 554 mit einem kaiserlichen Erlass (eine sogenannte *Sanctio pragmatica*) Digesten, Codex und Institutionen in Italien förmlich in Kraft[159].

---

155 H. Schlosser, *Grundzüge der neueren Privatrechtsgeschichte. Rechtsentwicklungen im europäischen Kontext*, Heidelberg 2005, S. 33.

156 G. Wesener, G. Wesenberg, *Neuere deutsche Privatrechtsgeschichte*, Lahr/Schwarzwald 1976, S. 26. Als Kaisergesetzgebung ist hier der Corpus iuris civilis von Justinian, der 534 im oströmischen Reich entstand, gemeint.

157 Siehe im Allgemeinen über Teodorich und seine Politik zB: H. Wolfram, *Die Goten: Von den Anfängen bis zur Mitte des sechsten Jahrhunderts*, München 2001, S. 306 f.

158 E. Cantarella, *Storia del mondo antico*, Mailand 1994, S. 399 f.

159 H. Schlosser, *Grundzüge der neueren Privatrechtsgeschichte. Rechtsentwicklungen im europäischen Kontext*, Heidelberg 2005, S. 33.

Zu diesem Zeitpunkt, im 6. Jahrhundert, mit der byzantinischen Herrschaft, dem Dukat Rom und dem Exarchat von Ravenna, trat in Italien ein oströmischer Einfluss ein, wobei diese Herrschaft, die immerhin bis zum 8. Jahrhundert andauerte, bald zusammenschrumpfte. Aus diesem Grund konnten die byzantinischen Gebiete in Italien daher noch lange Zeit einen der römischen Rechtskultur freundlichen Einfluss ausstrahlen[160]. Wobei nach dem 6. Jahrhundert, im weströmischen Teil des damaligen römischen Kaiserreichs nur bestimmte Teile des *Corpus iuris* noch bekannt und angewendet wurden: der Codex, die Institutionen und bestimmte Novellen, die in einer Zusammenfassung in lateinischer Sprache (die *Epitome Juliani)* enthalten waren. Die *Epitome Juliani* waren eine verkürzte Bearbeitung in lateinischer Sprache verschiedener Novellen (ursprünglich auf Griechisch), die von dem in Konstantinopel lebenden und nicht allzu bekannten Rechtslehrer Julianus gesammelt und verfasst wurden[161]. Die Arbeit von Julianus hatte in West-Europa großen Erfolg, im Gegensatz zu den Ostteilen des römischen Kaiserreichs. Sogar die Kirche von Rom und der Papst beriefen sich oft auf dieses Werk[162].

Die Digesten, wiederum, auch wenn sie der juristisch gehaltsvollste und wichtigste Hauptteil des *Corpus iuris civilis* waren, verschwanden bald aus der Rechtspraxis und der Rechtslehre in ganz West-Europa[163]. Die letzte überlieferte Mitteilung über die Existenz der Digesten in West-Europa ist in einem Brief von Papst Gregor I der Große (590-604 nach Christus), aus dem Jahre 603 enthalten, in dem Digestenstellen zitiert wurden[164].

Was später vom römischen Recht tatsächlich zur Anwendung kam, waren nur Fragmente einer großen und sehr entwickelten Rechtsordnung, die wahrscheinlich für die Zeiten des Mittelalters zu entwickelt und zu fein war.

Diese Reste haben doch, nach Ansicht vieler Rechtsgelehrten, in Zusammenhang mit einem nachweisbaren, elementaren Rechtsunterricht die langobardische Eroberung Italiens überlebt und die sogenannte Wiederentdeckung der justinianischen Gesetzgebung in Oberitalien im 11. Jahrhundert entscheidend begünstigt[165].

In der Tat, als 568 Nord- und Mittelitalien von den Langobarden erobert wurde, verblieben den Byzantinern nur bestimmte Teile Italiens, wie Istrien, die

---

160 G. Wesener, G. Wesenberg, *Neuere deutsche Privatrechtsgeschichte*, Lahr/Schwarzwald 1976, S. 26.

161 D. Liebs, *Die Jurisprudenz im spät-antiken Italien*, Berlin 1987, S. 127 f.

162 W. Kaiser, *Die Epitome Iuliani*, Frankfurt 2004, S. 173 f.; S. 247 f.

163 H. Lange, *Römisches Recht im Mittelalter*, I, München 2007, S. 80 f.

164 G. Otte, *Die Rechtswissenschaft*, in P. Weimer (Hg.), *Die Renaissance der Wissenschaften im 12. Jahrhundert*, Zürich 1981, S. 127 f.; S. 135 f.

165 E. Cortese*, Il diritto nella storia medioevale*, I, Rom 1996, S. 173 f.

Provinz Ravenna, die Dukate von Rom und Neapel sowie Apulien, Kalabrien und Sizilien (wo viele Einwohner noch griechisch sprachen). Dank dieser „Präsenz“ und gleichzeitig der verschiedenen römisch-barbarischen Gesetze, wie zum Beispiel die *lex Romana Wisigothorum*[166], das *Breviarium Alaricianum,* oder die *lex Romana Burgundionum,* und dank der Arbeit (hier relevant, da sie den Raum Lombardo-Venetien betrifft) der langobardischen Juristen, die tatsächlich das römisches Recht wieder benutzt hatten, bleibt die römische Tradition im Bereich des Rechts in den von den Langobarden eroberten Gebieten konserviert.

Den langobardischen Juristen war die justinianische Kodifikation im Wesentlichen bekannt – ein weiterer Faktor, der zum Fortleben des römischen Rechts beigetragen hatte[167]. Es ist auch möglich, wenn auch nicht direkt nachweisbar, dass die langobardischen Juristen in Wirklichkeit tief romanisiert waren.

Das könnte indirekt auch von der Entstehung einer „Artistenschule“ in der Hauptstadt des langobardischen Kaiserreichs Pavia bewiesen werden, wo elementarer Unterricht in Rhetorik, Grammatik, Dialektik und anscheinend Recht erteilt wurde[168].

Pavia und seine „Schule“ entwickelte sich zu einen Zentrum der Pflege des langobardischen Rechts. Hier wurde die im „*Edictum regnum langobardorum*“ enthaltene langobardische Königsgesetzgebung von Rothari bis Aistulf, und ab dem 11. Jahrhundert auch die karolingisch-ottonischen Kapitularien sowie die Gesetze des *Regnum Italicum* wissenschaftlich bearbeitet[169].

Das Ergebnis dieser Arbeiten war eine langobardische Vulgarisierung des römischen Rechts, die nachweist, wie oft und sehr sich die langobardische Juristen mit dem römischen Recht beschäftigt hatten. Das Hauptwerk dieser Schule war sicher das zu Beginn der zweiten Hälfte des 11. Jahrhunderts entstandene sogenannte *„Liber Papiensis“* oder besser bekannt als *„Liber legum langobardorum“*[170], das eine komplette Gesetzsammlung aller langobardischen Gesetze darstellte.

---

166 R. Sohm, L. Mitteis, *Institutionen: Geschichte und System des römischen Privatrechts*, Berlin 1949, S. 130 f.

167 H. Schlosser, *Grundzüge der neueren Privatrechtsgeschichte. Rechtsentwicklungen im europäischen Kontext*, Heidelberg 2005, S. 34.

168 Für Informationen über die Romanisierung der langobardischen Rechtsschule siehe im Allgemeinen G. Astuti, *Influssi romanistici nelle fonti del diritto longobardo* in *Settimane di studio del centro italiano di studi sull'alto medioevo*, XXII, 1975, S. 653 f.

169 Siehe auch H. Schlosser, *Grundzüge der neueren Privatrechtsgeschichte. Rechtsentwicklungen im europäischen Kontext*, Heidelberg 2005, S. 34.

170 E. Cortese, *Il diritto nella storia medioevale*, I, Rom 1996, S. 13 f.

Nach 1070 wurde auch ein systematischer und erklärender Kommentar zu dieser Gesetzsammlung verfasst: die *Expositio ad librum papiensem.* Die *expositio* kannte dem römischen Recht schon in diesem Zeitpunkt den „status" einer *„lex omnium universalis"* zu, und erklärte das langobardische Recht mit vielen Hinweisen auf den *Codex (*von Justinian), die Institutionen und die *Epitome Juliani*[171].

Es ist aber ungeklärt und bis heute nicht beweisbar, ob in Pavia (die Hauptstadt des langobardischen Kaiserreichs) eine eigene juristische Fachschule bestand, die als Vorläuferin Bolognas gelten könnte. Und es bleibt die Frage offen, inwieweit die später führenden Bologneser Juristen (Glossatoren) schon von Pavia beeinflusst waren[172].

Dieser Einfluss der langobardischen Schule von Pavia auf die Glossatoren von Bologna wurde oft von der Lehre vermutet, vor allem auf Grund der Ähnlichkeiten in der Methodologie der Glossierung am Rande der Rechtstexte.

Pavia war auch Sitz des Hofgerichts für den langobardischen Staat und später für das karolingische *Regnum Italiae.* Im 11. Jahrhundert hat sich in Pavia eine Rechtsschule entwickelt, die schon Glossen des römischen Rechts geleistet hatte. Die Erforschung der römischen Texte und der Unterricht der sogenannten „Lombardisten" war jedoch nicht nur auf die „Rekonstruktion" und die Wiederentdeckung des römischen Recht gerichtet, sondern auch auf die praktische Anwendung des Rechts im Bereich des Hofgerichts[173].

Typisch für diese praktische Schule war eine gute Kenntnis des römischen Rechts und die Entwicklung von verschiedenen Glossen zur Sammlung der langobardischen Königsgesetze, dem sogenannten *Liber papiensis* und den verschiedensten römischen Texten, die nach Gebrauch von Fall zu Fall angewendet wurden. Im Jahr 1100 erhielt der *Liber papiensis* in der sogenannten *Lombarda* eine systematische Form, und die Lombardisten haben auch zu diesem Werk noch Glossen geliefert[174].

Im 12. Jahrhundert jedoch wurden die Glossen der Schule von Pavia völlig von der entstehenden Schule von Irnerius in Bologna überholt. Die Meister dieser Schule vom 11. bis zur Mitte des 13. Jahrhunderts wurden auch in der Rechtsgeschichte als Glossatoren bezeichnet.

---

171 G. Diurni, *L'Expositio ad „Librum Papiensem" e la scienza giuridica preirneriana*, in *Rivista di storia del diritto italiano* 49 (1976), S. 5 f.

172 Siehe auch H. Schlosser, *Grundzüge der neueren Privatrechtsgeschichte. Rechtsentwicklungen im europäischen Kontext*, Heidelberg 2005, S. 35.

173 G. Wesener, G. Wesenberg, *Neuere deutsche Privatrechtsgeschichte*, Lahr/Schwarzwald 1976, S. 27.

174 H. Lange, M. Kriechbaum, *Römisches Recht im Mittelalter*, München 2007, S. 199 f.

Wesener meint dazu: „*Das große dieser Schule ist, daß nun erstmalig wieder das ganze Corpus iuris zum Gegenstand juristischer Studien gemacht wird*“[175].

Im Gegensatz zur Schule von Pavia, die nur Teile des *Corpus iuris* benutzt hatte und mit höchster Wahrscheinlichkeit nicht die Digesten, verfügte Irnerius, der gleichzeitig Philologe und Jurist war, über die gesamten Texte des *Corpus iuris.* Er verwendete den gesamten justinianischen Kodex und nicht nur bestimmte Teile, die von Fall zu Fall für die Praktiker wichtig waren, und wie es im Gegenteil die „Lombardisten“ machten[176].

Die Geschichte des „Wiederauftauchens“ des gesamten *Corpus iuris* und der Digesten ist schwierig festzustellen[177]. Die Pisaner behaupten, dass sie die ersten waren, und die Digesten 1060 im damals byzantinischen Amalfi (das von Pisa erobert wurde) gefunden hatten. Diese Version der Digesten ist die so genannte *littera Pisana,* die später, nach der Eroberung von Pisa durch die Florentiner im Jahre 1406 nach Florenz kam. Diese Version ist noch heute in der *Biblioteca Medicea Laurenziana* verwahrt[178].

Nachdem sich die Nachricht dieser Entdeckung in ganz Westeuropa verbreitet hatte, gelangte 1070 eine Handschrift (die vielleicht im Kloster Montecassino angefertigt wurde) der Digesten nach Bologna, die als *Littera Bononiensis* bekannt ist[179].

Wie Schlosser sagt, wurde die Littera Bononiensis in der Universität von Bologna „*in einem Kreis von Juristen Gegenstand sowohl praxisorientierter Beschäftigung wie auch allgemeiner wissenschaftlichen Lehre*“[180], die so genannte Littera Vulgata. Nach der Tradition scheint es, dass der erste Protagonist der Rechtschule von Bologna Pepo (Pepone, Ende XI Jahrhundert) war. Nach den neusten Quellen soll er bereits den Codex und die Institutionen besessen haben[181]. Es ist aber unsicher ob er die Littera Vulgata unterrichtete, wir wissen nur, dass er Richter und Rechtsberater war[182]. Ob also Pepo die Littera Vulgata

175 Siehe G. Wesener, G. Wesenberg, *Neuere deutsche Privatrechtsgeschichte*, Lahr/Schwarzwald 1976, S. 28.

176 W. Engelmann, *Die Wiedergeburt der Rechtskultur in Italien durch die wissenschaftliche Lehre*, Leipzig 1938, S. 99 f.

177 M. Kaser, *Römische Rechtsquellen und angewandte Juristenmethode*, Wien-Köln 1986, S. 120 f.

178 E. Cortese, *Il diritto nella storia medioevale* II, Rom 1995, S.57 f.

179 E. Cortese, *Alle origini della scuola di Bologna*, in *Rivista internazionale di diritto comune* 4 (1993), S. 7 f.

180 H. Schlosser, *Grundzüge der Neueren Privatrechtsgeschichte*, Heidelberg 2005, S. 37

181 H. Schlosser, *Grundzüge der Neueren Privatrechtsgeschichte*, Heidelberg 2005, S. 40-41

182 J. Fried , Die Entstehung des Juristenstandes im 12 Jahrhundert, Köln/Wien 1974, S. 46 f.

lehrte, ist sehr umstritten[183]. Nur Irnerius gilt als der erste nachweisbare Lehrer, der tatsächlich in Bologna die Neuentdeckung des römischen Rechts und die *Renaissance* der Rechtswissenschaft in Westeuropa initiierte[184].

Die Hauptleistung der Glossatoren war nicht nur das exegetische Studium und die Bearbeitung des verfügbaren justinianischen Materials (die so genannten Glossen), sondern auch die Zusammenfassung in eine Systematische Darstellung der römischen Rechtsordnung im Allgemeinen. Diese zusammenfassenden Darstellungen sind die so genannten *Summen*. Berühmt waren die Summen von Placentinus und von Azo, die oft in ganz Europa als Lehrbücher der Rechtswissenschaft verwendet wurden[185].

Aus diesen Gründen und dank vieler berühmter Professoren, wie Martinus, Bulgarus, Jacobus, Hugo de Porta Ravennate, Azo, Accursius und Placentinus, wurde Bologna weltweit berühmt und galt als erste und wichtigste Universitäts-Fakultät für Rechtswissenschaft in West-Europa und als echte „leitende" Schule der Rechtswissenschaft im Mittelalter, die das römische Recht wieder entdeckt hatte[186].

Nach den Glossatoren entsteht eine weitere wichtige Schule, die für die spätere Weltgeltung in der Rechtspraxis besonders entscheidend war. Man nennt diese Wissenschaftler Postglossatoren oder auch Kommentatoren. Nach Savigny[187] erschienen diese Kommentatoren als bloße Epigonen der Glossatoren[188]. Der so gennannte Kommentar war breiter und reicher als die Glosse und weniger eng an den Text angelehnt, wobei er grundsätzlich der Legalordnung Justinians folgt. Er versuchte den Rechtssatz und die *ratio legis* oder die *ratio decidendi* zu erklären, anstelle der einzelnen Bedeutungen der Wörter (wie die Glosse)[189]. Aufgrund dieser breiteren Erklärungen waren die Kommentatoren in der Rechtspraxis beliebt. Sie waren nicht nur Professoren und Lehrer sondern auch wichtige Juristen, die mit der Gutachterpraxis sehr vertraut waren. Die

---

183 E. Genzmer, *Die justinianische Kodifikation und die Glossatoren*, in *Das römische Recht im Mittelalter*, E. H. J. Schrage (Hg.) 1987, S. 5 f.

184 Siehe auch H. Schlosser, *Grundzüge der neueren Privatrechtsgeschichte. Rechtsentwicklungen im europäischen Kontext*, Heidelberg 2005, S. 41.

185 F. K. Savigny, *Geschichte des römischen Rechts im Mittelalter*, IV, Heidelberg 1826, S. 240-241.

186 H. Lange, *Das römische Recht im Mittelalter*, I, München 2007, S. 16 f.; S. 154 f.; S. 255 f.; S. 335 f.

187 F. K. Savigny, *Geschichte des römischen Rechts im Mittelalter*, VI, Heidelberg 1826 , S. 72 f; S. 316 f.

188 G. Wesener, G. Wesenberg, *Neuere deutsche Privatrechtsgeschichte*, Lahr/Schwarzwald 1976, S. 30.

189 N. Horn, *Die juristische Literatur der Kommentatorenzeit*, in *Ius Commune* 2, 1969, S. 84 f.

wichtigsten Persönlichkeiten dieser Schule waren ohne Zweifel Bartolo di Sassoferrato, Baldo degli Ubaldi und Cino da Pistoia, die mit den erstellten Gutachten auch viel Geld verdienten. Aufgrund dieser Tätigkeit im Bereich der Gutachterpraxis bezeichnet H. Kantorowitz diese Kommentatoren als Konsulatoren oder Konsiliatoren[190]. Diese Vertrautheit mit der Praxis bildete den Hauptunterschied zu den Glossatoren, die sich mit der Praxis nicht beschäftigten.[191]

Nach den Glossatoren und den Kommentatoren verbreitet sich das römische Recht Justinians in ganz Europa. Diese beide Schulen hatten den großen Vorteil, dass sie in der Universität Bologna verwurzelt waren, die von zahlreichen Studenten aus ganz Europa (Frankreich, Spanien, Deutschland, England) besucht wurde, und die später den Unterricht dieser romanistischen Schulen in die eigenen Länder mitbrachten. Gleichzeitig verbreitet sich das römische Recht dank der Neuentstehung der Universitäten in Europa[192].

Die von den Glossatoren und Kommentatoren einheitlich an den italienischen Universitäten bevorzugte, scholastisch geprägte Methode wird als Rechtsstil des sogenannten *mos italicus* bezeichnet. Sein Einfluss zeigte sich im Rechtsunterricht (nach dem Vorbild der Lehre der Glossatoren) sowie in dem Vorgehen bei der Auslegung der Rechtssätze und bei ihrer forensischen Nutzbarmachung (nach dem Beispiel der Kommentatoren)[193]. Der *mos italicus* und seine vielseitige Lehre des römische Rechts beherrschte die juristische Szene Nord-Italiens für lange Zeit auch während der Zeit des „heiligen römischen Reichs", und der verschiedenen kleinen Herrschaften der einzelnen Städte. Jeder Jurist Italiens studierte in Bologna oder Pavia, oder später in Padua, um genau diese „Version" und diese „Methode" zur Anwendung des römischen Rechts zu lernen, und brachte später diese Kenntnisse in seine Stadt, um sie in der Praxis als Rechtsanwalt, als Rechtsberater oder als Richter in einem Gerichtshof anzuwenden.

Der *mos italicus* war tatsächlich der Rechtsstil der juristischen Eliten der Gemeinden (die sogenannten „Comuni") und des Heiligen Römischen Reiches in Italien und überdauerte bis ins XVI Jahrhundert, bis er vom Humanismus abgelöst wurde. Mit den Humanisten beginnt die Krise des *mos italicus* und der italienischen Herrschaft über den Rechtsunterricht. Entstanden als Opposition

---

190 H. Kantorowitz, in *Zeitschrift der Savigny Stiftung für Rechtsgeschichte*, Romanistische Abteilung, 30, 1909, S. 209.

191 E. Genzmer, in *Zeitschrift der Savigny Stiftung für Rechtsgeschichte*, Romanistische Abteilung, 61, 1941, S. 326.

192 F. K. Savigny, *Geschichte des römischen Rechts im Mittelalter* VI, Heidelberg 1826, S. 348 f.

193 H. Schlosser, *Grundzüge der neueren Privatrechtsgeschichte. Rechtsentwicklungen im europäischen Kontext*, Heidelberg 2005, S. 45.

zum *mos italicus,* tritt der *mos Gallicus* in Bezug auf die akademische Lehre des Rechts auf[194].

Mit dem XVI Jahrhundert geriet die Methode der Kommentatoren in ihre volle Krise (die sogenannte Krise der „Bartolisten“). Die französischen Juristen hatten, dank dem Gedankengut der *„Renaissance“* und des „Humanismus“ eine neue Methodologie des Studiums des römischen Rechts entwickelt, die auf einer historischen und philologischen Untersuchung der römischen Rechtsquellen basiert. Gleichzeitig interpretierte diese Strömung (der *mos gallicus)* das Recht im Sinn der Philosophie von Cicero, die *„studia humanitatis“*, in deren Verlauf der Mensch Regeln erlernte und Verhaltensweisen erwarb, die ihn erst zum Menschen machten[195].

Die Humanisten beginnen eine neue Auslegung des römischen Rechts. Sie strebten eine echte „Rekonstruktion“ des antiken römischen Rechts und der „wahren“ römischen Rechtskultur aus den Texten des VI Jhd. n. Chr. von Justinian an. Um diese Arbeit zu verwirklichen, mussten sie vorher die Textveränderungen (*Interpolationes)* der Justinianischen Kompilatoren und der mittelalterlichen Juristen eliminieren[196]. Diese Veränderungen hatten nach den Humanisten den gesamten Corpus Iuris und das römisches Recht im Allgemeinen „verfälscht“ – um die ursprünglichen Regeln des klassischen römischen Rechts verstehen zu können, wären also nachträgliche Interpolationen zu entfernen. Um diese Interpolationen zu bestimmen, verwendeten die Humanisten die Methode des Textvergleichs des Corpus Iuris mit anderen außerjustinianischen Rechtsquellen und Texten der klassischen römischen Autoren an. Diese Methodik war notwendig, um Interpolationen erkennen und entfernen zu können. Die Humanisten hatten vor, diese ursprünglichen und „rekonstruierten“ Texte als Vorbild für die Rechtsordnungen der Gegenwart[197] zu benutzen.

Hauptziel der Humanisten war die Rückkehr zu den „echten“ römischen Quellen, sie wollten sich von den „bloßen“ Glossatoren oder Bartholisten, die den Corpus Iuris nur kommentierten, unterscheiden. Die Rechtsgeschichte nannte diese Bewegung der Humanisten in der Rechtswissenschaft „elegante Jurisprudenz“. Das Zentrum der Juristen-Humanisten war die Universität von Bourges in Frankreich. In dieser Universität unterrichtete Andrea Alciato, der ein Va-

---

194 G. Wesener, G. Wesenberg, *Neuere deutsche Privatrechtsgeschichte*, Lahr/Schwarzwald 1976, S. 61.

195 H. Schlosser, *Grundzüge der neueren Privatrechtsgeschichte. Rechtsentwicklungen im europäischen Kontext*, Heidelberg 2005, S. 68.

196 Siehe W. Kunkel, M. Schermaier, *Römische Rechtsgeschichte*, 13. Auflage, Heidelberg 2001, S. 218 f; S. 237 f.

197 Siehe H. E. Troje, *Zur humanistischen Jurisprudenz*, in *Festschrift H. Heimpel*, II, 1972, S. 110 f.

ter der eleganten Jurisprudenz und der erste bedeutende humanistische Jurist war, wie auch Guillaume Budé, ein zweiter Vater dieser juristischen Methodik[198].

Alciato und Budé waren die Protagonisten des französischen Humanismus, von ihnen gingen die Erneuerung und die neue humanistisch-philologische Auslegung der Rechtswissenschaft in Europa aus. Weitere Juristen von Bourges, wie Jaques Cujas und Hugues Doneau, trugen dazu bei, die humanistische Schule in ganz Europa zu verbreiten[199]. Berühmt waren Professoren wie Ulrich Zäsy in Freiburg, Erasmus von Rotterdam, Claude Chansonette von Basel und Gregor Holoander. In Italien wurde die „elegante Jurisprudenz" auch als „*mos gallicus*" bezeichnet, im Gegensatz zur traditionellen Lehre der Bartholisten, die als „*mos italicus*" bezeichnet wurde.

Diese längere Einleitung über die Geschichte der Jurisprudenz zwischen dem XIII und XVI Jahrhundert erscheint hier wichtig, um den Ursprung der österreichischen Rechtswissenschaft des ABGB zu verstehen. Die elegante Jurisprudenz hatte in der Tat auch die österreichische Jurisprudenz des XVI Jahrhunderts beeinflusst und es begann ein Verfahren, das alte *ius commune* neu auszulegen und diese Regeln mit den alten Landesgebräuchen zu harmonisieren[200]. Die österreichische Rechtslage war im XVI und XVII Jahrhundert, mit den verschiedenen Rechtstraditionen und Gebräuchen der unterschiedlichen Länder, die unter der österreichischen Herrschaft lagen, besonders zersplittert. In den verschiedenen österreichischen Ländern (wie Nieder- und Oberösterreich, Steiermark, Tirol und Vorarlberg, Kärnten, Triest, Görz, Istrien) galten gleichzeitig die örtlichen Gewohnheitsrechte und das *ius commune,* und sehr oft standen diese zwei Rechtsordnungen im Widerspruch. Die Juristen versuchten also zuerst diese Rechte und Gewohnheitsrechte der Länder zu analysieren und mit Kommentaren, Rechtslexiken und Traktaten auszulegen und später diesen gesamten Stoff mit einer neuen Auslegung des *ius commune* nach der humanistischen Methodologie zu harmonisieren. Nach dieser Methode wurden die Widersprüche und Unterschiede harmonisiert und Identitäten zwischen privat- straf-, und prozessrechtlichem Landesgebrauch und dem *ius commune* aufgezeigt[201].

Diese „österreichische" Methodologie, die in Wirklichkeit das Ziel hatte, das Recht des Kaiserreichs zu vereinheitlichen, hatte in diesem Fall die „elegan-

198 V. Piano Mortari, *Razionalismo e Filologia nella metodologia giuridica di Baron e di Duareno*, in Labeo, 15 (1969), S. 7 f.

199 A.P. Th. Eyssell, *Doneau, sa vie et ses ouvrages*, Dijon 1860, S. 9 f.

200 U. Floßmann, *Österreichische Privatrechtsgeschichte*, Wien 2008, S. 9 f.

201 H. Schlosser, *Grundzüge der neueren Privatrechtsgeschichte*, Heidelberg 2005, S. 74.

te Jurisprudenz“ fast überholt und näherte sich den Methoden des *Usus modernus Pandectarum* an[202].

Nach diesem Einfluss der eleganten Jurisprudenz, erscheinen, wie erwähnt, verschiedene Traktate in Österreich, und der berühmteste, auf dem Gebiet des Privat- und Prozessrechts auch sehr praxisorientiert, war der *„Aurei Tractatus iuris Austriaci“* (1552-58) von Bernhard Walther von Waltherswill, einem Professor in Wien, den Arnold Luschin als „Vater der österreichischen Jurisprudenz“ bezeichnete, und den Günther Wesener als herausragenden Vertreter des Humanismus in Österreich ansah. Die Traktate von Walther von Waltherswill beeinflussten die österreichische Jurisprudenz bis zum XIX. Jahrhundert[203]. Von Waltherswill war sicher der erste bedeutende Jurist der Neuzeit und sein Name wird mit dem Beginn der eigenständigen österreichischen Rechtswissenschaft stark verbunden[204].

Nach Waltherswill verfassten weitere Professoren ähnliche Arbeiten. Nikolaus Beckmann schrieb 1678 das *„ius novissimum romano-germanicum“,* dass das gesamte geltende *ius commune* mit Einschluss der Partikularrechte in lexikalischer Form behandelte[205]. 1688 erschien das Buch *„Idea iuris*“, ebenfalls von Beckmann. Dieses Buch war für lange Zeit die wichtigste gedruckte Quelle für das österreichische Recht[206]. Beckmann beriet auch Kaiser Leopold I um einen neuen, aus den Institutionen und den Digesten von Justinian bestehenden, „Corpus iuris Leopoldinum“ zu realisieren. Mit dem XVIII Jahrhundert beginnt auch in Österreich der Einfluss des deutschen *„Usus modernus pandectarum“* und die österreichische Jurisprudenz und Lehre, die schon vor hundert Jahren selbständig in dieser Richtung ging, übernimmt diese Tendenz und diese neue Methodologie der Rechtswissenschaft. Ein Beispiel dieser Tendenzwende stellt das Buch „System der bürgerlichen Rechtslehre“ von Tiller von 1787 dar. Dieses Buch war ein systematischer Versuch, das römische, kanonische und allgemeine bürgerliche Recht des Josephinischen Gesetzbuches von 1787 zu harmonisieren[207].

Wie viele wissen, wurde die gesamte mitteleuropäische Rechtswissenschaft im XVIII und XIX Jahrhundert vom *Usus modernus pandectarum* beeinflusst. Eine neue Methodologie der Rechtswissenschaft und Auslegung der römischen

202 H. Schlosser, *Grundzüge der neueren Privatrechtsgeschichte*, Heidelberg 2005, S. 76 f.

203 G. Wesener, *Einflüsse und Geltung des römisch-gemeinen Rechts in den altösterreichischen Ländern in der Neuzeit (16 bis 18 Jahrhundert)*, Wien/Köln 1989, S. 41.

204 U. Floßmann, *Österreichische Privatrechtsgeschichte*, Wien 2005, S. 10.

205 H. Schlosser, *Grundzüge der neueren Privatrechtsgeschichte*, Heidelberg 2005, S. 74.

206 G. Wesener, *Einflüsse und Geltung des römisch-gemeinen Rechts in den altösterreichischen Ländern in der Neuzeit (16 bis 18 Jahrhundert)*, Wien/Köln 1989, S. 72 f.

207 W. Brauneder, *Vom Nutzen des Naturrechts für die Habsburgermonarchie*, in D. Klippel (Hg.), *Naturrecht und Staat*, München 2006, S. 146 f.

Rechtsquellen, die die Institutionen des römischen Rechts selbst erneuern und neu analysieren wollte, um es mit den modernen entstandenen nationalen bürgerlichen Rechten zu harmonisieren[208].

Der *Usus modernus pandectarum* wollte einerseits das römische Recht der modernen Zeit anpassen und es anderseits systematisieren und an das bürgerlichee Recht der modernen Gesellschaft adaptieren.

Von der eleganten Jurisprudenz vorher und vom *Usus modernus pandectarum* später wurde das ABGB beeinflusst[209]. Das ABGB war tatsächlich ein „allgemeines bürgerliches Gesetzbuch", das das *ius commune* und die Gewohnheitsrechte Österreichs harmonisiert und vereinheitlichte; auch war das ABGB ein modernes „System" des Zivilrechts, das auf dem römischen Recht basiert. Wobei heute viele Autoren der Ansicht sind, dass das ABGB mehr Nachkomme des Illuminismus und der eleganten Jurisprudenz sei als ein Werk, das vom *Usus Modernus Pandectarum* abstamme. Die Einflüsse der Institutionen von Gaius, des *ius commune* und des Naturrechts des XVIII Jahrhundert sind sicher in diesem Gesetzbuch die bedeutendsten[210].

In dieser Forschungsarbeit soll nicht weiter auf die Geschichte und Grundlagen der Entstehung des ABGB weiter eingegangen werden, die kurze Einführung möchte die für die aktuelle Arbeit wichtigen historischen und rechtlichen Grundlagen der Umsetzung des österreichischen Privatrechts in Nord-Italien zusammenfassen.

Aus diesen historischen Gründen hatte sich das römische Recht bis zur Entstehung des Königreichs Lombardo-Venetien als *lex universalis* und allgemeines Vorbild einer Rechtsordnung in den Universitäten und in der Rechtspraxis der Provinzen Lombardo-Venetien dargestellt[211]. Dies ist der „legale Hintergrund" den die österreichische Gesetzgebung in Nord-Italien vorfand. Gleichzeitig war auch mit der Gesetztradition der Kirche zu rechnen, über die die nächsten Seiten ausführlicher sprechen.

---

208 G. Wesener, G. Wesenberg, *Neuere deutsche Privatrechtsgeschichte*, Lahr/Schwarzwald 1976, S. 107 f.

209 Siehe dazu den Beitrag von K. Ebert, *Gesetzgebung und Rechtswissenschaft. Ein Beitrag zur Zeit des späten Naturrechts in Österreich*, in Zeitschrift der Savigny Stiftung für Rechtsgeschichte, Germanistische Abteilung, 85 (1968), S. 104 f.

210 G. Wesener, G. Wesenberg, *Neuere deutsche Privatrechtsgeschichte*, Lahr/Schwarzwald 1976, S. 149 f.

211 E. Cortese, *Il diritto nella storia medioevale*, 2, Rom 1995, S. 275 f.

2.2 Der kirchliche Einfluss und das *ius commune*

Die heutigen Privatrechtsordnungen in Europa (aber auch weltweit) sind mehr oder weniger die Ergebnisse der Bearbeitung von verschiedenen Rechtserfahrungen, die ihre gemeinsame Wurzel im römischen Recht des *Corpus iuris Civilis* und im sogenannten kanonischen Recht der römisch-katholischen Universalkirche haben[212].

Das römische Recht und das kanonisches Recht wurden im XI, XII, XIII und XIV Jahrhundert an den neu entstandenen Universitäten nach wissenschaftlichen Methoden bearbeitet und als *„utrumque ius"* (beide Rechte) gelehrt. Aufgrund dieser Universitätslehre wurden diese beiden Rechte auch als „gelehrtes Recht" bezeichnet, im Gegensatz zu den „ungelehrten" und dem Gewohnheitsrecht der rezipierenden Territorien[213].

Das kirchliche Recht erhielt, nach einer Zeit systemloser und unübersichtlicher Sammlungen aus verschiedensten Quellen und manchmal unbekannter Herkunft, ab dem XII Jahrhundert eine feste wissenschaftliche Form (dank der Universitätslehre) und wurde als universelle Rechtsordnung neben dem römischen Rechtssystem in ganz Europa anerkannt und verbreitet[214].

Natürlich war der *Corpus iuris* selbst die Hauptquelle des kanonischen Rechts. An ihm hatte sich die Rechtsordnung der römischen Universalkirche bereits seit ihren Anfängen orientiert und das drückt auch der klassisch gewordene Satz aus: *„ecclesia vivit iure romano"* (Die Kirche lebt nach römischem Recht). Am Beginn seiner Verdichtung zu einer homogenen Rechtssammlung bestand das kirchliche Recht vorerst noch aus einzelnen Teilordnungen, die auf die Initiative der Päpste für einzelne Rechtsmaterien erarbeitet worden waren. Sie wurden später zusammengeführt und seit 1580 im *„Corpus iuris canonici"* genannten Gesetzwerk überliefert[215].

In Europa war vom XIV. bis zum XVI. Jahrhundert der Prozess der wechselseitigen Beeinflussung und Durchdringung zwischen dem römisch-

---

212 H. Schlosser, *Grundzüge der neueren Privatrechtsgeschichte. Rechtsentwicklungen im europäischen Kontext*, Heidelberg 2005, S. 1 f.

213 Zu diesem sehr umstrittenen Argument siehe K. Pennington in *Learned Law, Droit Savant, Gelehrtes Recht: The tyranny of a concept*, in *Rivista internazionale di diritto comune*, 5, 1994, S. 197 f.

214 W. Sellert, *Zur Rezeption des römischen und kanonischen Rechts in Deutschland von den Anfängen bis zum Beginn der frühen Neuzeit*, in *Recht und Verfassung im Übergang vom Mittelalter zur Neuzeit*, H. Boockmann (Hg.), Teil I, 1998, S. 115 f.

215 H. Schlosser, *Grundzüge der neueren Privatrechtsgeschichte. Rechtsentwicklungen im europäischen Kontext*, Heidelberg 2005, S. 2

kanonischen Recht auf der einen und dem „ungelehrten“ Rechtswesen und Rechtsdenken der Territorien und Städte auf der anderen Seite voll im Gange[216].

Um diese zwei komplementären und doch ähnlichen Rechtsordnungen zu harmonisieren und im Bereich der Rezeption umzusetzen, wurde die Jurisprudenz (*iuris prudentia)* und ihre Auslegungsmethoden als Mittel benutzt. Die Jurisprudenz erhielt eine neue Kraft durch die Lehre an den Universitäten, wie auch ihre Methodologie[217].

Die auf diese Weise entstandene allgemeine und einheitliche Rechtsordnung, die eine Mischung aus römischem und kirchlichem Recht war, trug die Bezeichnung *„ius commune“,* und sollte europaweit als neues „Leitrechtssystem“ fungieren, unter dessen Dach auch die vorigen Gewohnheitsrechte der rezipierenden Territorien harmonisiert werden sollten.

Das *ius commune* war zweifellos das Ergebnis der Arbeit der mittelalterlichen Jurisprudenz, die für Jahrhunderte das römisches Recht und das kanonische Recht vermischt und harmonisierten hat, um eine neue, gleichzeitig wissenschaftlich systematisch und praktisch geeignete Rechtsordnung zu schaffen[218].

Gleichzeitig, nach dem Wirksamwerden des römisch-kanonischen Rechts im Rechtswesen der europäischen Territorien begann ein Prozess der Angleichung und Anpassung zwischen dem *ius commune* und den bestehenden königlichen, feudalen, territorialen, städtischen oder lokalen geschriebenen oder auf Gewohnheitsrecht basierenden geltenden Rechten. Diese Harmonisierung hat auch mit den noch übrigen personalen Rechten des alten germanischen Stammes stattgefunden[219].

Auf diese Art verwirklichte sich die Rezeption des römischen Rechts in Europa, wobei dank einer zeitgemäßen „neuen Entwicklung“, eben *ius commune* genannt, als eine Art „Filter“ der Anwendung des römischen Rechts im europäischen Raum diente.

Durch die Lehre des römischen und kanonischen Rechts und durch die Anwendung in der Praxis, dank der Arbeit der Jurisprudenz, bildete sich ein System – das System des „gemeinen Rechts“ – das mehr oder weniger bis zum 19. Jahrhundert die gesamte europäische Rechtswissenschaft und Rechtspraxis dominierte. Natürlich hat sich diese Ordnung des *ius commune* durch die spätere Einsetzung der Spätscholastik, des juristischen Humanismus und des *Usus Moder-*

216 W. Trusen, *Römisches und partikuläres Recht in der Rezeptionszeit*, in *Festschrift Lange*, 1970, S. 97 f.

217 G. Wesener, *Einflüsse und Geltung des römisch-gemeinen Rechts in den altösterreichischen Ländern in der Neuzeit (16. bis 18. Jahrhundert)*, Wien/Köln 1989, S. 36 f.

218 H. Lange, *Römisches Recht im Mittelalter*, München 2007, S. 461 f.

219 U. Wesel, *Geschichte des Rechts*, München 1997, S. 260 f; S. 304 f.

nus Pandectarum verstärkt[220]. Es wurde eine universelle Rechtsordnung geschaffen, die den europäischen Raum für lange Zeit beherrschte. Schließlich haben auch die Historische Rechtsschule und die Pandektistik zur Weiterentwicklung dieser Rechtsordnung und zu seiner Bewahrung im deutschen Raum bis zur Entstehung des BGB beigetragen[221].

Dieses römisch-kanonische Recht, mit dem „Filter" des *ius commune* bildete tatsächlich das bestehende Recht in Lombardo-Venetien und den juristischen Hintergrund vor der Anwendung des Code Civil und des ABGB in Nord-Italien[222].

Beide Gesetzbücher mussten also mit den beiden Traditionen (der romanistischen und der kirchlichen) rechnen. Für den Code Civil war dies am Beginn sehr schwierig, da die französische Gesetzgebung den vorigen Traditionen besonders fern war, und für eine von der katholischen Kirche stark beeinflussten Region zu „liberal" und laizistisch.

Obwohl die Umsetzung des Code Civil in der Lombardei nur kurz andauerte, reagierten viele Italiener, Bewunderer Napoleons und der französischen Revolution, sehr positiv. Die Kirche kritisierte am Beginn die Einführung des Code Civil stark, wurde aber später von der Autonomie, die das französische Gesetzbuch dem religiösen Glauben ließ, fast überzeugt[223].

Das ABGB, im Gegenteil, wurde zu Beginn positiv aufgenommen, auch da die Tradition, auf der das österreichische Gesetzbuch basiert, der lombardo-venetianischen sehr ähnlich ist. Zusätzlich wurde diese Kodifikation als Rückkehr zur romanistisch-katholischen Tradition empfunden.

Trotz dieses gemeinsamen juristischen Hintergrunds wurde das ABGB aus politischen Gründen schon ab 1820 sehr stark kritisiert. Auch die Kirche, zu Beginn positiv gesinnt, wurde zu einer der Hauptgegner des ABGB im Bereich des Familienrechts, da die Priester im Bereich der Ehe nicht mit den weltlichen Behörden kooperieren wollten, wie dies die österreichischen Gesetze verlangten. Der Kirche sagte eher die Autonomie und der Laizismus des Code Civil zu, als die Zusammenarbeit zwischen Kirche und kaiserlicher Behörde[224].

---

220 U. Wesel, *Geschichte des Rechts*, München 1997, S. 361 f.

221 M. Caravale, *Alle origini del diritto privato europeo*, Bologna 2005, S. 4 f.

222 M. R. Di Simone, *Das ABGB in Italien*, in E. Berger (Hg.), *Österreichs Allgemeines Bürgerliches Gesetzbuch. Eine europäische Privatrechtskodifikation*, Band III, Berlin 2010, S. 293 f.

223 M. R. Di Simone, *L'Introduzione del codice civile austriaco in Italia. Aspetti e momenti*, in *Studi in memoria di Gino Gorla*, 2, Mailand 1994, S. 1032.

224 V. Campagnari, *Preti liberali nel risorgimento mantovano*, in R. Giusti (Hg.), Il lombardo-Veneto, Mantua 1977, S. 359.

2.3 Der Einfluss des *Code Napoleon* in Nord-Italien

Am 21. März 1804 trat in Frankreich das Gesetzbuch als „*Code civil des Français*“ in Kraft und erhielt am 3. September 1807 offiziell den Namen „*Code Napoleon*“[225].

Nach der Eroberung eines Großteils Europas durch die Armee Napoleons, folgt den französischen Soldaten auch die französische Gesetzgebung und der Code Civil wurde in den eroberten Ländern umgesetzt. Dasselbe Schicksal ereilte auch den französischen Teil Nord-Italiens, der von Napoleon erobert und später als „Repubblica Cisalpina“ und „Regno Italico“ bezeichnet wurde[226].

Hier, im „Regno italico“ wurde im Laufe des Jahres 1806 (1. April) der französische Code Civil ohne Berücksichtigung auf die vorigen Rechtshintergründe dieses Landes sofort umgesetzt. Die Umsetzung wurde durch eine dreifache Übersetzung (Französisch, Latein, Italienisch) in Italien eingeführt[227], wobei in Wirklichkeit bestimmte Teile Italiens bereits seit einigen Jahren den Code Civil anwendeten. 1804 wurde er direkt im Piemont umgesetzt, das zu einer Region Frankreichs geworden war. 1805 in der ehemaligen Republik von Genua, in Parma und in Piacenza. 1806 in Lucca und 1809 in der Toskana und dem neapolitanischen Königreich („Regno di Napoli“). Schließlich 1812 auch im Latium und in Umbrien.

Zu Beginn wurde diese Umsetzung seitens der Juristen schlecht angenommen, da das französische Recht sehr unterschiedlich zur kirchlichen und römischen Tradition Italiens schien[228]. Hinzu kommt, dass diese Umsetzung in fast ganz Italien erfolgte, und keine Rücksicht auf verschiedene vorige Rechtslagen und Rechtstraditionen, wie zum Beispiel die habsburgische Tradition in der Lombardei, nahm. Es scheint glaubwürdig, unterstrichen von einem Dokument des Österreichischen Staatsarchives, dass die Lombarden bereits seit 1750 einen Kataster hatten[229], und die Umstellung auf die französische Ordnung der Eigentumsübertragung somit für sie besonders schwierig war.

Anderseits war die Umsetzung des Code Civil in Italien eine wichtige Revolution im Bereich der Rechtspraxis, da fast alle italienischen Regionen somit

225 H. Schlosser, *Grundzüge der neueren Privatrechtsgeschichte. Rechtsentwicklungen im europäischen Kontext*, Heidelberg 2005, S. 130.

226 E. Ruth, *Geschichte des italienischen Volkes unter der napoleonischen Herrschaft als Grundlage einer neuen Geschichte Italiens*, Leipzig 1859, S. 33 f.

227 M. Cappelletti, J. H. Merryman, J. Perillo, *The Italian Legal System: An Introduction*, Harvard 1968, S. 42.

228 H. Schlosser, *Grundzüge der neueren Privatrechtsgeschichte*, Heidelberg 2005, S. 131 f.

229 G. Grisi, *Progetto Catastrale*, Haus-, Hof- und Staatsarchiv, Staatskanzlei Provinzen Lombardo-Venezien, Karton 33, S. 905 f.

eine allgemeine und gleiche Kodifikation besaßen. Seit dem römischen Kaiserreich standen fast alle Italiener wieder unter demselben Recht (einem unitären Recht). Zuvor waren die Rechtsordnungen Italiens in den vielen verschiedenen Königreichen und Gemeinden zersplittert und sehr unterschiedlich.

Der Code Civil schaffte somit eine erste, wenn auch nur juristische, Wiedervereinigung Italiens. Mit dem Code Civil kamen auch die Ideale der französischen Revolution, die ebenfalls einen wichtigen Aspekt der Umsetzung des Code Civil in Italien darstellten. Vor allem durch die Anwendung des Code Civils fanden die Ideen und die Prinzipien von 1789 in die italienische Rechtsordnung Einzug[230]. Zu diesen zählen die Idee der Gleichheit der Menschen und der Staatsbürger vor dem Gesetz, das Laientum des Staats, die Freiheit des Gewissens, die Freiheit der Arbeit, die Gleichstellung der legitimen Kinder im Bereich der Erbschaft, die Einführung der Scheidung. Gleichzeitig brachte der Code Civil auch eine Verschärfung von bestimmten Rechtsprinzipien in einem konservativen Sinn mit sich, die eigentlich das Gegenteil der revolutionären Ideen waren. Man denke hier an die Stärkung der Ehegewalt des Mannes über die Frau, die in der Kirche Anklang fand, aber weniger bei der norditalienischen Bevölkerung. Die habsburgische Gesetzgebung war in diesem Bereich freier und entwickelter als die französische Gesetzgebung, da sie auf die Gleichstellung der Frau in der Ehe Rücksicht genommen hatte[231].

Natürlich brachte der Code Civil teilweise auch die wichtigen und neuen Prinzipien des Naturrechts mit sich, wenn auch in einem bestimmten Sinn weniger im Vergleich mit dem ABGB[232]. Sehr wichtig war zum Beispiel die Abschaffung des Lehnsguts und des „Fideikommiss“ erstmals in Italien. Das Lehnsgut war ein mittelalterliches Recht, das in verschiedenen Teilen Italiens noch bis ins XIX. Jahrhundert überlebte[233]. Auch die Einführung der Scheidung in Italien, zum ersten Mal, war eine große Änderung für die kirchenrechtliche Tradition Italiens[234]. Weiters brachte der Code Civil eine sehr innovative, mo-

---

230 Siehe A. Fanella, *Il Code Napoléon come coronamento di un progetto politico*, Enciclopedia Treccani online, 2010.

231 P. Speranza, *Manuale del diritto di matrimonio austriaco civile ecclesiastico*, Vienna 1817, S. 6 f.

232 A. Triggiano, *Towards a Civil Code: the Italian Experience*, in *Teoria e storia del diritto privato* 3, 2010, S. 2 f.

233 M. R. Di Simone, *Introduzione del codice civile austriaco in Italia. Aspetti e momenti*, in *Studi in memoria di Gino Gorla*, II, Mailand 1994, S. 1034 f.

234 V. Campagnari, *Preti liberali nel risorgimento mantovano*, in R. Giusti (Hg.), *Il Lombardo-Veneto*, Mantua 1977, S. 359.

derne und philosophische Theorie über die Existenz einer einzelnen und unteilbaren Wahrheit, die direkt vom Naturrecht abstammt.

Viele waren somit die Neuigkeiten und die Rechtsentwicklungen des Code Civil, eine hervorragende Kodifikation, die am Beginn in Italien schlecht verstanden und zu sehr in Zusammenhang mit der französischen Revolution betrachtet wurde. Die Italiener sahen die Einführung des französischen Rechts in Italien eher als einen politischen Teil und Schritt der Revolution als ein rein juristisches Ereignis. Aus diesem Grund wurde der Code Civil in den ersten Jahren seiner Umsetzung und Anwendung nicht besonders gut untersucht und immer nur als ein politisches Werk der Revolution gesehen. Während seiner sehr kurzen Anwendung in Italien erkannten die italienischen Juristen sein wirkliches Potenzial nicht, da das Gesetzbuch nicht wirklich zum Gegenstand wissenschaftlicher Untersuchungen wurde. Es gibt fast keine wissenschaftliche Untersuchungen und Rechtsvergleiche mit den vorigen italienischen Rechten zwischen 1806 und 1812.

Das französische Recht wurde nur deshalb auf Italienisch übersetzt und auf den Universitäten Norditaliens und in Neapel unterrichte, weil es Pflicht war[235]. Wissenschaftlich wurde es, aufgrund der Vorurteile gegen diese revolutionäre Kodifikation, nicht untersucht. Nur die wenigen Enthusiasten der französischen Revolution hatten es tatsächlich gelesen und seinen Inhalt geschätzt, die Meisten von ihnen waren keine Juristen. Für die Befürworter der Revolution und den „Bonapartismus" war dieses Gesetzbuch fast zu konservativ und zu „bürgerlich" und nicht so radikal, wie viele es sich vorgestellt hatten. Das Gesetzbuch wurde in den ersten Jahren seiner Anwendung in Italien von beiden Parteien (Revolutionären und Konservativen) im Allgemeinen schlecht beurteilt[236].

Seltsamerweise begann nach der Restauration eine systematische Untersuchung des Code Civils seitens verschiedener italienischer Juristen[237]. Diese systematische Untersuchung diente insbesondere für den Rechtsvergleich mit dem österreichischen Recht des ABGB, das inzwischen in Italien galt[238].

Ab diesem Zeitpunkt wurde der Code Civil als Vergleich für das ABGB herangezogen, und die Italiener (und manchmal sogar die Kirche) erkannten jetzt die Vorteile des französischen Rechts. Wenn auch viele Norditaliener zu Beginn die Habsburgische Kodifikation schätzten, änderte sich diese Tatsache

---

235 K. M. Baker, *The old regime and the French Revolution*, Chicago 1987, S. 421-422.

236 A. Triggiano, *Towards a Civil Code: the Italian Experience*, in *Teoria e storia del diritto privato* 3, 2010, S. 2 f.

237 G. M. Negri, *Dei difetti del codice civile italico che porta il titolo di codice Napoleone e dei pregi del codice civile austriaco*, Vicenza 1815, S.16 f.

238 M. R. Di Simone, *Introduzione del codice civile austriaco in Italia. Aspetti e momenti*, in *Studi in memoria di Gino Gorla*, II, Mailand 1994, S. 1022 f.

ab 1821 sehr schnell, Zeitpunkt ab dem die Italiener auch beginnen, das französische Recht immer besser zu kennen und zu erforschen[239].

Dieser „Vormarsch“ des französischen Rechts und der französischen Rechtskultur in Italien mündete 1865 in eine italienische zivilrechtliche Kodifikation, die vom Code Civil stark beeinflusst wurde[240]. Manche Artikel schienen fast eine übersetzte Kopie zu sein.

In dieser Geschichte der italienischen Vorliebe für das französische Recht spielte auch die Tatsache eine sehr bedeutsame Rolle, dass die neuen italienischen Könige von einer französischen Familie abstammten und im Piemont französisch sprachen. Ein zusätzlicher politischer Einfluss für die Erweiterung des französischen Rechts in Italien. Das französische Recht und die französische Kultur wurden im Laufe des XIX. Jahrhunderts, nach 1821, als Licht für die Befreiung Italiens und als „Gegenkultur“ zur habsburgischen gesehen[241].

Dies sind einige der politischen Gründe, die dazu führten, dass das französische Recht die Grundlage des ersten italienischen Zivilgesetzbuch und der italienischen Rechtskultur bildete.

2.4 Die Universitäten und die Entwicklung der Rechtslage in Nord-Italien im XIX. Jahrhundert

Im Bereich der Rezeption des österreichischen oder des französischen Rechts in Nord-Italien spielten die Universitäten eine sehr wichtige Rolle. Schon seit Jahrhunderten waren die berühmten Universitäten von Pavia, Padua und Bologna im Bereich der Rechtswissenschaft tätig und beschäftigten sich nicht nur mit römischem und lokalem Recht, sondern auch mit den neuentstandenen Kodifikationen[242].

Ein Beispiel dieser wissenschaftlichen Auseinandersetzung ist die Universität von Pavia, an der vom Beginn an, bis zum 13. September 1814, das französische Recht gelehrt wurde, und erst nach dem Befehl des Staatsoberhauptes Bellegarde wurde die Lehre des Code Civil beendet, und die Lehre des römischen

239 R. Ferrante, *Un ruolo per l'interprete: La scienza giuridica italiana tra Code Napoleon e ABGB*, in *Forum Historiae Iuris*, 30/01/2006.

240 G. Pisanelli, *Dei progressi del diritto civile in Italia nel secolo XIX*. Mailand 1872, S. 3 f.

241 A. Triggiano, *Towards a Civil Code: the Italian Experience*, in *Teoria e storia del diritto privato* 3, 2010, S. 2 f.

242 R. Ferrante, *Un ruolo per l'interprete: La scienza giuridica italiana tra Code Napoleon e ABGB*, in *Forum Historiae Iuris*, 30/01/2006.

Rechts wieder eingeführt[243]. Demnach hatten sich die Professoren aus Pavia bereits in der kurzen Periode der Einführung des Code Civil in der Lombardei mit diesem Recht beschäftigt und es den Studierenden gelehrt.

Nach dem Untergang des französischen Kaiserreichs und nach der Restauration, kommen die habsburgischen Staatsoberhäupter in die Lombardei; am 3. Oktober 1815 befiehlt der Gouverneur von Mailand Saurau die Lehre des österreichischen Rechts (Zivilgesetzbuch und Strafgesetzbuch) in die Studienpläne der rechtswissenschaftlichen Fakultät von Pavia einzuführen. Der Studienplan wurde nach dem österreichischen Modell der Universität Wien reformiert[244].

Viele Dokumente zeigen die Sorgfalt der Österreicher bei dieser Umsetzung an der Universität Pavia. Ihnen war sehr wichtig, dass die Universitäten sofort das österreichische Recht lehren würden. Deshalb war auch die rasche Verfügbarkeit einer italienischen Übersetzung dieses Rechts bedeutend, damit den Studierenden der Universität Pavia dieses Recht in ihrer eigenen Sprache gelehrt werden konnte. 1819 wurde sogar von Wien eine lateinische Übersetzung des Buches von Zeiller, *Das natürliche Privatrecht,* nach Pavia gesendet, damit den Studenten und Professoren dieses wichtige Werk sofort zur Verfügung stand[245].

Die Österreicher ließen der Lehre des österreichischen Rechts in Italien eine wichtige Bedeutung zukommen, und statteten die rechtswissenschaftliche Fakultät von Pavia mit zusätzlichen finanziellen Mitteln aus, damit diese das habsburgische Recht sofort unterrichten könnten[246]. Nach dieser Ausbildungspolitik der österreichischen Regierung entstanden zahlreiche wissenschaftliche Veröffentlichungen über die Anwendung des österreichischen Rechts in Italien und über seine Vorteile resp. Nachteile[247].

Die Rechtswissenschaft hatte sich in Nord-Italien stark verändert, und sogar eine neue Methodologie hervorgebracht. Einerseits basierte die Rechtswissen-

---

243 M. R. De Simone, *L'Introduzione del codice civile in Italia aspetti e momenti*, in *Studi in onore di Gino Gorla*, Mailand 1994, S. 1028.

244 ASM (Archivio di stato di Milano), Studi, Parte moderna, b. 988, fasc. 5 und 11.

245 ASM (Archivio di stato di Milano), Studi, parte moderna, b. 942. Die Übersetzung wurde von F. De Egger in Wien 1816 mit dem Titel "*Jus naturae privatum. Editio germanica tertia latine reddita a Francisco nobili De Egger*" veröffentlicht.

246 I. Ciprandi, *L'Università di Pavia nell'età della Restaurazione*, in M. Malatesta (Hg.) *Problemi scolastici ed educativi nella Lombardia del primo ottocento*, Mailand 1977-78, II, S. 193 f.

247 Siehe zB die Meinungen von Reale oder Carozzi in M. R. De Simone, *L'Introduzione del codice civile in Italia. Aspetti e momenti*, in *Studi in onore di Gino Gorla*, Mailand 1994, S. 1029 f.

schaft auf dem Studium der Doktrinen des Naturrechts, anderseits auf der Exegese der Quellen nach der französischen Methodologie[248].

In Laufe des ersten Teils des 19. Jahrhunderts wurden die wissenschaftlichen Untersuchungen des österreichischen Rechts in italienischer Sprache immer zahlreicher. Sie waren sehr präzise und hatten das ABGB zum ersten Mal auch in einer historisch-vergleichenden Perspektive analysiert, um die Vorteile und die Nachteile dieser Kodifikation zu untersuchen. Die Juristen der italienischen Universitäten Lombardo-Venetiens führten diese vergleichende Methodologie in das Studium des Rechts ein und entwickelten diese weiter, um die habsburgische Kodifikation, das französische Recht und die römischen Sammlungen gemeinsam betrachten zu können[249].

Gleichzeitig beginnen die Juristen von Pavia und Padua, eine rechtsvergleichende Methodologie im Bereich des Studiums des Rechts zu entwickeln und einzusetzen, um die Unterschiede zwischen der Österreichischen Kodifikation und den anderen Kodifikationen Europas und dem römischen Recht herauszuarbeiten.

Dank dieser Methodologie konnten die norditalienischen Juristen einerseits das österreichische Recht besser kennenlernen – dank dem Verglich mit den gut bekannten romanistischen Rechtsinstituten – und anderseits die Vorteile dieses Rechts gegenüber dem römischen Recht aufzeigen. Mit dieser Methodologie fanden sie einen interessanten Weg, um die römische Tradition der österreichischen Kodifikation anzunähern, und sich mit den beiden zu beschäftigen[250].

Ihr Ziel war nicht nur, das ABGB zu untersuchen, sondern auch seine römischen Wurzeln zu finden, um die Kontinuität zwischen dem habsburgischen Recht und der römischen Rechtstradition Norditaliens zu zeigen.

Sie verfolgten damit auch politisch Ziele, da sie nicht nur die rechtliche Kontinuität, sondern auch eine politische Kontinuität zwischen dem römischen Kaiserreich und dem habsburgischen Kaiserreich zeigen wollten.

Dieses doppelte Ziel können wir zB im Vorwort von Onofrio Taglioni an seinem Kommentar[251] finden. Taglioni begann schon 1816 seinen Kommentar in zehn Bänden zu veröffentlichen. Er schrieb, dass die österreichischen Rechtslösungen sehr klar und systematisch waren, und die Weisheit der Antike (also die

---

248 H . Schlosser, *Grundzüge der neueren Privatrechtsgeschichte*, Heidelberg 2005, S. 72 f.; S. 111 f.

249 M. R. De Simone, *L'Introduzione del codice civile in Italia. Aspetti e momenti*, in *Studi in onore di Gino Gorla*, Mailand 1994, S. 1022 f.

250 R. Ferrante, *Un ruolo per l'interprete: La scienza giuridica italiana tra Code Napoleon e ABGB*, in *Forum Historiae Iuris*, 30/01/2006

251 O. Taglioni, *Commentario al codice civile generale austriaco*, 10 Bände, Mailand 1816-1825.

Lösungen des römischen Rechts) mit der Rationalität der Moderne (insbesondere die Lehre des Naturrechts) und die sogenannte Loyalität der Germanen vereinten. Er fordert die Italiener dazu auf, die neue Gesetzgebung zu akzeptieren und zu erlernen, und meint, dass diese viele Vorteile bringen würde, und die Italiener der französischen Gesetzgebung nicht nachtrauern müssten[252].

Francesco Borella[253] stellt in einem Werk von 1816 einen Rechtsvergleich zwischen dem österreichischen Recht und dem römisches Recht dar. Er zieht einen Vergleich zwischen den Grundlagen der römischen Rechtswissenschaft und den neuen Entwicklungen der europäischen Rechtsphilosophie. Borella erwähnt Juristen und Rechtsphilosophen wie Beccaria, Vattel, Montesquieu, Muratori, Heinecke, Bynckershoek oder Bentham.

Ein weiteres Beispiel ist Giuseppe Castelli[254], der einen Vergleich mit dem römischen Recht und mit dem französischen Recht des Code Napoleon darstellt.

Auch Diego Matinez und Jacopo Mattei befassen sich mit dem Rechtvergleich zwischen dem aktuellen ABGB und den weiteren europäischen Kodifikationen, wie der französischen oder der preußischen (dem ALR)[255]. Auch in diesem Fall basiert der Vergleich auf den römischen Wurzeln dieser Kodifikationen.

Ebenfalls in der ersten Hälfte des XIX. Jahrhunderts erscheinen in Folge zahlreiche verschiedene rechtsvergleichende didaktische Werke (tatsächliche Lehrbücher), in denen das österreichische Recht mit den weiteren europäischen Kodifikationen verglichen wird.

Ein Beispiel ist das Buch von Agostino Reale von 1823, das für die Studenten von Pavia gedacht war[256]. Nach 1840 ändert sich diese rechtsvergleichende Tendenz und die universitären Lehrbücher werden immer mehr praxisorientiert;

---

252 O. Taglioni, *Commentario al codice civile generale austriaco*, I, Mailand 1816, S. 41.

253 F. Borella, *Annotazioni al codice civile universale austriaco col confronto del diritto romano*, Mailand 1816.

254 G. Castelli, *Il codice civile generale austriaco confrontato con le leggi romane e col già codice civile d'Italia*, Mailand 1931-32.

255 Siehe zB D. Martinez, *Al codice civile austriaco: L'avvocato Diego Martinez. Spiegazioni dell'introduzione e dei capitoli I, II parte prima del detto codice*, 2 Bände, Mailand 1823; Oder auch J. Mattei, *I paragrafi del codice civile austriaco avvicinati alle leggi romane, francesi e sarde*, 5 Bände, Venedig 1852-1856.

256 Siehe das Skriptum von A. Reale, *Corso di lezioni di diritto civile austriaco con le differenze tra questo e il diritto civile francese*, Druckerei Fusi, Pavia 1823 und sein Buch: *Istituzioni del diritto civile austriaco con le differenze tra questo e il diritto civile francese e coll'additamento delle disposizioni posteriori alla promulgazione del codice civile generale austriaco pubblicato pel Regno Lombardo-Veneto*, 4 Bände, Pavia 1829-36.

anstelle des Vergleiches mit dem römischen Recht beginnen die Professoren, Vergleiche mit der aktuellen österreichischen Jurisprudenz aufzustellen.

Diese Entwicklung wird vom Buch von Andrea Amati, *Manuale sul codice civile generale austriaco* (Milano 1844) vorgezeichnet, das nur modernes Privatrecht enthält und nicht mehr Rechtsvergleiche mit anderen Kodifikationen. Im Bereich der Rechtsvergleichung behalten die Rechtswissenschaftler nur Vergleiche mit dem römischen Privatrecht bei.

Noch deutlicher ist diese Entwicklung in G. Basevi, der in seinem Kommentar zum ABGB heftig aktuelle Kommentare zum ABGB kritisiert, die seiner Ansicht nach zu viel Rechtsvergleich enthalten würden. Er behauptet in seinem Vorwort auch, dass die italienische Übersetzung des ABGB nicht allzu gut wäre, und die Italiener sich zu wenig um die Genauigkeit gekümmert hätten[257].

Diese verschiedenen wissenschaftlichen Veröffentlichungen entstanden bis 1848. Ab diesem Zeitpunkt ändert sich das kulturelle Panorama Nord-Italiens, die Italiener werden sich von der österreichischen Rechtskultur immer mehr abwenden, und im Gegenteil beginnen, das französische Recht wiederzuentdecken und zu schätzen[258].

---

257 G. Basevi, *Annotazioni pratiche al codice civile austriaco*, Mailand 1845.

258 M. R. De Simone, *L'Introduzione del codice civile in Italia. Aspetti e momenti*, in *Studi in onore di Gino Gorla*, Mailand 1994, S. 1029 f.

3. Probleme des Code Napoleon und erste Überlegungen zum ABGB

3.1 Die Probleme der Umsetzung des Code Napoleon in Nord-Italien

Als der französische Code Civil in Italien umgesetzt wurde, hatten die Italiener bis zu diesem Zeitpunkt nur das *ius commune* und verschiedene Lösungen des römischen Rechts als Rechtgrundlagen der verschiedenen italienischen Rechtsordnungen verwendet[259].

Aufgrund dieser sehr alten, wiederholten Rechtserfahrung betrachteten die Italiener das französische Zivilgesetzbuch zuerst sehr skeptisch. Die Juristen zeigten sich vom Code Civil enttäuscht, da die Rechtspraxis die neue Regelung der Eigentumsübertragung in Norditalien als unsicher betrachtete. Die Norditaliener, wie zB die Lombarden, hatten bereits seit 1750 einen Kataster[260] und ein Grundbuch, und hatten sich dem österreichischen System gut angepasst. Im Laufe des XVIII. Jahrhunderts, nach dem Frieden von Rastatt, übernahmen sie alle österreichischen Gesetze (vor allem kaiserliche Mandate und Dekrete). Zu diesem Zeitpunkt bestand die österreichische Rechtordnung aus verschiedenen Rechtsquellen: dem *ius commune*, dem sogennnaten *Codex Leopoldinus* (eine gesamtstaatliche Vereinheitlichung des Rechts der Länder und Nationen der Habsburgischen Monarchie von 1671), dem *Codex Austriacus* (eine Sammlung kaiserlicher Mandate und Dekrete von 1704-1777) und zuletzt dem sogenannten „Josephinische Gesetzbuch" von 1787 (eine neue Erarbeitung des nie in Kraft getretenen „Codex Theresianus")[261]. Unter allen diesen Gesetzen wurden der Kataster und das System des Grundbuches für die Eigentumsübertragung von den Juristen und den Praktikern besonders geschätzt. Eine revolutionäre Änderung in diesem Bereich des Rechts war für die Notare und die Rechtspraktiker traumatisch, wenn eine Umsetzung in wenigen Jahren erfolgen sollte.

Der Code Civil und sein verbundenes Eigentumssystem wurde in Nord-Italien am 1. April 1806 vom Napoleon selbst eigeführt[262]. Er wurde in seiner

---

259 E. Cortese, *Il diritto nella storia medioevale*, 2, Rom 1995, S. 275 f.

260 Zur Datierung siehe „Progetto" von G. Grisi, in Haus-, Hof- und Staatsarchiv, Staatskanzlei Provinzen Lombardo-Venezien, Karton 33, S. 905 f.

261 H. Schlosser, *Grundzüge der neuren Privatrechtsgeschichte*, Heidelberg 2005, S. 135-136.

262 B. Dölemeyer, H. Mohnhaupt , A. Somma (Hg.), *Richterliche Anwendung des Code Civil in seinen europäischen Geltungsbereichen außerhalb Frankreichs*, Frankfurt 2006, S. 12.

ursprünglichen Version (ohne Anpassungen) direkt eingeführt, da Napoleon eine echte „einheitliche" Kodifikation für Frankreich und Italien und im Allgemeinen für das gesamte Kaiserreich wollte. Ein Versuch einer Anpassung des Code Civils an die vorherigen italienischen Rechtsgegebenheiten erfolgte durch den lombardischen Juristen Alberto De Simoni und seine Kommission[263]. Dieser Versuch scheiterte jedoch bereits 1802, als die Kommission einen Entwurf für ein „angepasstes" französisches Zivilgesetzbuch vorstellte, das ein Kompromiss mit der vorigen norditalienischen Rechtstradition sein sollte. Dieser Entwurf übernahm die meisten Institute des französischen Rechts der Revolution (der eingesetzten Kommission für den Entwurf eines neuen Zivilgesetzbuches der Franzosen), und auch bestimmte Rechtsinstitute der lombardischen Tradition. Es scheint, dass De Simoni einerseits die vorbereitenden Arbeiten des französischen Zivilgesetzbuches gut gekannt und analysiert hatte und anderseits auch bestimmte Rechtslösungen der vorigen österreichischen Gesetzgebung in der Lombardei, wie zum Beispiel den Kataster oder die Einführung des Grundbuches[264] beibehalten wollte. Weiters wollte er mehr Raum für die Auslegung seitens der Richter lassen, ein für die Italiener wichtiger Punkt.

Die wichtigste Figur der italienischen „Anpassungs-Kommission", Alberto De Simoni, versuchte in Wirklichkeit eine neue Kodifikation zu schaffen, die einerseits die Innovationen des Code Civil beinhalten und andererseits die gut erprobten Lösungen der österreichischen Rechtserfahrung beibehalten würde. Gleichzeitig sollte diese Kodifikation auch der lombardischen Kultur entsprechen.

Diese Arbeit, alle diese Faktoren zu harmonisieren, entspricht der Ausbildung und dem Leben von De Simone. Er ist in Bormio 1740 geboren, studierte zuerst Philosophie in Mailand und danach Rechtswissenschaft in Innsbruck und Salzburg. Er kannte das österreichische Recht sehr gut und beherrschte auch die französische Sprache[265]. Zusätzlich war er ein Freiheitskämpfer für die Republik Valtellina. De Simone war also einerseits Revolutionär auf dem Gebiet der Philosophie, anderseits hatte er das österreichische Recht gelernt und wurde von dieser Rechtskultur stark beeinflusst. De Simone war auch persönlicher Rechtsberater von Napoléon, der ihn 1803 zum Mitglied des National-Instituts und

263 Über die Arbeiten von Alberto de Simoni siehe C. Mozzarelli: *Alberto de Simoni, Memorie intorno la propria vita e scritti*, Mantua 1991, S. 93 f.

264 A. Triggiano, *Towards a civil Code: The Italian experience*, in *Teoria e storia del diritto privato* 3, 2010, S. 1 f.

265 Informationen über A. De Simoni in B. Leoni, *Dizionario bibliografico dei Valtellinesi e Valchiavennaschi*, Sondrio 1978, S. 131.

1807 zum Richter der „Court de Cassation“ ernannte[266]. Trotz seiner guten Beziehungen zu Napoleon scheiterte sein Projekt für ein italienisches Zivilgesetzbuch. Napoleon selbst wollte nicht, dass die neuen eroberten Länder eigene Gesetzbücher eingesetzt hätten, er wollte ein einheitliches Gesetzbuch in verschiedenen Sprachen. Für ihn war ein gemeinsames Recht sehr wichtig, um die verschiedenen Völker seines Reichs zu vereinigen.

Tatsächlich gelang es ihm, ein Zivilgesetzbuch zu schaffen, das für lange Zeit in verschiedenen europäischen Ländern in Kraft geblieben ist und das viele Spuren in den heutigen Kodifikationen hinterlassen hat[267].

Napoleon und die französische Herrschaft strahlten in dieser Zeit auf fast ganz Europa aus. Die deutschen Regionen des Rheins, Norddeutschland bis Hamburg, das gesamte Nord- und Süditalien und alle anderen „Satellitenstaaten“, wie zum Beispiel das Großherzogtum von Baden oder das Königreich Bayern, standen in der Periode Napoleons unter dem Einfluss des französischen Kaiserreichs. All diese Länder und Staaten übernahmen die französische Gesetzgebung des Code Civil zwischen 1804 und 1810.

Die deutschen Staaten am linken Rheinufer waren schon nach der Besetzung der Rheinlande (1795) ein Teil Frankreichs geworden, daher trat der Code Civil in diesen Territorien 1804 automatisch in Kraft. 1807 wurde der Code Civil auch in verschiedenen deutschen Länder des sogenannten Rheinbundes (1806, „Confédération du Rhin“), wie zum Beispiel das Königreich Westphalen, und die Großherzogtümer Berg, Frankfurt und Baden, übernommen[268]. Dieselbe Übernahme des Code Civil galt auch für das Königreich Bayern. In Italien, wie wir später sehen werden, wurde der Code Civil in der ganzen Halbinsel, mit Ausnahme des Kirchenstaats, eingesetzt. Nach der Restauration wurde jedoch das französische Recht in allen diesen Länder wieder abgeschafft.

Die Besonderheit des Code Napoleon war seine einfache Darstellung und seine jedermann leicht verständliche Sprache. Der Code Civil war im Allgemeinen formuliert, die Begriffe einfach zu verstehen und nicht zu technisch.

Dies sind einige Gründe des großen Erfolges des Code Civil, der viele weitere Gesetzbücher beeinflussen sollte. Der Rechtshistoriker H. Schlosser meint dazu: *„Sprache, Stil und konsequente Sachlichkeit sicherten dem Gesetzbuch eine glänzende Aufnahme. Mit seinen 2281 knapp und einprägsam gefassten Ar-*

---

266 B. Leoni, *Dizionario bibliografico dei Valtellinesi e Valchiavennaschi*, Sondrio 1978, S. 132.

267 J. M. Rainer, *Europäisches Privatrecht*, Frankfurt 2007, S. 68 f.

268 Diese Übernahme des Code Civil in den deutschen Staaten erfolgte auch dank der Arbeit von Jean-Baptiste de Nompère de Champagny, der die deutschen Fürsten davon überzeugte, das französische Recht als zukünftiges „droit commun d’Europe“ zu rezipieren.

tikeln war es bestens geeignet, die Ideen des rationalistischen Naturrechts und das politische Programm der Revolution über ganz Europa zu verbreiten“[269].

In Norditalien sollte der Code Civil in der Lombardei umgesetzt werden, und genau in dieser Region hatte die Bevölkerung schon eine relative gute Erfahrung mit dem österreichischen Recht gemacht. Dies machte es den Franzosen schwer, das Recht des Code Civil in der Lombardei komplett und ohne Veränderungen umzusetzen, da die vorige Rechtsgrundlage, vor allem in der Praxis, vom österreichischen Recht stark beeinflusst wurde[270].

In den meisten anderen italienischen Gebieten war es für die Franzosen leichter, veraltete Regeln der vorigen lokalen Rechtsordnungen, die entweder vom römischen Recht oder vom *Ius commune* abstammten, mit dem modernen französischen Recht zu ersetzen[271]. In diesen italienischen Regionen sahen die Menschen Napoleon als Befreier Italiens an, der mit seiner Eroberung und mit seinem Recht die Freiheit und eine neue Ära gebracht hätte.

Viele Lombarden waren wiederum zu Beginn sehr skeptisch, aber auch in der Lombardei wurden die Franzosen als Befreier empfangen. Die Norditaliener waren der Ansicht, dass Napoleon die beliebten Ideen der französischen Revolution gebracht und verwirklicht hätte. Sie sahen die Möglichkeit, sich endlich von der österreichischen Herrschaft zu befreien[272].

In Venedig, im Gegenteil, wollten die Bürger der Republik weder die Franzosen noch die Österreicher, sie wollten bei ihrer Republik bleiben. Die Republik von Venedig hatte sehr alte Gesetze und vor allem eine besondere Verfassung und eine für diese Jahre sehr entwickelte Gewaltenteilung. Erst nach dem Vertrag von Campoformio werden die Venezianer die österreichischen Gesetze übernehmen.

Zurück zur Umsetzung des Code Civil im „Regno d’Italia“ 1806. Das Gesetzbuch war *in primis* sofort auf Italienisch und auf Latein verfügbar (und nicht nur auf Französisch), da Napoleon der Ansicht war, dass jedes Volk das Recht auf Gesetze in seiner eigenen Muttersprache hatte. In denselben Jahren, zwischen 1804 und 1810 tritt der Code Civil auch in den anderen italienischen Län-

269 H. Schlosser, *Grundzüge der neueren Privatrechtsgeschichte*, Heidelberg 2005, S. 131.

270 M. R. Di Simone, *L’introduzione del codice civile austriaco in Italia. Aspetti e momenti*, in *Studi in memoria di Gino Gorla*, II, Mailand 1994, S. 1016 f.

271 A. Triggiano, *Towards a Civil Code: The Italian Experience*, in *Teoria e storia del diritto privato* 3, 2010, S. 5.

272 E. Ruth, *Geschichte des italienischen Volkes unter der napoleonischen Herrschaft als Grundlage einer neuen Geschichte Italiens*, Leipzig 1859, S. 34 f.

dern in Kraft: in Piemont, Ligurien, Parma, Toskana, Latium, und 1806 sogar im "Regno di Napoli"[273].

Viele italienische Gebiete erhielten demnach den Code Civil im Laufe der ersten zehn Jahre des XIX. Jahrhunderts. Die Erfahrung war trotzdem sehr kurz, da die meisten italienischen Länder nach der Restauration (ungefähr 1813-14) ihre eigenen alten Gesetze wieder aufnahmen und den Code Civil außer Kraft setzten[274].

In diesem Zeitraum hatten die Italiener jedoch die Möglichkeit, mit diesem Gesetzbuch Erfahrungen zu sammeln. Der Code Civil wurde in den italienischen Universitäten unterrichtet und viele junge Juristen wurden mit den französischen Gesetzen ausgebildet und von diesem Gesetzbuch beeinflusst. Auch die Praktiker traten mit der neuen Realität in Kontakt. Vielleicht auch dank dieses kurzen aber intensiven Kontakts mit dem Code Civil verfassten die Italiener 1865 ein Gesetzbuch, das vom Code Napoleon stark beeinflusst war.

Einerseits wurde der Code Napoleon in Italien und insbesondere in Norditalien vom Stand des Bürgertums sehr gut empfangen und akzeptiert. Das Bürgertum war vor allem an die neuen Regeln des Sachenrechts und des Rechtsverkehrs interessiert, die nach langer Zeit wieder Sicherheit in diesen Bereich des Rechts brachten[275]. Vorher waren die Regeln des *ius commune* im Bereich des Sachenrechts und des Vertragsrechts kompliziert und manchmal sehr unterschiedlich. Es war fast unmöglich, eine vollständige Sicherheit im Bereich eines Rechtsgeschäfts zu erreichen. Das *ius commune* kannte zahlreiche unterschiedliche Regeln, die unsystematisch und manchmal auch widersprüchlich waren. Die Bürger dachten an das Recht oft als eine Arkandisziplin, die zu kompliziert und unverständlich war. Man denke hier an die Figur des Rechtsanwalts „Azzeccagarbugli"[276] in den „Promessi Sposi" von Manzoni[277] Der „Azzeccagarbugli" ist als Symbol der Unklarheit und der Schwierigkeit des vorigen Systems des *ius commune* zu verstehen. Ein System, das für das Bürgertum des XIX. Jahrhunderts zu unsicher und veraltet war.

---

273 A. Triggiano, *Towards a Civil Code: The Italian Experience*, in *Teoria e storia del diritto privato* 3, 2010, S. 3 f.

274 B. Dölemeyer, H. Mohnhaupt, A. Somma (Hg.), *Richterliche Anwendung des Code Civil in seinen europäischen Geltungsbereichen außerhalb Frankreichs*, Frankfurt 2006, S. 12-13.

275 A. Triggiano, *Towards a Civil Code: The Italian Experience*, in *Teoria e storia del diritto privato* 3, 2010, S. 8 f.

276 Azzeccagarbugli ist jemand, der Probleme lösen kann, und schwierige Lösungen im Bereich des Rechts bietet.

277 Zur Persönlichkeit des Rechtsanwalts Azzeccagarbugli siehe A. Manzoni, *I promessi sposi*, Mailand 1842, (Verlag Manna, Mailand 2011, S. 49 f.).

Die neuen klaren und einfachen Regeln des französischen Zivilgesetzbuchs waren für den Stand des Bürgertums eine gute Möglichkeit ihre Geschäfte zu erweitern, zu konsolidieren und zu schützen - dank der verbesserten Rechtssicherheit[278]. Dem Vertragsrecht, dem Sachenrecht und dem Eigentumsrecht wurde also positiv begegnet.

Der Code Civil enthielt außerdem die wichtigen Prinzipien (zum ersten Mal in den europäischen Ländern) der Gleichheit der Menschen, der Freiheit der Person und des Eigentums (besonders wichtig für das Bürgertum) sowie die Trennung von Kirche und Staat[279].

Die Endfassung des Code Civils, die Jean Marie Etienne Portalis viel schuldet, und sein klares und funktionelles System, hatten sicher als Vorbild die dogmatischen Arbeiten der Vertreter der französischen „eleganten" Jurisprudenz[280].

Die systematische Gliederung des Code Civil orientiert sich an den Institutionen von Justinian (insbesonders) und von Gaius, mit der klassischen Teilung der Rechtsgebiete in Personen, Sachen und Obligationenrecht.

Das erste Buch enthält das gesamte Familien-, Ehe- und Vormundschaftsrecht. Das zweite Buch über das Sachenrecht regelt insbesondere das Eigentum, den Besitz und die dinglichen Rechte an fremden Sachen. Das dritte Buch regelt im Allgemeinen die verschiedenen Eigentumserwerbsarten *(De differérentes manières dont on aquiert la propriété)*[281]. Es beginnt mit dem Erbrecht, gefolgt vom Vertragsrecht mit den verschiedenen schuldrechtlichen Rechtgeschäften und mit den güterrechtlichen und Kreditsicherungsverträgen[282]. Am Ende des Gesetzbuches finden wir die Regeln über das Pfandrecht, die Hypotheken und die Verjährung.

In Vertretung vieler Studien und Analysen über den *Code Civil* sei hier J. M. Rainer zitiert: „*Der Code Civil ist somit juristischer Ausdruck eines tiefen gesellschaftlichen Wandels, der zur Herrschaft des Bürgertums geführt hatte. In den zentralen Bereichen des Zivilrechts, im Sachen – und Schuldrecht, hielten sich die Redaktoren an die Schriften jener großen Juristen , die das Gewohn-*

---

278 J.M. Rainer, *Europäisches Privatrecht*, Frankfurt 2007, S. 118 f.

279 Der Code Civil war die erste Kodifikation, die nach der Ära des ius commune diese Trennung zwischen Kirche und Staat verwirklicht hatte. Die Franzosen haben diese Trennung von den Ideen von Montesquieu geerbt. Montesquieu hatte diese Idee nicht nur aus dem illuministischen Gedankenguten erarbeitet, sondern auch aus den echten Regeln des klassischen und republikanischen römischen Rechts.

280 M. A. Plesser, *Jean Marie Etienne Portalis und der Code Civil*, Berlin 1997, S. 42 f.

281 Für die Überlegungen über den Code Civil siehe J. L. Halpérin, *Histoire du droit privé francais depuis 1804*, Paris 1996.

282 H. Schlosser, *Grundzüge der neueren Privatrechtsgeschichte*, Heidelberg 2005, S. 131.

heitsrecht wissenschaftlich mit dem römischen Rechts kombiniert hatten, insbesondere an Pothier. Wissenschaftliches Recht, lang erprobte Praxis, sowie die in der Revolution verwirklichten Ideen des Naturrechts wurden zu einem einmaligen Ganzen zusammengeschweißt [...] Die 2281 Artikel stellen den von den Juristen oft ersehnten aber selten erreichten Ausgleich zwischen Abstraktheit und Konkretisierung dar[283]. Für viele Autoren war der Code Civil für lange Zeit das Bild und das Denkmal eines triumphierenden Individualismus und Liberalismus und diente als Vorbild des Eigentumsrechts (*palladium de la propriéte)* und als erstes demokratisches Rechtswerk[284]. Viele andere, wie zum Beispiel Caroni, sehen den Code Civil als repressiv und weniger demokratisch und bürgerlich[285]. Dölemeyer ist der Ansicht, dass das französische Zivilgesetzbuch eine patriarchalische und Frauen benachteiligende Struktur hat, die vor allem das Familiengut an der Seite des Mannes bewahren möchte[286]. A. Bürge definiert den Code Napoléon als „Ausschnitt einer statistischen, merkantilistisch geprägten Gesetzgebung"[287].

Insbesondere im Bereich des Personenrechts und des Familienrechts traten Probleme der Umsetzung des Code Civil in Norditalien auf. Einerseits wurde der Code Civil vom Bürgertum, vor allem von der neuen „Elite", die oft laizistisch und religionslos war, auch im Bereich des Familienrechts sehr gut empfangen, da er erstmals die Scheidung ermöglichte. Genau die Scheidung war jedoch für die Katholiken besonders negativ, und viele Priester und Gläubige wandten sich dagegen.

Die Elite der Gesellschaft wiederum, wie auch die neuen illuministischen Sekten und Verbindungen, zB die Freimauer oder viele andere, die am Ende des XVIII. Jahrhunderts entstanden sind, waren mit der neuen Disziplin des Familienrechts und des Personenrechts sehr zufrieden[288]. Sie bildeten jedoch nur eine Minderheit der Bevölkerung, die Großteils aus Bauern oder armen Leuten bestand, die unter dem Einfluss Geistlicher standen, und das neue Recht des Code Civils ablehnten[289].

---

283 J. M. Rainer, *Europäisches Privatrecht*, Frankfurt 2007, S. 128-129.

284 H. Schlosser, *Grundzüge der neueren Privatrechtsgeschichte*, Heidelberg 2005, S. 131.

285 P. Caroni, *Privatrecht. Eine sozialhistorische Einführung*, 2. Auflage, Basel/Frankfurt 1999, S. 32 f.

286 B. Dölemeyer, *Nachwort zu „Napoleons Gesetzbuch- Code Napoléon"*, Nachdruck 2001, S. 1056 f. und S. 1086 f.

287 A. Bürge, *Das französische Privatrecht im 19. Jahrhundert: zwischen Tradition und Pandektenwissenschaft, Liberalismus und Etatismus*, Frankfurt 1995, S. 523.

288 F. Pesendorfer, *Eiserne Krone und Doppeladler*, Wien 1987, S. 160 f.

289 W. Brauneder, *Die Geltung des Code Civil in Österreich*, in E. Berger (Hg.), *Rechtstransfer durch Zivilgesetzbücher*, Beiträge Lichtenstein-Institut, 29/2005, S. 33 f.

Die Juristen, wie Rechtsanwälte oder Universitätsprofessoren, begrüßten wiederum die Einführung und die Umsetzung des Code Civils in Italien. Man denke hier an die Universität von Pavia, die bereits 1805 den Unterricht des französischen Code Civils eingeführt hatte.

Zweifelsohne war die neue Disziplin des Code Civils besser als die veralteten und zu widersprüchlichen Regeln des *ius commune*. Die Disziplin des Sachenrechts, des Eigentumsrechts und des Vertragsrechts waren deutlich besser, und dem Handelsverkehr und den Rechtsbeziehungen in diesem Bereich angemessener. Dem Bürgertum eröffnete der *Code Civil* neue Möglichkeiten für einen effektiven, erweiterten und sicheren Handelsverkehr[290].

Die Rechtspraktiker waren mit den Lösungen des französischen Rechts im Bereich des Sachenrechts, insbesondere der Eigentumsübertragung und dem Nachweis des Eigentums nicht einverstanden. Sie hatten sich bereits an die Praxis des Grundbuchs und die österreichischen typischen notariellen Urkunden (wie zum Beispiel die Beglaubigung beim Kaufvertrag eines Hauses) gut gewohnt.

Die Praktiker konnten sich nicht vorstellen, wie eine sichere Eigentumsübertragung stattfinden konnte, ohne dass der Notar die Übertragung selbst im Grundbuch registriert und begründet hatte. Die Notare wandten sich in Briefen an Napoleon und De Beauharnais, in denen sie darum baten, das Grundbuch und das österreichische System der Eigentumsübertragung in der Lombardei und in Venetien beizubehalten[291].

Dieselben „Sorgen" hatten die Praktiker über die Rechtssicherheit und die geeignete Anwendung des Konsensualprinzips. Das Konsensualprinzip war den Praktikern im Vergleich mit dem Traditionsprinzip des *ius commune* zu unsicher. Sie dachten, dass Diebe und Betrüger dank dieses Prinzipes einfacheres Handwerk hätten, und die Menschen ohne die Übergabe der Sache keine Sicherheit hätten. Dies waren einige der „Sorgen" der Praktiker im Bereich des Sachenrechts und des Eigentumsrechts des Code Civil. Zur allgemeinen Skepsis kommen auch die oben erwähnten relevanten Probleme im Bereich des Familienrechts hinzu. Ein Brief an den Präfekten des Senats von Bologna[292] ist ein Beispiel des Wunsches, die Scheidung außer Kraft zu setzen. Auch die Politiker des Königreichs von Neapel, auf Druck der Bevölkerung, wollten die Artikel des Code Napoleon über die Scheidung aufheben lassen. In diesem Bereich des

---

290 R. Ferrante, *Un Ruolo per l'Interprete: La scienza giuridica italiana tra Code Napoleon e ABGB*, in *Forum Historiae Iuris* 30/01/2006.

291 M. R. Di Simone, *L'introduzione del codice civile austriaco in Italia. Aspetti e momenti*, in *Studi in memoria di Gino Gorla*, II, Mailand 1994, S. 1022 f.

292 M. Ascheri, *Introduzione storica al diritto moderno e contemporaneo*, Turin 2008, S. 240 f.

Familienrechts beeinflussten vor allem die Lehren der Kirche den Wiederstand gegen die neuen Regeln stark.

Zu den Gegnern des Code Civil zählen auch bestimmte Richter, die in der Schule des *ius commune* ausgebildet waren und vom Stil dieser Schule in den Urteilen geprägt waren. In vielen Urteilen dieser Richter können wir noch in der Periode von Napoleon den Stil des *ius commune* und die lateinischen Zitate des *Corpus iuris civilis* finden, die nichts mit dem neuen französischen Recht gemeinsam hatten[293].

Viele Nachweise dieser „Mischung" von neuem Recht und Zitaten aus dem *ius commune* können in den Rechtsurteilen der Richter dieser Periode gefunden werden. Viele sind die Studien, zum Beispiel, im Bereich der Rechtsurteile im Gebiet des Nord-Rheins (Nord-Rhein-Westfalen), in denen Forscher dieses Verhältnis zwischen französischem Recht und Zitaten des *ius commune* (in einer seltsamen Mischung) aufzeigen. Im Gegenteil, trotz des zahlreichen Materials, wurde dieses Verhältnis in den Urteilen Norditaliens nur sporadisch erwähnt und nie systematisch untersucht, würde aber eine eigene Untersuchung verdienen.

Wie bis hier dargestellt, wurde nur durch die Praktiker, bestimmte Richter der Schule des *ius commune* und, auf bestimmte Bereiche begrenzt, die Kirche sporadischer und unorganisierter Wiederstand gegen die Umsetzung des Code Civils in Italien geleistet. Andere Juristen und Rechtspraktiker und Gelehrte, wie Universitätsprofessoren, Politiker, Rechtsanwälte und Studenten waren von Beginn an dem neuen Recht und seiner Umsetzung positiv gestimmt, da sie das Potential dieser Kodifikation ahnen konnten. Die Juristen verstanden, welche Innovation der Code Civil für diese Zeit darstellte.

3.2 Erste Überlegungen über das ABGB in Italien und seine möglichen Vorteile

Der Code Civil blieb in Nord-Italien weniger als 8 Jahre in Kraft (von 1806 bis 1814). Nach der Niederlage von Napoleon 1811 und nach der Restauration und dem Inkrafttreten des ABGB in Österreich 1811 (nur 5 Jahre nach der Einführung des Code Civils in Italien) beginnen die lombardischen und venezianischen Juristen zu überlegen, ob es vernünftig wäre, das französische Gesetzbuch mit dem österreichischen zu ersetzen[294]. Obwohl der König Norditaliens noch De

293 R. Ferrante, *Un Ruolo per l'Interprete: La scienza giuridica italiana tra Code Napoleon e ABGB*, in *Forum Historiae Iuris* 30/01/2006.

294 Es gibt viele Zeugnisse über diese ersten Überlegungen in verschiedenen Briefen von nord-italienischen Adeligen und nord-italienischen Professoren von Pavia, die tatsächlich dachten, dass die Österreicher bald die Lombardei erobert hätten. Siehe W. Brau-

Beauharnais war, dachten die Juristen und viele andere Mitglieder des Bürgertums, dass die Österreicher früher oder später wieder ganz Norditalien besetzen und regieren würden.

Aus diesem Grund stellten sich in den norditalienischen Universitäten, wie Pavia und Padua, erste Überlegungen über eine eventuelle Einführung eines Unterrichts über das österreichische ABGB ein.

Zwischen 1811 und 1814 hatte der französische König Eugene de Beauharnais noch eine starke Position in der Lombardei, und hätte seine Kodifikation niemals mit der österreichischen ersetzt. Eugene de Beauharnais war einerseits ein treuer Freund Napoleons und überzeugter Anhänger des französischen „grandeur", anderseits durch die von Napeoleon gewollte Heirat mit der Tochter von Maximilian I von Bayern auch der Bayerischen Monarchie positiv gesinnt[295]. Die Geschichte von de Beauharnais ist mit der Geschichte und dem Schicksal von seinem Stiefvater Napoleon eng verbunden. Nachdem sich Napoleon 1805 zum König von Italien krönen ließ, setzte er seinen Stiefsohn als Vizekönig von Italien ein[296]. De Beauharnais unterstützte Napoleon im Schlachtfeld, und kämpft 1813 in Italien gegen Österreich[297]. Nach der Abdankung Napeoleons 1814, zieht sich auch De Beauharnais aus Italien zurück, und flieht nach Bayern[298].

De Beauharnais war er einerseits ein treuer Freund Napoleons und überzeugter Anhänger des französischen „grandeur", anderseits war er auch ein Freund der Bayerischen Monarchie, durch seine Vermählung mit der Tochter von Maximilian I. von Bayern. Er beherrschte die Deutsche Sprache gut, und war als Franzose und mit bayrischen Verbindungen ein echter Feind Österreichs, aus politischen und persönlichen Gründen.

Nach seiner Flucht nach Bayern übernimmt Bellegarde die Führung Nord-Italiens und ernennt am 26. April 1814 Annibale Sommariva (ein Mailändischer Adeliger) zum Kommissar der Lombardei. Sommariva war der Anführer vieler lombardischer Adeligen, die im April 1814 eine anti-französische Revolution begonnen hatten[299]. Sommariva und weitere lombardische Adeligen waren der

neder, *Das allgemeine Bürgerliche Gesetzbuch für die gesamten Deutschen Erbländer der österreichischen Monarchie von 1811*, Sonderdruck aus Gutenberg- Jahrbuch 1987, Mainz 1987, S. 192 f.

295 Über das Leben von Eugène de Beauharnais siehe im Allgemeinen V. M. Montagu, *Eugène de Beauharnais: The adopted Son of Napoleon*, London 1913, S. 21 f.

296 C. Oman, *Napoleon's Viceroy: Eugene de Beauharnais*, New York 1968, S. 13 f.

297 E. Klessmann, *Goethe aus der Nähe: Berichte von Zeitgenossen*, München 1994, S. 135 f.

298 C. Oman, *Napoleon's Viceroy: Eugene de Beauharnais*, New York 1968, S. 74 f.

299 M. Meriggi, *Il Regno Lombardo-Veneto*, Turin 1987, S. 3 f.

französischen Herrschaft überdrüssig, und wollten wieder als autonome Provinz ins österreichische Kaiserreich eintreten. Man muss sich erinnern, dass bis zum Beginn des XIX. Jahrhunderts die lombardische Kultur stark vom österreichischen neuen Illuminismus von Maria Theresia beeinflusst war, und viele Mitglieder des Bürgertums und der wichtigsten adeligen Familien in den österreichischen Universitäten (wie Innsbruck, Salzburg oder Wien) studiert hatten. Dank diesem regen Austausch, vom XVIII. bis zum Beginn des XIX. Jahrhunderts, übte die italienische Kunst auch starken Einfluss in Österreich[300] aus. Die politischen, sozialen und kulturellen Beziehungen zwischen Nord-Italien und Österreich waren bis zum Beginn der napoleonischen Ära zahlreich und gegenseitig fruchtbar.

Viele Italiener hatten also die Möglichkeit, das österreichische Recht von Maria Theresia kennenzulernen und machten eigene Erfahrungen mit verschiedenen Gesetzen, wie zum Beispiel mit der Einführung des Katasters. Die Mehrheit der Lombarden war in Wirklichkeit von dieser Gesetzgebung positiv überzeugt und wollte daher das ABGB, wenn auch mit Änderungen, übernehmen (daher die Umsetzungs-Kommission in Mailand)[301].

Bellgarde, am 28. Mai 1814 neuer Kommissar Norditaliens für Franz I, entschied, dass die rechtswissenschaftliche Fakultät von Pavia ab dem folgenden akademischen Jahr (3. Oktober 1814) das römische Recht statt dem französischen Recht unterrichten würde, solange bis das ABGB in Norditalien in Kraft treten würde. Bereits im Jahr 1815 hatte der neue Gouverneur von Mailand Saurau (ernannt von Franz I.) die Einführung des Unterrichts des ABGB und der anderen österreichischen Gesetze im Studienplan der rechtswissenschaftlichen Fakultät von Pavia, nach dem Modell der Universität Wien, erlassen[302].

Die Einführung des Unterrichts des ABGB in Pavia (und später in Padua) wurde von den Professoren und den Studenten am Beginn positiv begrüßt. Die Zeiten hatten sich geändert. Die Italiener waren nicht mehr die treuen Revolutionäre der napoleonischen Ära. Im Laufe der letzten zwei Jahre wurden die Lombarden immer mehr anti-französisch und im Gegenteil pro-habsburgisch. Die Juristen im Allgemeinen hatten auch die Einführung des ABGB und die Aufhebung des französischen Gesetzbuchs in den Jahren 1814-1816 sehr gut aufgenommen.

---

300 Otto G. Schindler, *Von Arlecchino zu Kasperl-Commedia dell'arte in Österreich*, in B. Mazohl, M. Meriggi (Hg.), *Österreichisches Italien-Italienisches Österreich?*, Wien 1999, S. 571 f.

301 M. R. Di Simone, *L'introduzione del codice civile austriaco in Italia. Aspetti e momenti*, in *Studi in memoria di Gino Gorla*, II, Mailand 1994, S. 1016 f.

302 ASM (Archivio di Stato di Milano), Studi, Parte moderna, B 988, Faszikel 5 und 11.

Die ersten Reaktionen der Juristen und der Universitätsprofessoren über die Einführung des ABGB in Nord-Italien waren so positiv, dass sie schon in den ersten Jahren viele kleinere wissenschaftliche Werken veröffentlichten, um die Vorteile des ABGB gegenüber dem Code Civil zu zeigen.

Diese wissenschaftlichen Arbeiten waren gleichzeitig die ersten rechtsvergleichende Werke der Rechtsgeschichte, bei denen die Juristen oft Vergleiche zwischen dem französischen Recht, dem österreichischen und manchmal dem römischen Recht aufstellten[303].

Diese Arbeiten liefern aber alle gleiche Ergebnisse: Das ABGB scheint besser und für die Italiener im Vergleich mit dem französischen Code Civil geeigneter zu sein. Die Gründe sind viele und immer die selben: eine bessere Kompatibilität mit der vorigen Tradition im Bereich des *ius commune* und des römischen Rechts, eine bessere und geeignetere Disziplin des Familienrechts, die Unmöglichkeit der Scheidung, die Präsenz des Grundbuchs. Alle diese wissenschaftlichen Werke sind sich sehr ähnlich, und behaupten die Überlegenheit der österreichischen Kodifikation im Vergleich mit der französischen. Sie sind eher ungenau verfasst und erwecken die Ansicht, dass die Autoren das französische Recht sehr gut kannten, das ABGB jedoch nur oberflächlich. 1804-1805 schrieben die Italiener ähnliche Werke über die Überlegenheit und die Innovationskraft des französischen Rechts, im Vergleich mit der vorigen Tradition des *ius commune*[304].

Sofort nach der Einführung des ABGB erscheinen auch die ersten Kommentare in italienischer Sprache, die von verschiedenen Universitätsprofessoren verfasst wurden.

Die Rezeption des ABGB und die ersten Reaktionen über die Einführung in Nord-Italien waren sehr positiv. Vor allem in der Lombardei, wo viele Praktiker (zB Notare) und Richter eine sehr gute Erinnerung der Umsetzung des österreichischen Rechts und des österreichischen Katasters in der Periode vor der napoleonischen Besetzung hatten.

---

303 Die Liste dieser Arbeiten ist lang: G. M. Negri, *Dei difetti del codice civile italico che porta il titolo di codice Napoleone dei pregi del codice civile austriaco*, Vicenza, 1815; F. Borella, *Annotazioni al codice civile universale austriaco col confronto del diritto romano*, Mailand 1816; G. Castelli, *Il codice civile generale austriaco confrontato con le leggi romane e col già codice civile d'Italia*, Mailand 1831; J. Mattei, *I paragrafi del codice civile austriaco avvicinati alle leggi romane, francesi e sarde*, Venedig 1852. Siehe auch M. R. Di Simone, *L'introduzione del codice civile austriaco in Italia*, Aspetti e momenti, in Studi in memoria di Gino Gorla, II, Milano 1994, S. 1030 f.

304 G. Astuti, *Il Code Napolon in Italia e la sua influenza sui codici degli stati italiani successori* in *Annali di Storia del diritto* XIV-XVII (1970-1973), S. 2 f.

3.3 Der erste Kataster in Italien und Präzedenzfälle der österreichischen Gesetzgebung in Italien

Die Lombarden hatten bereits im Laufe des XVIII. Jahrhunderts und am Beginn des XIX. Jahrhunderts eine gute Erfahrung mit den österreichischen Rechtslösungen und Gesetzen gemacht. Das „Ducato di Milano“ fiel bereits 1714 nach dem Frieden von Rastatt unter österreichische Herrschaft. Viele weiteren italienischen Gebiete, zum Beispiel Modena und Parma, Sardinien und ganz Süditalien wurden im Laufe der ersten Hälfte des XVIII. Jahrhundert österreichische Territorien[305]. Die Gesetze von Maria Theresia wurden in der Lombardei umgesetzt, und insbesondere der theresianische Kataster von 1747 (in der Lombardei 1750 eingeführt)[306]. In der Toskana wurde das „Granducato di Toscana“ der ausgestorbenen Familie Medici im Jahr 1735[307] der Familie Lothringen übergeben. Neuer Großherzog („Grand Duca“) war Franz Stephan von Lothringen, Ehemann von Maria Theresia und Vater von Leopold II. (der 1790 Kaiser wurde), der auch in der Toskana geboren wurde[308].

Die Lombardei war nach dem Frieden von Rastatt nicht mehr unter spanischer Herrschaft sondern ein echtes österreichisches Erbland. Die Lombardei hatte also bereits in der ersten Hälfte der XVIII. Jahrhundert die österreichischen Gesetze, die vom *ius commune* beeinflusst waren.

Maria Theresia, die 1740 gekrönte Kaiserin Österreichs, war eine der wichtigsten Persönlichkeiten des XVIII. Jahrhunderts[309]; sie modernisierte das gesamte Rechts- und Verwaltungssystem des habsburgischen Kaiserreichs. Auf Basis des Codex Theresianus und der Arbeiten von zwei Kommissionen (eine geleitet durch von Martini und die zweite durch von Zeiller), die von Maria Theresias Nachfolgern[310] eingesetzt wurden, erscheint im Jahr 1811 das neue ABGB, das vom Codex der Kaiserin und den Arbeiten der beiden Kommissionen stark beeinflusst wurde.

---

305 Zur rechtlichen Geschichte Nord-Italiens im XIX. Jahrhundert siehe T. Wana, *Recht und Revolution in Italien im 19. Jahrhundert*, Seminararbeit (Universität Wien), Wien 2010, S. 9 f.

306 Der theresianische Kataster ersetzte das Censimento Milanese von Karl VI.; Das Censimento Milanese gilt als ältester Kataster im Herrschaftsgebiet der Habsburger.

307 Über die Geschichte der Familie von Maria Theresia siehe auch F. Pesendorfer, *Eiserne Krone und Doppeladler. Lombardo- Venezien 1814-1866*, Wien 1992, S. 13 f.

308 A. Giardina, V. Vidotto, *Manuale di Storia. L'età moderna*, II, Bari 1996, S. 415 f.

309 Über die Geschichte von Maria Theresia siehe im Allgemeinen F. Herre, *Maria Theresia, die große Habsburgerin*, München 2004, S. 7 f.

310 Erst Leopold II und, nach dem Ende des Heiligen römischen Kaiserreiches, Franz I.

Die erste wichtige Reform der österreichischen Verwaltung war die Einführung des Katasters im gesamten Kaiserreich ab 1748[311]. Der Kataster ist ein präziser und technischer Katalog aller unbeweglichen Sachen und Grundstücke (das Eigentum wurde zum ersten Mal auf eindeutige Weise vermessen und beschrieben), der für die Verbesserung des Systems der Steuerabgaben und für die Einführung eines Grundbuches notwendig ist[312].

Die Arbeiten für die Redaktion des Katasters im gesamten Kaiserreich dauerten mehr als zehn Jahre, die, gemessen am Aufwand, ein kurzer Zeitraum waren. Der Kataster und seine Einführung waren für die Zeit eine echte Neuheit und eine hervorragende Verwaltungsleistung[313]. Vorher, nach dem System des *ius commune,* wäre es unmöglich gewesen, über eine gemeinsame und eindeutige Informationsbasis im Bereich der unbeweglichen Sachen und Grundstücke zu verfügen[314].

In der Lombardei, und insbesondere in Mailand, wurde der Kataster 1750 eingeführt, wie im Text von Gaetano Grisi[315] angegeben. Der Brief von Grisi stellt das erste Text Dokument dar, in dem dieses Datum dokumentiert ist. Die Lombardei war somit das erste österreichische Erbland, das den Kataster erhielt. Gaetano Grisi war kein Jurist, sondern ein Ingenieur aus Lucca (Toskana), der den Kataster in seiner Stadt einführen wollte. Er sah den Kataster als besseres System im Vergleich zum vorigen Eigentumssystem des *ius commune* und des Code Civil an. Der Text von Gateano Grisi, „Progetto Catastrale“, ist ein Anhang zu einem Brief (entstanden zwischen 1814-17, genaue Datierung unbekannt) an Kaiser Franz I. Habsburg-Lothringen (der erste österreichische Kaiser nach dem Ende des Heiligen römischen Kaiserreichs 1806), in dem der Ingenieur den Kaiser um die Einführung des Katasters in Lucca bittet. Der Text birgt weitere interessante Informationen. Grisi beginnt mit einer langen Rede über die Wichtigkeit einer Einwohnerzählung und gleichzeitigen Bestandsaufnahme aller Sachenrechte[316]. Für Grisi stellt die Bestandsaufnahme der Personen und Sachen

---

311 Eingeführt mit dem Patent von 1747 und 1748 umgesetzt. *Sitzungsberichte der kaiserlichen Akademie der Wissenschaften*, Band 9, Wien 1853, S. 479.

312 A. Giardina, V. Vidotto, *Manuale di Storia. L'età moderna*, II, Bari 1996, S. 414, S. 422.

313 C. Monti, A. Selvini, *Il Catasto nella Storia*, in *Bollettino SIFET* (Società italiana di topografia e fotogrammetria), 1/1997, S. 47 f.

314 G. Wesenberg, G. Wesener, *Neuere deutsche Privatrechtsgeschichte*, Lahr/Schwarzwald 1976, S. 181 f.

315 G. Grisi, *Progetto Catastrale*, in Haus-, Hof- und Staatsarchiv, Staatskanzlei Provinzen Lombardo-Venezien, Karton 33, S. 905 f.

316 G. Grisi, *Progetto Catastrale*, in Haus-, Hof- und Staatsarchiv, Staatskanzlei Provinzen Lombardo-Venezien, Karton 33, S. 906 f.

sowohl einen Vorteil für den Kaiser (da eine genaue Bestimmung der Personen und ihrer Sachenrechte für eine präzise Steuerabgabe wichtig ist) als auch für die Bürger (die sich mit einer präzisen und geregelten Steuerabgabe gerechter behandelt fühlen) dar. Der Einführung des Katasters verdanke die Lombardei im Laufe der folgenden vierzig Jahre deutliche Vorteile gegenüber den Nachbarländern. Diese Neuerungen ermöglichten der Lombardei den Übergang von einer Agrar- und Mittelalterlichen Gesellschaft hin zu einer modernen Gesellschaft. Auch nach der Eroberung Napoleons und verschiedenen Kriegen in Norditalien hat die lombardische Wirtschaft standgehalten, im Gegenteil zu den anderen Ländern wie Venetien und Emilien, die sehr stark verarmten. Er zeigt auch auf, dass der Kataster und seine Verwaltung nicht kostspielig wären (wie die Gegner der Habsburger in der Lombardei behaupteten), wenn man die Vorteile berücksichtigen würde, die diese Reform mit sich brächte.

Auch wäre die napoleonische Periode in der Lombardei eine Katastrophe im Vergleich zur vorigen „theresianischen" Periode gewesen. Die Franzosen hatten noch einmal die Steuern erhöht und die Eigentumsübertragung durch die Einführung der französischen Bürokratie (nach ihm *„100 anni indietro rispetto a quella austriaca che era in quel periodo la piu moderna d'Europa*") unsicher gemacht[317]. Er meint weiters, dass nach der Restauration auch die Venezianer das Modell des österreichischen Katasters einführen wollten, da sie die österreichische Verwaltung als geeigneter betrachteten, um ein Wiederaufblühen der venezianischen Wirtschaft zu verwirklichen.

Grisi zählt in seinem Text die Länder auf, die das System des Katasters in Europa übernommen haben: Bayern des Großherzogs Maximilian (den Grisi als „den Weisen" definiert) hat den Kataster. Das Herzogtum von Massa und Carrara ebenfalls, dank der Herzogin Marie Beatrice Habsburg. Das Herzogtum von Parma, Piacenza und Guastalla hat einen Kataster und würde nach den österreichischen Gesetzen sehr gut regiert, nachdem Prinzessin Marie Luise, Tochter von Maria Theresia, das Land 1820 übernommen hat[318]. Die Toskana würde auch bald Ergebnisse nach der Einführung des Katasters erzielen.

Er berichtet weiter über den Staat der Kirche, dass die Kirche bereits einen Kataster hatte und die Priester eine sehr gute und präzise Steuer-Ordnung entwickelt hätten[319].

---

317 G. Grisi, *Progetto Catastrale*, in Haus-, Hof- und Staatsarchiv, Staatskanzlei Provinzen Lombardo-Venezien, Karton 33, S. 906

318 Siehe zB die Biographie von Marie Luise von Luca Goldoni: *Maria Luigia donna in carriera*, Mailand 1991, S. 56 f.

319 G. Grisi, *Progetto Catastrale*, in Haus-, Hof- und Staatsarchiv, Staatskanzlei Provinzen Lombardo-Venezien, Karton 33, S. 908 f.

Diese Aussage von Grisi über die Steuerorganisation der Kirche ist besonders bemerkenswert, wenn man die Ergebnisse von Guiscardo Moschetti[320] betrachtet: nach ihm hätte die Kirche bereits 1557 einen Kataster im Kirchenstaat eingeführt. Die Forschungsarbeit von Moschetti basiert auf Dokumenten des Katasterarchivs („Archivio Catastale") von Macerata, einer Stadt, die vorher im Kirchenstaat war und heute der Region Marken angehört.

Dieses Archiv ist sehr gut konserviert und trägt das Datum 1557 als erste Kompilation des Katasters, der ursprünglich nach einer Entscheidung des Gemeinderat eingeführt und mit einer päpstlichen „Bolla", „Ubique Terrarum" bestätigt worden sei. In diesem Archiv finden sich auch Indizien, die eine Einführung eines Katasters im XIII. Jahrhundert (jedoch in einer anderen Stadt) vermuten lassen. Diese Indizien konnten jedoch noch nicht durch weiterführende Forschungsarbeit bestätigt werden. Es ist somit nicht aussagbar, ob dieser Kataster mit dem von Maria Theresia vergleichbar ist, da sich die Bedeutung des Wortes im Laufe der Zeit verändert haben könnte, und früher möglicherweise anderes bezeichnete[321].

Nach seinen Aufzählungen erklärt Grisi die Sachlage in Lucca, und bittet den Kaiser um die Einführung eines Katasters gleicher Art wie dem der Lombardei. Er stellt weiters Berechnungen über das Hoheitsgebiet von Lucca auf und führt zahlreiche technische Daten an, die die Vorteile und die Machbarkeit in diesem Gebiet unterstreichen sollen. Er stellt auch einen Vergleich zwischen den Kosten der Einführung des Katasters in den deutschen und österreichischen Ländern und in den Norditalienischen Ländern oder Emilia-Romagna auf. Dazu meint Grisi, dass die Kosten in Österreich und Deutschland sehr hoch waren, im Gegenteil dazu in Parma jedoch viel niedriger waren und aus diesem Grund die Kosten auch in Lucca sehr niedrig sein würden.

Grisis Brief ist nicht der einzige, der die österreichische Verwaltung und die Gesetze der habsburgischen Monarchie als positiv ansieht. Man denke an verschiedene an Giuseppe Pisanelli[322] gerichtete Briefe, die von Lombarden und Venezianern verfasst waren, und in denen sie ihre Wünsche äußerten, den Kataster und bestimmte Gesetzte des ABGB beizubehalten. Diese Briefe von Notaren und Rechtsanwälten bestätigen in Wirklichkeit vierzig Jahre später, was Grisi in diesem Dokument über das gute Ansehen der österreichischen Verwaltung der Italiener ausdrückte.

---

320 G. Moschetti, *Il catasto di Macerata dell'anno 1560 e la bolla "Ubique Terrarum" di Paolo IV del 18 maggio 1557*, Neapel 1978, S. 2 f.

321 G. Moschetti, *Il catasto di Macerata dell'anno 1560 e la bolla "Ubique Terrarum" di Paolo IV del 18 maggio 1557*, Neapel 1978, S. 165 f.; S. 227 f.

322 Giuseppe Pisanelli war der erste Justizminister des neuen Königreichs Italiens und hat das erste italienische Zivilgesetzbuch, auch „Codice Pisanelli" genannt, eingeführt.

4. Die Einführung des österreichischen ABGB in Italien

4.1 Soziale und politische Hintergründe der österreichischen Eroberung Nord-Italiens

Um die politischen und sozialen Sachlagen und Entwicklungen in Nord-Italien und in Lombardo-Venetien im XIX Jahrhundert zu verstehen, müssen wir uns zuerst mit der politischen Geschichte des XVIII Jahrhunderts und dem österreichischen Kaiserreich befassen.

Am Beginn des XVIII Jahrhunderts (1702-1713), nach dem Tod von Carlos II, König Spaniens, beginnt in Europa der sogenannte Sukzessionskrieg (spanischer Erbfolgekrieg) des spanischen Kaiserreichs[323]. Dieser Krieg wurde einer der wichtigsten der Geschichte Europas und beeinflusste die Teilung der europäischen Gebiete bis ins XX Jahrhundert[324].

Die Ereignisse haben ihren Anfang, als Philipp von Anjou, Neffe von Louis XIV, König Spaniens wurde (Carlos II ernannte ihn in seinem Testament als Erben), Leopold II, König Österreichs wollte jedoch als Erben Spaniens seinen Sohn Karl, Erzherzog von Habsburg. Es bildeten sich schnell zwei Koalitionen, eine für Philipp V, die von Frankreich, Spanien und Bayern unterstützt wurde, und eine für Karl, die sich aus England, den Niederlanden, dem Österreichischen Kaiserreich und seinen deutschen Erbländern (die vorigen deutschen Länder des Heiligen Römischen Kaiserreichs) sowie Schweden, Portugal, Preußen und Savoyen zusammensetzte[325].

Der Sukzessions-Krieg wurde in Italien, Deutschland, Spanien und Italien ausgetragen und veränderte viele Grenzen und auch das gesamte Equilibrium Europas. Die habsburgische Koalition gewann 1704 in Höchstädt und später, 1706, in Torino und Ramillies, dank der Führung des Generals Eugen, Herzog von Savoyen. Zu diesem Zeitpunkt war die Familie Savoyen eine Verbündete der österreichischen Monarchie. Der Krieg ging mit wechselhaften Siegen und Verlusten weiter, die Wende geschah 1711 mit dem Tod von Leopold I. und dessen ersten Sohn Joseph I, der den Thron des römisch-deutschen Kaiserreichs (und somit auch des österreichischen Kaiserreichs) erben sollte.

Somit war Erzherzog Karl der einzige Erbe und konnte 1711, nach dem überraschenden Tod Josephs I, alle habsburgischen Länder (und auch die vorigen römisch-deutschen Länder) wieder in einem Haus und unter einer Hand ver-

323 A. Giardina, V. Vidotto, *Manuale di Storia. L'età moderna*, 2, Bari 1996, S. 284 f.

324 J.A. Lynn, *The wars of Louis XIV. 1667-1714*, Harlow 1999, S. 266 f.

325 J.A. Lynn, *The wars of Louis XIV. 1667-1714*, Harlow 1999, S. 271 f.

einigen[326]. Jedoch wurde Karl, aufgrund dieser Erbfolge, für die anderen Staaten der Koalitionen zu gefährlich, da er zu viel Macht und zufiele Länder gleichzeitig unter seiner Kontrolle gehabt hätte.

Die Koalitionspartner von Karl (in der Zwischenzeit Kaiser Karl VI), England, Niederlande und Savoyen unterzeichnen 1713 in Utrecht den Friedensvertrag mit Frankreich und Spanien. Ein Jahr später schließt Karl VI in Rastatt Frieden mit den alten Feinden (Frankreich, Spanien und Bayern).

Der Friede brachte eine vollkommen neue Machtverteilung in Europa. England erhielt Gibraltar und Menorca, Luis XIV die Anerkennung seines Neffen Philipp von Anjou als König Spaniens, und das Haus Savoyen, von Herzog Eugen vorgestanden, bekam zwei italienische Gebiete (Monserrato und Lomellina) sowie Sizilien (eine wichtige Region in dieser Zeit)[327].

Österreich erhielt ebenfalls viele Gebiete dazu: die spanischen Niederlande (Belgien und Luxemburg), das Herzogtum Mailand, das Herzogtum Mantua, das Königreich Neapel, Sardinien und der sogenannte „Stato dei Presidi" („Staat der Festungen"), der verschiedene Inseln und Hafen an der toskanischen Küste umfasste[328].

Sardinien wurde von den Österreichern mit Sizilien getauscht und das Haus Savoyen erhielt 1720 den Königstitel von Sardinien. Die Savoyer werden diesen Titel (König von Sardinien) bis 1861, als Vittorio Emanuele König Italiens wurde, tragen.

Dieser spanische Erbfolgekrieg stärkte auch den Einfluss Österreichs in Italien. Die Österreicher vergrößerten ihren Machtbereich auf einen Großteil Italiens: Mailand, Mantua, die gesamte Toskana, deren Erzherzog aus dem Hause Habsburg-Lorena war, und Süditalien inklusive Sizilien.

Der Einfluss war demnach bedeutend, und beschränkte sich nicht nur auf politische und militärische Aspekte, sondern auch soziale und kulturelle, wobei auch die Österreicher von der italienischen Kultur in Laufe des XVIII und Anfang des XIX Jahrhunderts stark beeinflusst wurden[329].

Vor allem in den norditalienischen Gebieten, wie zum Beispiel Mailand, prägte und beeinflusste die österreichische Monarchie, ihre Gesetze und Verwaltung die Mentalität und die Gesellschaft für fast hundert Jahre besonders

---

326 A. Giardina, V. Vidotto, *Manuale di Storia. L'età moderna*, 2, Bari 1996, S. 285-286.

327 D. McKay, *Prince Eugene of Savoy*, London 1977, S. 260 f.; S. 288 f.

328 R. Ferretti, *Aspetti e problemi di storia dello Stato dei Presidi in Maremma*, Grosseto 1979, S. 9 f.

329 R. Zedinger, *Lothringen-Toskana-Mitteleuropa. Kulturtransfer als Folge eines Ländertausches (1737-1765)*, in B. Mazohl, M. Meriggi, *Österreichisches Italien-Italienisches Österreich?*, Wien 1999, S. 549 f.

stark[330]. Die Mailänder waren der spanischen Herrschaft recht überdrüssig, und sahen die neue Entwicklung am Anfang positiv. Die Einführung der österreichischen Gesetze und des Katasters wurden insbesondere begrüßt. Sogar die italienische Kultur wurde in der Lombardei von den Habsburgern unterstützt, als Beispiel wurde das Theater der Scala in Mailand zu einem der besten weltweit.

In dieser Zeit beginnen die Söhne vieler lombardischer und italienischer Adeligen nach Österreich zu reisen, viele studieren in den österreichischen Universitäten[331]. Die Elite Italiens beginnt, die deutsche Sprache zu sprechen und die Handels- und kulturellen Beziehungen zwischen Italien und Österreich vertiefen sich.

Der Königshof in Wien wird von italienischen Künstlern und Philosophen stark frequentiert. Die italienische Kultur findet in Österreich Einzug, und die italienische Architektur, Musik und Kunstwissenschaft „erobern" die Hochgesellschaft Österreichs[332]. Auch viele Österreicher sprechen gut italienisch und bereisen das Land. Zwei sehr unterschiedliche Gesellschaften stehen in regem Austausch.

Die Tatsache, dass der Erzherzog der Toskana (Franz I, aus dem Haus Lothringen) auch der Ehemann von Maria Theresia war, wird die Familie noch stärker beeinflussen[333]. Franz I und Maria Theresia hatten bis 1939 in der Toskana eine Residenz, und liebten beide dieses Land. Die kaiserliche Familie sprach in Florenz italienisch, die zukünftigen Kaiser Österreichs Leopold II und Joseph II wuchsen beide in Italien auf. Franz I und Maria Theresia, wie auch später Leopold II (der von 1765 bis 1790 Großherzog der Toskana war und in diesem Land viele neue Reformen und Verbesserungen einführte) verließen die Toskana nur, um Kaiser in Österreich zu werden. Die Beziehungen zwischen Italienern und Österreichern waren, auch auf hohem Niveau (die kaiserliche Familie) im Laufe des XVIII. Jahrhunderts sehr eng.

Die Österreicher beherrschten bis 1748 den Großteil Italiens. Das erste italienische Gebiet, das die Habsburger verlieren sollten, war das Königreich von Neapel und Sizilien, das, nach dem Frieden von Wien 1735, an den Sohn von Philipp V (Kaiser Spaniens) Karl von Bourbon ging. Später, nach dem österrei-

---

330 Siehe M. Meriggi, *Il Regno Lombardo-Veneto*, Turin 1987, S. 154 f.

331 K. Heitmann, *Das italienische Deutschlandbild in seiner Geschichte: Das lange neunzehnte Jahrhundert (1800-1915)*, Band II, Heidelberg 2008, S. 9 f.

332 G. Schindler, *Von Arlecchino zu Kasperl-Commedia dell'arte in Österreich*, in B. Mazohl, M. Meriggi (Hg.), *Österreichisches Italien-Italienisches Österreich?*, Wien 1999, S. 571 f.

333 R. Zedinger, *Lothringen-Toskana-Mitteleuropa. Kulturtransfer als Folge eines Ländertausches (1737-1765)*, in B. Mazohl, M. Meriggi, *Österreichisches Italien-Italienisches Österreich?*, Wien 1999, S. 549 f.

chischen Erbfolgekrieg (1740-1748) verliert die Kaiserliche Familie von Maria Theresia und Franz I. das Herzogtum von Parma an den Bruder von Karl von Bourbon (König von Neapel), der ebenfalls Philipp hieß, mit dem Frieden von Aachen 1748[334].

Der Großteil Nord-Italiens und der Toskana blieben für lange Zeit in der Hand der Habsburger, eigentlich bis zur Wiedervereinigung Italiens und Teile sogar danach (Triest bis zum ersten Weltkrieg).

Die Zeit von Maria Theresia bis Napoleon war in Norditalien und der Toskana sehr friedlich, die österreichische Herrschaft brachte mehr als 50 Jahre Frieden nach fast 200 Jahren (mit Unterbrechungen) Krieg. In diesen friedlichen Jahren hatten die Italiener die Möglichkeit (vor allem im Norden) ihre Wirtschaft zu verbessern, die Österreicher wiederum lernten die italienische Kultur kennen[335].

Für diese Arbeit ist nun von Bedeutung, die Beziehungen zwischen der venetischen Gesellschaft und der österreichischen Herrschaft darzustellen.

Wie viele Autoren zeigen[336], wurde die Rückkehr der Österreicher 1814 in Venedig positiv begrüßt. Die Venezianer, denen die Franzosen verhasst waren, bevorzugten es, dem österreichischen Kaiserreich anzugehören. Grund dafür waren die dauernden Kriege, die die Franzosen gebracht hatten, und die Tatsache, dass Napoleon diese Region nur als Mittel zur Bereicherung und zum Tausch mit anderen Ländern verwendete. Die Veneter hofften, dass die Rückkehr der Österreicher wieder den Frieden, den Respekt der Religion, die Erwägung der venezianischen Autonomie und zuletzt eine wirtschaftliche Erholung nach den Kriegen brachte[337]. Sie rechneten mit einer Steuersenkung und einer besseren und umfangreicheren lokalen Autonomie in einem sehr breiten und kosmopolitischen Kaiserreich, wie dem österreichischen. Zusätzlich war den Venetern die erste österreichische Verwaltung dieses Landes noch in guter Erinnerung, und nährte ihre pro-habsburgischen Gefühle[338].

Die Bestätigung dieses sehr günstigen Klimas für die Österreicher in Venetien zeigt zum Beispiel das Buch von Negri *„Dei difetti del codice civile italico che porta il titolo di codice Napoleone e dei pregi del codice civile Austriaco"*

334 R. Browning, *The war of the Austrian Succession*, New York 1993, S. 13 f.

335 A. Giardina, V. Vidotto, *Manuale di Storia. L'età moderna*, 2, Bari 1996, S. 415-416.

336 W. Weidenbusch, *Das italienische in der Lombardei in der ersten Hälfte des 19 Jahrhunderts*, Tübingen 2002, S. 180 f.

337 M. R. Di Simone, *Il diritto austriaco e la società Veneta*, in *Venezia e l'Austria*, Venedig 1999, S. 129.

338 G. Pillinini, *Il sentimento filo-asburgico nel Veneto agli inizi della seconda dominazione austriaca*, in R. Giusti (Hg.) *Il Lombardo-Veneto (1815-1866) sotto il profilo culturale, economico e sociale.* Atti del convegno storico, Mantua 1977, S. 47 f.

(von diesem Buch werden wir im nächsten Unterkapitel im Detail sprechen), das ausschließlich von den Nachteilen der französischen Gesetzgebung für die Nord-Italiener, im Vergleich mit der österreichischen, spricht. Negri zählt verschiedene Beispiele neuer österreichischer Gesetze auf, die von den Venezianern begrüßt wurden: zwei Patentgesetze vom 10. März und 14. Juni 1814, die das Familienrecht und das Ehegesetz reformierten (die venezianische Gesellschaft kritisierte das französische Recht vor allem in diesem Bereich stark) und die Scheidung aufhoben. Negri stellt alle die Bereiche des Rechts dar (zum Beispiel das Eigentumsrecht und das Obligationenrecht), in denen das französische Recht nach der Meinung der Veneter gescheitert wäre, und die verschiedenen Rechtsinstitute, die die venezianische Gesellschaft für ungünstig und handelsschädigend hielt.

Wenn auch das Buch von Negri allzu sehr pro-habsburgisch eingestellt war, so kannten die Venezianer dennoch zu diesem Zeitpunkt ein echte Wertschätzung für die österreichische Rechtsordnung, da sie der Ansicht waren, dass dieses System rationaler, rechtssicherer und für das Land geeigneter wäre als der vorige Code Civil[339].

Der Widerstand der Venezianer gegen die österreichische Verwaltung und die österreichische Rechtsordnung und insbesondere die habsburgische Herrschaft war, am Beginn, beschränkt. Nur wenige Bürger und Juristen (vor allem Praktiker) wandten sich gegen diesen neuen Zustand, in den ersten zwanzig Jahren der österreichischen Herrschaft standen ihr viele noch positiv gegenüber.

Erster berühmter Fall des Widerstandes war Daniele Manin, der am 8. Jänner 1848, vor der „congregazione centrale veneta" den Respekt der Bürgerschaft und die Autonomie der Veneter verlangte. Gleichzeitig forderte Manin die Reform des Strafverfahrensrechts und des Zivilverfahrensrechts, die Einführung des mündlichen Verfahrens vor Gericht und die Öffentlichkeit der Verhandlungen, die Einführung eines Schöffengerichts, die Gleichheit der Bürger mit verschiedener Religionszugehörigkeit, die Gleichstellung der Juden und die Pressefreiheit. Weiters wollte er eine allgemeine Revision und Neubearbeitung aller Gesetze und der Rechtsordnung im Allgemeinen.

Natürlich betrafen die Forderungen von Manin nicht nur einen rechtlichen Standpunkt, sondern standen auch politisch und sozial in engem Zusammenhang mit der politischen Entwicklung 1848. Seine Forderungen waren berechtigt, jedoch auch von der politischen Vision des „Risorgimento" beeinflusst.

Die Mehrheit der Veneter behielt trotz der Kriege gegen die Österreicher auch noch in den folgenden Jahren eine Präferenz für das österreichische Recht

339 M. R. Di Simone, *Il diritto austriaco e la società Veneta*, in *Venezia e l'Austria*, Venedig 1999, S. 132.

und die habsburgische Verwaltungsordnung gegenüber den „neuen" italienischen Gesetzen.

Verschiedene Dokumente (zB Briefe[340]) zeigen die Unzufriedenheit der Veneter mit dem schnellen Übergang vom österreichischen Recht zum italo-französischen Recht 1866[341]; das österreichische System war mittlerweile in der venezianischen Gesellschaft sehr verwurzelt.

Der Übergang von Venetien in das italienische Königreich war in Wirklichkeit, im Bereich des Rechts und des Gesellschaftsgefühls, komplizierter als viele Historiker aufzeigen. Die Venezianer waren der österreichischen Rechts- und Verwaltungsordnung viel näher, als der italo-französischen Ordnung des italienischen Königreichs. Die Venezianer waren mit der neuen Rechtsordnung nach der Wiedervereinigung Italiens unzufrieden[342], sie wollten ihre Besonderheit (die Erinnerungen der venezianischen Republik) und ihre Autonomie nicht verlieren[343]. Das österreichische Kaiserreich, wenn auch totalitär, hatte trotzdem die Autonomie und die Besonderheit des Veneto erhalten können. Die neue italienische Republik, nach französischem Beispiel, unterdrückte einzelne Autonomien der verschiedenen italienischen Regionen zugunsten eines zentralen und homogenen Staats. Es scheint sogar, dass die Veneter das juristische und administrative österreichische System nicht aufgeben wollten, das sie inzwischen als eigenes ansahen, und auch als Zeichen ihrer Eigenständigkeit und Geschichte, im Gegensatz zum neuen „französisch-piemontesischen" Italien[344].

---

340 Siehe zB die Arbeit von R. Cessio, *La Crisi del 1866. A proposito di recenti pubblicazioni*, Venedig 1969.

341 Siehe C. Ghisalberti, *Aspetti di vita pubblica e amministrativa nel Veneto intorno al 1866*, in *Clio*, II, 1966, S. 293 f. und auch das Referat des italienischen Ministers Cesare Correnti in *Raccolta di atti e documenti presentati al ministero dell'interno dalla commissione per l'ordinamento provvisorio delle provincie sinora occupate dall'Austria e delle leggi, decreti e provvedimenti pubblicati dal governo nazionale nelle dette provincie sino al 20 settembre 1866*, Firenze 1866, S. 5 f.

342 U. Potoschnig, *L'unificazione amministrativa delle provincie venete*, Vicenza 1967, S. 13 f.

343 G. L. Fontana, *Patria veneta e stato italiano dopo l'unità: problemi di identità e di integrazione*, in *Storia della cultura veneta*, herausgegeben von G. Arnaldi und M. Pastori Stocchi, Band VI ("*Dall'età napoleonica alla prima guerra mondiale*"), Vicenza 1986, S. 553 f.

344 Siehe R. Giusti, *Il Veneto all'indomani dell'unità* in *Il Lombardo-Veneto tra risorgimento e unità*, (*Atti e memorie del museo del risorgimento di Mantova*) 1980-81, S. 35 f.; und auch S. Lanaro, *Dopo il '66. Una regione in patria*, in *Il Veneto*, (*Storia d'Italia, Le regioni dall'unità ad oggi*), Turin 1984, S. 409 f.

4.2 Juristische und rechtshistorische Aspekte der Einführung des ABGB in Italien

Die Einführung des ABGB in Nord-Italien war ein langes Verfahren, das verschiedene Monate und teilweise auch Jahre andauerte.

Gemäß des Kundmachungspatents (Art. 3) wurde das ABGB für die gesamten deutschen Erblande kundgemacht und sollte für diese am 1.1.1812 in Kraft treten[345]. Zu diesen deutschen Erbländern zählten die in damaligem Territorialbestand der Monarchie befindliche Länder mit der Ausnahme Ungarns und der Ungarn unterstehenden Länder[346].

Für die Kundmachung des ABGB und für sein Inkrafttreten spielte in Wirklichkeit die Mehrsprachigkeit der Monarchie eine sehr bedeutende Rolle[347]. Zu diesem Zeitpunkt herrschte die österreichische Monarchie über verschiedene Länder mit verschiedenen Sprachen (mehr als 13 offizielle Sprachen), und ein gleichzeitiges Inkrafttreten eines Gesetzbuches in den mehr als 13 verschiedenen Ländersprachen war nicht einfach, und bedurfte verschiedener Übersetzungen, um das Gesetzbuch den Einwohnern der beherrschten Länder verständlich zu machen.

Theoretisch sollte das ABGB auch in den italienischen Gebieten der österreichischen Monarchie in diesen Jahren in Kraft treten, diese Territorien standen jedoch noch unter französischem Einfluss, da das französische Zivilgesetzbuch auf Grund der napoleonischen Eroberungen eingeführt wurde.

Im Fall Nord-Italiens spielte wahrscheinlich die offizielle Übersetzung des ABGB auf Italienisch die wichtigste Rolle in dieser Verspätung. Gemäß Artikel 10 des Kundmachungspatents zum ABGB war bereits die deutsche Fassung die „authentische Fassung", die Erstellung der verschiedenen Übersetzungen des ABGB war jedoch eine Voraussetzung der Kundmachung selbst.

Merkwürdigerweise, nach dem Kommentar zum ABGB von Pfaff/Hoffmann, hatte Franz von Zeiller schon am 22.1.1810 während seines Präsidialvortrages bei der der dritten Lesung des ABGB (der sogenannten Superrevision) gesagt, dass *„einer Kundmachung unter anderem nichts mehr entgegen stehe, nachdem auch die polnische und böhmische Übersetzung soweit*

345 W. Brauneder, *Das allgemeine Bürgerliche Gesetzbuch für die gesamten Deutschen Erbländer der österreichischen Monarchie von 1811*, Sonderdruck aus Gutenberg-Jahrbuch 1987, Mainz 1987, S. 191 f.

346 L. Pfaff, F. Hoffmann, *Commentar zum österreichischen allgemeinen bürgerlichen Gesetzbuch*, I, 1877, S. 32.

347 B. Eccher, *Das ABGB und die italienische Privatrechtswissenschaft*, G. Pallaver (Hg.), *Geschichte, Institutionen und Recht bei Karl Anton von Martini*. Trier 2002, S. 250.

fertig gestellt sei, dass sie zugleich mit der deutschen Fassung erscheinen könnten“[348].

Aufgrund dieses Präsidialvortrages von Zeillers ist zB Bernardini[349] der Ansicht, dass 1810 eine „offizielle“ italienische Übersetzung, als Voraussetzung der Kundmachung, schon vorhanden gewesen wäre.

Wie bereits in den vorigen Kapiteln erwähnt, entspricht der Text, der in Lombardo-Venetien 1816 eingeführt wurde, dem Wiener Text, wurde aber italienisch übersetzt, um ihn der lokalen Bevölkerung verständlich zu machen. In Wirklichkeit hatte man anfangs gedacht, den österreichischen Text an die italienischen Territorien anzupassen, und daher wurden zwei Kommissionen eingesetzt: eine in Mailand und eine in Venedig[350].

Die Arbeiten beider Kommissionen waren jedoch vergeblich, da die Regierung in Wien schlussendlich entschied, das ABGB in Italien ohne Adaptierungen umzusetzen, wie bereits in den anderen Gebieten des Reiches.

Bemerkenswert sind die verschiedenen Fragen, die die Umsetzungskommissionen betrafen. Die beiden Kommissionen scheinen sich vor allem den Themen der Eigentumsübertragung und der Eintragung dieser Eigentumsübertragung von unbeweglichen Sachen in öffentliche Register gewidmet zu haben. Wahrscheinlich wurden auch Probleme zum Familien- und Personenrecht behandelt. Leider blieben von der Arbeit dieser Kommissionen nur wenige Spuren. Auch scheint es, dass die Arbeiten zum Zeitpunkt der Anwendung des ABGB keine Berücksichtigung fanden[351].

Informationen zu den beiden Kommissionen sind vor allem im „Pro Memoria über die Einführung des österreichischen Zivil- und Criminal-Gesetzbuches in Italien” enthalten. Der Autor des Textes ist unbekannt, er wird jedoch Giovanni Sardagna zugeschrieben[352].

---

348 L. Pfaff, F. Hoffmann, *Kommentar zum österreichischen allgemeinen bürgerlichen Gesetzbuch*, I, 1877, S. 31 f.

349 Siehe A. Bernardini, *Italien–Österreich–Südtirol: Übersetzungen von Gesetzestexten in zwei Jahrhunderten*, in *La traduction juridique, Kongressbeiträge Universität Genf 17.-19.2.2000*, S. 173, der über die Übersetzungsarbeiten der Vorentwürfe des ABGB spricht.

350 M. R. Di Simone, *L'introduzione del codice civile austriaco in Italia. Aspetti e momenti*, in *Studi in memoria di Gino Gorla*, II, Mailand 1994, S. 1021 f.

351 F. Ranieri, *Einführung und Geltung des Österreichischen ABGB in das Regno Lombardo-Veneto (1815-1859)* in: H. Coing (Hg.), *Handbuch der Quellen und Literatur der neueren europäischen Privatrechtsgeschichte*, III, I, München 1982, S. 226 f.

352 Es scheint, dass der Baron Giovanni Sardagna mit Metternich befreundet war, und Mitglied des Lombardischen Senats war. Ihm wird das Pro Memoria über die Einführung des österreichischen Zivil- und Criminalgesetzbuches in Italien zugeordnet, das im Haus-, Hof- und Staatsarchiv, Staatskanzlei Provinzen Lombardo-Venezien, Karton 33,

In dem Dokument weist Sardagna darauf hin, wie schwierig es sein würde, die Gesetze einer Nation in einer anderen anzuwenden, und meint auch, dass die Österreicher Rücksicht auf lokale Gegebenheiten nehmen sollten, wie beispielsweise im Notariatsbereich (hier nennt er spezifische Beispiele), die nur schwer geändert werden könnten.

Er warnt, dass Italien ein Land mit einer langen juristischen Tradition sei, die nicht durch die Einführung des ABGB beendet werden könne. Viele dieser Traditionen waren für das italienische Rechtsordnung sehr wichtig, die – aufgrund des Unterschieds zwischen der italienischen Bevölkerung und ihrer Mentalität zur österreichischen – in manchen Fällen strengere Gesetze anwendete[353].

Die Gedanken Sardagnas scheinen sich stark an Montesquieu in „*De l'esprit des loix*"[354] anzulehnen, in dem dieser ebenfalls mahnt, dass sich nationale Gesetze (eben weil national) nicht auf eine andere Nation anwenden lassen würden[355].

Gesetze sind immer ein Überbau der politischen, sozialen und wirtschaftlichen Realität einer Nation, und daher mit dieser im Innersten verbunden. Der Export eines Systems als Ganzes ist eine schwierige Sache, vor allem, wenn Adaptierungen fehlen.

Es sollte nicht verwundern, dass den Österreichern in dieser Zeit die französische Philosophie gut bekannt war, vor allem wenn man über die Person von Martini[356] und sein Werk während des gesamten Prozesses der österreichischen Zivilkodifikation reflektiert. Der Gedanke von Martinis und sein großer Einfluss auf den Text des ABGB werden auch heute noch zugunsten des Wirkens von

S. 801 f. verwahrt wird; Für weitere Informationen zu seiner Person und seinem Leben siehe A. G. Haas, *Metternich, reorganization and nationality 1813-1818: A Story of foresight and frustration in the rebuilding of the Austrian empire*, Wiesbaden 1963, S. 190 f.

353 G. Sardagna, *Pro Memoria über die Einführung des österreichischen Zivil- und Criminal-Gesetzbuches in Italien*, in Haus-, Hof- und Staatsarchiv, Staatskanzlei Provinzen Lombardo-Venezien, Karton 33, S. 804 f.

354 C. L. Montesquieu, *De l'esprit des loix*, Paris, 1956.

355 Zur Unmöglichkeit, ein System in eine fremde Nation zu übertragen siehe Buch I, Kap. 3, C. L. Montesquieu, *De l'esprit des loix*, ed. G. Truc, Paris, 1956, S. 9-10.

356 Über die Figur Von Martini siehe im Allgemeinen das Buch von H. Barta und G. Pallaver, *K. A. von Martini, Ein österreichischer Jurist, Rechtslehrer, Justiz- und Bildungsreformer im Dienste des Naturrechts*, Wien 2007. Und insbesondere den Aufsatz von H. Barta: *Martinis bleibende Bedeutung für die österreichische und europäische Rechtswissenschaft*, S. 78 f.

Zeillers unterschätzt[357]. Martini war ein bedeutender Gelehrter des Naturrechts, und seine philosophischen Gedanken und seine wissenschaftliche Arbeit über das Westgalizische Gesetzbuch und der Entwurf Martini spielten eine herausragende Rolle auch für die Entstehung des ABGB[358].

Sardagna warnt den Kaiser in seinem Schriftstück auch davor, dass eine fehlende Differenzierung ihm das Vertrauen der Italiener versagen könnte, die diesen juristischen Corpus als fremd sehen könnten, während eine volle Aufmerksamkeit auf die italienischen kulturellen Besonderheiten das Vertrauen der Untertanen bringen würde[359].

Die Warnungen Sardagnas blieben jedoch unberücksichtigt, und haben sich in einer nahen Zukunft bewahrheitet. Es sei hier auf die Worte Pisanellis in seinem "*Dei progressi del diritto civile in Italia nel secolo XIX*°" (Mailand 1872)[360] zur österreichischen Gesetzgebung verwiesen, die „als fremd angesehen wurde und war".

Viele Gründe hätten für eine Anpassung des ABGB an die italienische Realität gesprochen, vor allem in der notariellen und juristischen Praxis der Eigentumsübertragung.

Österreichische Vorschriften aus dem ABGB, wie die zur Ehe und zum Thema der Scheidung, wurden von der nord-italienischen Bevölkerung begrüßt, sodass sie 1814 (März und Juni) noch vor dem ABGB mittels zweier Verordnungen in Kraft traten[361]. Diese zwei Verordnungen zum Eherecht leiteten die Patente vom 2. Jänner 1815 ein, mit denen die gesamte Ehedisziplin des ABGB in der Lombardei, Venetien und Dalmatien mit großem Vorsprung zu den restlichen Normen des Kodex eingeführt wurde.

Neben den „offiziellen" Übersetzungen entstanden auch verschiedene „Lehrbücher" des ABGB in italienischer Sprache, die ihre Anwendung für den

357 Über die Betrachtungen von Martinis siehe den Artikel von H. Barta: *Karl Anton von Martinis bleibende Bedeutung für die österreichische und die europäische Rechtswissenschaft* in: H. Barta, G. Pallaver (Hg.), Karl Anton von Martini, Wien, 2007, S. 84 f.

358 H. Barta, G. Pallaver, K. A. von Martini, *Ein österreichischer Jurist, Rechtslehrer, Justiz- und Bildungsreformer im Dienste des Naturrechts*, Wien 2007. Und insbesondere den Aufsatz von Heinz Barta: *Martinis bleibende Bedeutung für die österreichische und europäische Rechtswissenschaft*, S. 106 f.

359 G. Sardagna, *Pro Memoria über die Einführung des österreichischen Zivil- und Criminal-Gesetzbuches in Italien*, in Haus-, Hof- und Staatsarchiv, Staatskanzlei Provinzen Lombardo-Venezien, Karton 33, S. 811.

360 G. Pisanelli, *Dei progressi del diritto civile in Italia nel secolo XIX.*, Mailand 1872, S. 3 f.

361 Siehe die zwei Ordinanzen in: A. Th. Michel, *Beiträge zur Geschichte des Österreichischen Eherechts*, I. Graz 1870-71, S. 89 f. Siehe auch die Sammlung der offiziellen Akte der Mailänder Regierung in: *Atti del Governo*, Mailand 1814, S. 65 f.

Rechtsunterricht auf den Universitäten und für die Rechtspraxis gefunden hatten. Einige dieser „Manuali“ sind heute noch an der Universität Innsbruck zu finden, wie zB das „Manuale del Codice civile“ von 1877 (Werk in mehreren Teilbänden), das von den zwei Universitätsprofessoren Haemmerle und Nestor herausgegeben wurde[362].

Ein weiteres interessantes Werk von 1928, aus Görz (Friaul-Julisch Venetien), ist das des italienischen Rechtsanwalts Filippo del Giudice über das ABGB und die drei Teilnovellen[363]. In diesen Provinzen Italiens (Görz, Triest und Istrien), die auch die letzten rückeroberten italienischen Gebieten waren, galt das ABGB bis Ende 1929, bis es durch das italienische Zivilgesetzbuch von 1865 abgelöst und substituiert wurde[364]. Diese Übersetzung und Kommentierung des ABGB und der drei Teilnovellen ist besonders wertvoll, da, wie Del Giudice selbst sagt, eine Übersetzung der drei Teilnovellen des ABGB in den italienischen Gebieten der Monarchie kaum zu finden war[365].

Aber auch andere Werke, die für die Anwendung des ABGB in Italien und vor allem für die Rechtspraxis sehr nützlich waren, wurden auf Italienisch übersetzt. Der Standardkommentar zum ABGB von Franz von Zeiller selbst, wurde, wie Pfaff und Hoffmann berichten, ebenfalls auf Italienisch übersetzt. Es gab davon drei Übersetzungen: eine von Carozzi und zwei weitere von Bertolini und Calderoni[366].

Verschiedene Zeitschriften über die österreichische und teilweise österreichisch-italienische Jurisprudenz (natürlich auch im Bereich des Privatrechts) erschienen zwischen 1817 und 1866.

Die wichtigsten dieser Zeitschriften waren[367]: *Giurisprudenza Pratica,* Mailand und Venedig 1817-1845; *Giornale per le scienze politico-legali teorico-pratico,* herausgegeben von L. Po und F. Bellone, Mailand 1850-1852; *Giornale*

---

362 G. Haemmerle, G. Nestor, *Manuale del codice civile*, Innsbruck 1877.

363 F. del Giudice, *Codice civile generale austriaco*, Görz 1928. In der Einführung bietet del Giudice interessante politische Einsichten zur habsburgischen Monarchie und dem ABGB selbst.

364 M. R. Di Simone, *Il codice civile austriaco nel dibattito per l'unificazione legislativa italiana*, in: B. Mazohl, M. Meriggi, *Österreichisches Italien-italienisches Österreich*, Wien 1999, S. 407 f.

365 Siehe dazu B. Eccher, *Das ABGB und die italienische Privatrechtswissenschaft*, in G. Pallaver (Hg.), Geschichte, *Institutionen und Recht bei Karl Anton von Martini*, Trier 2002, S. 252.

366 L. Pfaff, F. Hofmann, *Commentar zum österreichischen allgemeinen bürgerlichen Gesetzbuch*, I, Wien 1877, S. 61.

367 B. Eccher, *Die italienische Sprache und das ABGB*, in H. Bartha, G. Pallaver (Hg.), *K. A. von Martini, Ein österreichischer Jurist, Rechtslehrer, Justiz- und Bildungsreformer im Dienste des Naturrechts*, Wien 2007, S. 256.

di Giurisprudenza pratica, Mailand und Venedig, 1846-1862; *Gazzetta dei Tribunali,* Mailand 1851-1859; *L'Eco dei Tribunali,* Venedig 1851-1866; *Monitore dei Tribunali,* Mailand 1860-1866; *Il foro delle nuove Provincie,* Triest 1922-1929. Eine offizielle Sammlung von Entscheidungen bietet zB *Giurisprudenza de' Tribunali civili del regno Lombardo-Veneto,* Venedig 1821.

In Wirklichkeit hatten die Italiener die Einführung des ABGB in Italien sehr ernst genommen, da dieses Ereignis die Ablösung des dort seit 1806 geltenden französischen „Code Civil" mit sich brachte. Die Einführung des französischen „Code Civil" in der Lombardei und in den anderen von den Franzosen eroberten norditalienischen Gebieten hatten die Lombarden und die anderen Italiener im Allgemeinen nicht besonders positiv begrüßt. Sie versuchten, das französische Recht mit dem vorher geltenden *ius commune* und dem römischen Recht zu vergleichen und zu harmonisieren, was jedoch, vor allem im Bereich des Familienrechts und des Personenrechts, fast unmöglich war. Die habsburgische Kodifikation weckte wiederum sofort ein großes Interesse bei den Italienern. Wie Cannata[368] meint, empfanden die Italiener das ABGB als modernes Werk der theresianisch-josephinischen naturrechtlichen Kulturbewegung, die moderne Rechtslösungen vorstellte, die jedoch mit der Tradition des römischen Rechts verwurzelt blieben. Die Mailänder und die Nord-Italiener im Allgemeinen hatten selbst an dieser philosophischen und intellektuellen Bewegung Anteil genommen. Seit der ersten Erscheinung in Italien haben die Juristen und Gelehrten den Text des ABGB also sehr gut aufgenommen, vor allem dank der naturrechtlichen und romanistischen Wurzeln. Er wurde auch als besser als der französische Zivilkodex betrachtet, der wiederum innovativer und für die sehr traditionalistische und religiöse Bevölkerung wie jene in der Lombardei und Venetien vielleicht zu „neu" war[369].

Das vom ABGB in der juristischen kulturellen Welt der Lombardei und Venetien geweckte Interesse zeigen auch verschiedene praktische und universitäre Untersuchungen dieser Jahre in Nord-Italien[370].

Zu Beginn finden demnach die Juristen am Kodex, der einerseits tiefe romanistische Wurzeln hat, und andererseits sich unter dem philosophischen Ge-

---

368 C. A. Cannata, *Das ABGB und die Juristische Kultur in der Lombardei*, in Selb, Hofmeister (Hg), Forschungsband Franz von Zeiller, 1980, S. 43 f.

369 M. R. Di Simone, *L'introduzione del codice civile austriaco in Italia. Aspetti e momenti*, in: *Studi in memoria di Gino Gorla*. Mailand 1994, S. 1015 f.

370 Man siehe beispielsweise das Werk von G. M. Negri, *Dei difetti del codice civile italico che porta il titolo di Codice Napoleone e dei pregi del codice civile austriaco*, Vicenza 1815 zu den Mängeln des italienischen Zivilgesetzbuches; Siehe auch F. Borella, *Annotazioni al codice civile universale austriaco col confronto del diritto romano*. Mailand 1816.

sichtspunkt des Naturrechts des XVIII. Jahrhunderts entwickelt hat, Gefallen. Die Universität von Pavia ersetzt bereits 1815 die Lehre des französischen Zivilrechts durch das österreichische[371]. Es gab sogar lateinische Übersetzungen des ABGB, die von Wien nach Pavia gesendet wurden, damit die Vortragenden ihren Schülern „auf beste und nützlichste Art“ das Recht des ABGB lehren konnten[372] (man denke beispielsweise an die lateinische Übersetzung von Zeillers Werk *Das natürliche Privatrecht* von 1819).

Zahlreich sind auch die rechtsvergleichenden Arbeiten, die zwischen 1817 und 1848 (manchmal auch bis 1852-53) das ABGB dem Napoleonischen Code gegenüberstellen, und seine Vorteile sowie die Beziehungen mit den Wurzeln im römischen Recht aufzeigen.

Man denke hier an die Werke von Negri *(Dei difetti del codice civile italico che porta il titolo di codice Napoleone e dei pregi del codice civile austriaco),* von Borella *(Annotazioni al codice civile universale austriaco col confronto del diritto romano)*, von Castelli *(Il codice civile generale austriaco confrontato con le leggi romane e col già codice civile d'Italia)* und Mattei *(I paragrafi del codice civile austriaco avvicinati alle leggi romane, francesi e sarde).* Diese stellen alle sehr interessante Werke dar, vor allem von einem rechtsvergleichenden Standpunkt aus, der auch zeigt, wie lebendig die Betrachtung des ABGB in Italien war[373].

Nicht zu vergessen sind auch die zwei berühmten italienischen Kommentare zum ABGB von Onofrio Taglioni (*Commentario al codice civile generale austriaco*, 10 Bände, Mailand, 1816-1825) und Basevi (*Annotazioni pratiche al codice civile austriaco*, Mailand, 1845).

In allen diesen erwähnten Werken wird die große Nähe der Bestimmungen des ABGB, vor allem im Bereich des Familien- und Personenrechts, mit der italienischen juristischen Tradition dargelegt. Gerade auf die Heirat, die Trennung

---

371 Siehe dazu *ASM (Archivio di Stato di Mailand)*, Fondo Studi, parte moderna, b. 988, fascicolo 5 e 11.

372 Die lateinische Übersetzung wurde in Wien 1816 unter dem Titel „*Jus Naturae privatum. Editio germanica tertia latine reddita a Francisco nobili de Egger*“ veröffentlicht.

373 G. M. Negri, *Dei difetti del codice civile italico che porta il titolo di codice Napoleone dei pregi del codice civile austriaco*, Vicenza, 1815; F. Borella, *Annotazioni al codice civile universale austriaco col confronto del diritto romano*, Mailand 1816; G. Castelli, *Il codice civile generale austriaco confrontato con le leggi romane e col già codice civile d'Italia*, Mailand 1831; J. Mattei, *I paragrafi del codice civile austriaco avvicinati alle leggi romane, francesi e sarde,* Venedig 1852. Siehe auch M. R. Di Simone, *L'introduzione del codice civile austriaco in Italia. Aspetti e momenti*, in *Studi in memoria di Gino Gorla*, II, Mailand 1994, S. 1030 f.

der Ehepaare und die Personenrechte scheinen sich viele dieser Arbeiten zu konzentrieren[374].

Der bereits erwähnte Brief von Grisi ist nicht der einzige, der die Präferenz für den Kataster dokumentiert. Viele Rechtspraktiker lobten das österreichische System des Katasters und des Grundbuches, und geben ihm gegenüber dem französischen den Vorzug. Die lombardischen und venetischen Juristen versandten viele Briefe (man spricht von Hunderten) an Justizminister Pisanelli, um ihn dazu zu bewegen, dieses System im zukünftigen italienischen Zivilgesetzbuch einzuführen[375].

Viele spezialisierte juristische Zeitschriften gaben regelmäßig Kommentare zur Jurisprudenz des ABGB in Lombardo-Venetien heraus. Zu nennen sind die Zeitschrift *Giurisprudenza pratica* (Mailand-Venedig 1817-1845), das *Giornale di giurisprudenza pratica* (Mailand-Venedig 1846-1862), die *Gazzetta dei tribunali* (Mailand 1851-1859), *L'eco dei tribunali* (Venedig), der *Monitore dei tribunali* (Mailand 1865-1976). Eine vom juristischen Standpunkt aus demnach sehr positive Reaktion gegenüber dem österreichischen Privatrechtssystem, die auch vom Großteil der Rechtsexperten in den verschiedenen Gebieten getragen wurde[376].

Die wenigen verbliebenen Exemplare dieser Kommentare stammen entweder aus privaten Sammlungen (von Notaren oder Rechtsanwälten) oder aus staatlichen und kirchlichen Archiven (zB das Österreichische Staatsarchiv).

Insbesondere sind die Überlegungen über das ABGB von Onofrio Taglioni in seinem Kommentar von keiner geringen Bedeutung. In diesem Kommentar analysiert Taglioni jeden einzelnen Aspekt des ABGB und kommentiert und diskutiert die verschiedenen privatrechtlichen Lösungen der unterschiedlichen Bereiche. Taglioni übt zahlreiche Kritik an den naturrechtlichen Lösungen von Zeillers aus. Einer der Kritikpunkte betrifft das Familienrecht des ABGB im Bereich der Behandlung der Scheidungsgründe. Hier vertritt Taglioni die Meinung, dass bei Vorliegen einer schweren Eheverfehlung seitens beider Ehegatten (zum Beispiel gegenseitiger Ehebruch oder gegenseitige Ehrenbeleidigungen) jeder

---

374 Zum Beispiel in G. Carozzi, *Giurisprudenza del codice civile universale della monarchia austriaca divisa in diversi trattati esposti secondo l'ordine delle materie in esso contenute*, Vol. 1-3, Mailand 1818-22 und besonders Vol. I, Anhang, S. 31 f.

375 M. R. Di Simone, *Das ABGB in Italien*, in E. Berger (Hg.), *Österreichisches Allgemeines Bürgerliches Gesetzbuch. Eine europäische Privatrechtskodifikation*, III. Berlin 2010, S. 307 f.

376 D. Mattiangeli, *La recezione dell'Allgemeines Bürgerliches Gesetzbuch nel Lombardo-Veneto*, in *„1861 Antecedenti e conseguenze per l'Italia e l'Austria"*, Tagung des Österreichischen Historischen Instituts in Rom, Rom, 26.11.2010.

Ehegatte einen Scheidungsgrund geltend machen kann[377]. Er setzt sich damit in offenen Gegensatz zu von Zeiller, der den Grundsatz *„paria delicta mutua compensatione tolluntur"* anwendet, also „Verfehlungen gleicher Schwere heben sich gegenseitig auf"[378]. Er billigt also keinem der Ehegatten die Scheidung zu.

In dieser Entscheidung scheint Taglioni, wie auch Cannata meint, mit dem Zerrüttungsprinzip des modernen Familienrechts einverstanden zu sein, Zeiller entspräche eher dem klassischen Verschuldensprinzip (das nach dem *ius commune* auf der *culpa* basiert).

Merkwürdigerweise wurde Taglioni, aufgrund dieser Kritiken an Franz von Zeiller und auch aufgrund seiner Zugehörigkeit zur romanistischen Schule, oft als sehr traditioneller privatrechtlicher Wissenschaftler angesehen, der gegen die Innovationen der modernen Theorien des Naturrechts stand. Der Kommentar von Taglioni erhielt also sehr schlechte Kritiken[379], er selbst unverdientermaßen einen schlechten Ruf im deutschen Raum der habsburgischen Monarchie.

Nur wenige juristische Beispiele, Kommentare, Lehrbücher und andere Dokumente stellen die Einführung des ABGB in Italien dar. Aber nicht nur die rechtshistorischen Quellen sind gering, auch aktuelle Studien zu dieser „fast vergessenen Rechtserfahrung" sind selten. Die zwei bedeutendsten Wissenschaftlerinnen, die ihre Arbeit diesem Gebiet gewidmet haben, sind Brigitte Mazohl, Professorin an der Universität Innsbruck und Maria Rosa Di Simone, Professorin an der Universität „Tor Vergata" in Rom, die beide einen Lehrstuhl für Geschichte innehaben.

Mazohl hat sich vor allem dem Studium des Öffentlichen Rechts und des Verwaltungsrecht des Königreichs Lombardo-Venetien gewidmet, dank ihrer Arbeit sind in der letzten Zeit viele Studien über die Einführung der österreichischen Gesetzgebung in Lombardo-Venezien im Bereich des Öffentlichen Rechts und des Verwaltungsrechts[380] entstanden. Sehr wenige Forschungsarbeiten be-

---

377 Siehe C.A. Cannata, *Das ABGB in der Lombardei*, in *Forschungsband Franz von Zeiller (1751-1828)*, Wien/Graz/Köln 1980, S. 50; O. Taglioni, *Commentario al codice civile generale austriaco,* Band I, Mailand 18116, S. 140 f.; und F. von Zeiller, *Commentar über das allgemeine bürgerliche Gesetzbuch für die gesammten Deutschen Erbländer der Oesterreichischen Monarchie.*, Wien und Triest 1811, § 115, Nr. 4.

378 B. Eccher, *Das ABGB und die italienische Privatrechtswissenschaft*, in G. Pallaver, *Geschichte, Institutionen und Recht bei Karl Anton von Martini*, Trier 2002, S. 254.

379 Siehe zB die Rezension von Stöger in Wagners' Zeitschrift, 1830, III, S. 403 f.

380 Siehe die Arbeit von B. Mazohl, *Österreichischer Verwaltungsstaat und administrative Eliten im Königreich Lombardo-Venezien 1815-1859*, Mainz 1993; oder M. Meriggi, *Amministrazione e classi sociali nel Lombardo-Veneto (1814-1849)*, Bologna 1983. Siehe auch A. G. Haas, *Metternich, reorganization and nationality 1813-1818: A History of foresight and frustration in the rebuilding of the Austrian empire*, Wiesbaden 1963.

treffen die Umsetzung der Privatrechtsordnung (des ABGB), nur wenige Forscher haben diesem Gebiet ihre Tätigkeit gewidmet. Di Simone war die Erste, die systematisch die Umsetzung, Einführung und Auswirkungen in der Gesellschaft des ABGB in Lombardo-Venetien erforscht hat[381]. Viele sind in Wirklichkeit die Aspekte und die Entwicklungen dieses Umsetzungsverfahrens. Aspekte, die besonders interessant für Juristen sind und auch für die Gesellschaftswissenschaftler wichtige Entwicklungen.

Wie wir bereits in den vorigen Seiten gelesen haben, wurde in Italien 1816 die originale Version des ABGB ohne Änderungen in Kraft gesetzt. Viele problematische Aspekte dieser direkten Umsetzung sollten in den folgenden Jahren Juristen wie Professoren, Anwälte, Richter, Notare oder Beamte beschäftigen.

Bevor wir die einzelnen Aspekte der Umsetzung des ABGB in Nord-Italien betrachten, ist eine kurze Einführung zu den philosophischen Hintergründen des ABGB sinnvoll. Das ABGB war eine Kodifikation, die über einen langen Zeitraum – fast 50 Jahre – vorbereitet wurde. Seit Maria Theresia gab es verschiedene „Versuche", um ein allgemeines bürgerliches Gesetzbuch zu erstellen.

Die Grundideologien, auf denen das ABGB basiert, blieben im Laufe der Zeit und der verschiedenen Kommissionen dieselben: die Prinzipien des Jusnaturalismus und die Theorien des Illuminismus. Beide Ideologien und Prinzipien, die in Wirklichkeit tief verbunden sind, und die der Spiegel dieser Zeit (Ende des XVIII Jahrhunderts) selbst sind, bildeten die Grundlage und die Antriebsmotoren des ABGB.

Viele heutige Autoren und Wissenschaftler versuchen die Wichtigkeit, die modernen Aspekte und die Innovationen zu zeigen, die das ABGB für seine Zeit repräsentiert hat[382]. Das ABGB wird manchmal sogar als bedeutender Wendepunkt in der Geschichte des europäischen Privatrechts[383] bezeichnet.

---

381 Siehe zB M. R. Di Simone *L'introduzione del codice civile austriaco in Italia. Aspetti e momenti.* In *Studi in memoria di Gino Gorla*, II, Mailand 1994. Zuvor waren die Studien im Bereich der Umsetzung des ABGB im Königreich Lombardo-Venetien eher selten und unsystematisch. Drei sehr gute Forschungsarbeiten aus diesem Bereich sind: C. A. Cannata, *Das ABGB in der Lombardei*, in *Forschungsband Franz von Zeiller* (1751-1828); W. Selb, H. Hofmeister, *Beiträge zur Gesetzgebungs- und Wissenschaftsgeschichte*, Wien-Graz-Köln 1980, S. 45 f.; F. Ranieri, *Einführung und Geltung des Österreichischen ABGB in das Regno Lombardo-Veneto (1815-1859)* in H. Coing (Hg.) *Handbuch der Quellen und Literatur der neueren europäischen Privatrechtsgeschichte*, III, I, München 1982, S. 226 f.

382 Siehe zB T. Mayer-Maly, *Die Lebenskraft des ABGB*, in *Österreichische Notariatszeitung*, 118, 1986, S. 265 f.

383 W. Ogris, *175 Jahre ABGB. Eine Bilderfolge in fünfzehn „Hauptstücken"*, Wien 1986/87, S. 12 f.

Viele Professoren, unter ihnen J. M. Rainer, stellen das ABGB als „*trait d'union*“ zwischen den alten Wurzeln des römischen Rechts und den neuen Entwicklungen des Jusnaturalismus und des Illuminismus dar[384].

Man kann in diesem Buch tatsächlich die römischen Wurzeln des Privatrechts und sogar die Aufteilung selbst des Gesetzbuches nach „gaianischer“ Art finden, aber daneben auch Innovationen, die für die moderne Rechtsdogmatik sehr wichtig waren. Aber genau diese römischen Wurzeln und diese konservative Tendenz des ABGB, die sicher von Maria Theresia stammt, werfen Schatten über bedeutende Punkte dieser Kodifikation. Ein wichtiges Beispiel ist das Prinzip der Gleichheit, das sich im ABGB deutlich vom französischen „*Code Civil*“ unterscheidet. Hier finden wir leider noch gewichtige Unterschiede unter den Menschen, die entweder auf der Religion, dem Stand oder dem Census basieren; diese sind im *code Civil* abwesend, veranschaulichen aber die habsburgische Mentalität der Zeit sehr gut.

Diese „Ungleichstellung“ der Bürger lässt auch bestimmte Rechtsinstitute überleben, wie zB das des „*fedecommesso*“ oder des „*dominio diviso*“, oder auch bestimmte Artikel über das Erbrecht bei den Bauern, und vor allem verschiedene Regeln im Bereich des Familienrechts für Katholiken und Nicht-Katholiken.

Das ABGB war für die Österreicher und die Habsburgische Monarchie im Allgemeinen ein sehr wichtiges Werk und sollte das gesamte Kaiserreich vereinheitlichen, wie auch verschiedene Bestrebungen des Illuminismus des XVIII Jahrhundert erfüllen. Es sollte tatsächlich das Gesetzbuch für alle Untertanen der österreichischen Monarchie sein.

Viele waren auch der Ansicht, dass den Italienern eine Kodifikation, die einerseits römische Wurzel hatte und anderseits die illuministische Philosophie mit sich brachte, zusagen würde. Der Jurist Carl Joseph Pratobevera schrieb einen Artikel, in dem er die Ansicht vertritt, dass das Inkrafttreten des ABG für die Italiener kein Problem darstellen sollte, da die Lombarden und die Veneziiner das österreichische Recht schon vorher kannten, und das *ius commune* in dieser Kodifikation eine sehr bedeutende Rolle spielte[385]. Das *ius commune* hatte in der Tat die italienische Rechtspraxis bis zur Anwendung des französischen Code Civil völlig beherrscht und war mit der italienischen Rechtsschule tief

384 W. Brauneder, *Das österreichische ABGB: eine neuständische Kodifikation in vestigia iuris romani*, in G. Klinkenberg, J. M. Rainer, H. Stiegler (Hg.), *Festschrift für Gunter Wesener*, Graz 1992, S. 67 f.

385 C. J. Pratobevera (Hg.), *Nachrichten über die neueste Gesetzgebung und Rechtspflege in den österreichischen Staaten*, in *Materialien für Gesetzkunde und Rechtspflege in den österreichischen Erbstaaten*, II, 1816, S. 292 ff.

verbunden. Das ABGB hatte in diesem Fall den Vorteil, viele Regeln des *ius commune* zu enthalten.

Pratobevera zeigte jedoch auch Zweifel über die Angemessenheit, das ABGB im Ganzen in Italien umzusetzen. Bestimmte Teile des ABGB, wie zum Beispiel die große Rechtsgeschäftsfreiheit, würden sich mit der italienischen Rechtspraxis und Mentalität vielleicht nur schwer vereinbaren lassen. Auch die Testamentsfreiheit und die bedeutsame Rolle der Willenserklärungen der Parteien stünden mit der vorigen italienischen Rechtspraxis nicht im Einklang. Um diese Meinung einer „Teil-Anwendung" des ABGB in Italien zu vertreten, verwendete Pratobevera die Gedanken von Montesquieu in *Esprit des lois*. Er meinte, dass es sehr schwierig sei, die Gesetze eines anderen Volks in einer anderen Rechtsordnung anzuwenden, da die Völker verschiedene Mentalitäten und einen verschiedenen „Geiste" haben. Dasselbe würde für den Fall der Italiener gelten – man sollte daher in Italien nur bestimmte Teile des ABGB anwenden, die den Italienern und der italienischen Rechtskultur und Rechtspraxis günstig und für dieses Land und seine Sitten geeignet wären.

Aus diesen Gründen war Pratobevera der Ansicht, dass es günstig wäre, Kommissionen in Mailand und Venedig einzusetzen um diese Umsetzung des ABGB in Lombardo-Venetien den italienischen Gegebenheiten mit kleinen Änderungen besser anzupassen.

Einem weiteren interessanten Bericht über die Umsetzung des ABGB in Italien, eines anonym Verfassers, der hier, in Anlehnung an Prof. Di Simone dem Herzog Giuseppe Sardagna zugeschrieben wird, wird in dieser Arbeit ein eigenes Kapitel gewidmet, auch da er zu den wenigen noch überlieferten Nachweisen über die Umsetzung des ABGB in Italien zählt.

Eine weitere italienische Arbeit über das ABGB und seine juristischen Aspekte ist das Buch von Giovanni Maria Negri, *Dei difetti del codice civile italico che porta il titolo di codice napoleone e dei pregi del codice civile austriaco*[386]. In diesem Buch spricht Negri bestimmte Probleme des französischen Code Civils, vor allem im Bereich des Familienrechts, an, und sieht die Lösungen des österreichischen Rechts als gerechter im Vergleich zum französischen. Er meint, dass der Code Civil für die Italiener (und vor allem im Veneto) zu sanft sei, und das ABGB im Gegenteil den italienischen Sitten angemessener wäre. Der Autor vertritt die Meinung, dass das Code Civil im Bereich des Eherechts religionsfeindlich sei, und die Möglichkeit der Scheidung für die katholische Kultur eine echte „Schande" wäre. In Gegenteil scheint das ABGB hier anders und für die italienische Bevölkerung, nicht nur im Bereich des Familien- und Eherechts,

386 G. M. Negri, *Dei difetti del codice civile italico che porta il titolo di codice Napoleone e dei pregi del codice civile austriaco*, Vicenza 1815.

geeigneter. Negri eröffnet über die Möglichkeit der Scheidung eine lange „Querelle“ und meint, dass das österreichische Privatrecht, da es keine Scheidung vorsah, respektvoller gegenüber der katholischen Kirche war. Die Scheidung scheint in der Schrift von Negri einen wesentlichen Punkt darzustellen, da eine lösbare Verbindlichkeit der Ehe unakzeptabel für die Religion des Volks war[387]. Der Autor behauptet auch, dass die katholische Ehe selbst für die Franzosen fast eine rein formale Zeremonie war, die keine (zivilrechtlichen) Wirkungen hatte. Im Gegenteil dazu war die katholische Ehe für die Österreicher wirksam und mit zivilrechtlicher Folge. Weiters respektierten die Paragraphen des ABGB (§§ 49, 63, 86, 111, 121) im Bereich des Familienrechts die Unlösbarkeit der Ehe, sodass das Gesetzbuch gefährliche Trennungen und Widersprüche zwischen dem moralischen Gewissen der Bürger und dem Gesetz vermieden hätte[388].

Negri stellt weitere Vergleiche im Bereich des Familienrechts auf, und behauptet sogar, dass die französische Idee des Code Civil der zivilrechtlichen Gütergemeinschaft der Ehepartner schlecht und gefährlich sei. Nach dem Juristen war die Gütergemeinschaft für die Frau gefährlich, da sie ihr Vermögen zusammen mit dem Geld des Ehemannes verlieren konnte. Das Vermögen der Frau, die Mitgift, war für das österreichische Recht unübertragbar und blieb der Frau erhalten – auch wenn ihr Mann alles verlieren sollte. Das ABGB verlangte den Abschluss eines besonderen Vertrags (§§ 1233 ff.) um eine Gütergemeinschaft des Vermögens des Ehepaares zu errichten. Auch konnte sich der Anteil der Frau (die Mitgift) auch nach der Ehe noch als separates und privates Vermögen vergrößern (§ 1230).

Auch die Beziehungen zwischen Eltern und Kindern betreffend, bevorzugt Negri die Lösungen des ABGB, die er für besser hält, da sie dem römischen Recht sehr nahe sind. Der französische Code Civil hatte in diesem Bereich die Rechte der nichtehelichen Kinder nicht miteinbezogen und kein Obsorge-Recht vorgesehen. Weiters hatte der Code Civil sogar die Feststellung der Vaterschaft verboten und andererseits die väterliche (elterliche) Gewalt beschränkt. Für den Code Civil setzte die Volljährigkeit mit 21 Jahren ein, und der Vater konnte schon mit dem 18. Geburtstag des Sohnes keinen Fruchtgenuss mehr über seine Güter ausüben. Das ABGB räumte im Gegenteil den anerkannten unehelichen Kindern das Recht des eingeschränkten Unterhalts ein (§§ 166 ff.).

Auch die Feststellung der Vaterschaft war vom ABGB im § 163 vorgesehen. Die Volljährigkeit war für Kinder mit 24 Jahren vorgesehen, die Eltern konnten

387 G. M. Negri, *Dei difetti del codice civile italico che porta il titolo di codice Napoleone e dei pregi del codice civile austriaco*, Vicenza 1815, S. 14.

388 G. M. Negri, *Dei difetti del codice civile italico che porta il titolo di codice Napoleone e dei pregi del codice civile austriaco*, Vicenza 1815, S. 16.

bis zu diesem Zeitpunkt die Güter der Kinder und ihr Vermögen uneingeschränkt mit Vollmacht verwalten (ABGB §§ 149-150, 172-173)[389]. Gleichzeitig hatte das ABGB im § 1220 auch die Konstitution der Mitgift für die Tochter vorgesehen[390].

Anderseits wollte das ABGB auch die Interessen der Minderjährigen und aller anderen, die eine Vermögensverwaltung brauchten, vertreten und aus diesem Grund sollte der mit der Obsorge Betraute eine jährliche Abrechnung vorweisen (§ 239). Weiters hatte das ABGB eine sehr innovative Disziplin im Bereich der Sachwalterschaft und Kuratel für körperliche oder geistige Behinderte (§§ 268-270), die vor allem bei der Bestellung sehr sicher war und die Interesse der Vertretenen sehr gut pflegte (§ 273). Die Paragraphen des ABGB im Bereich der Testierfähigkeit solcher Personen waren bereits sehr modern und pflegten die Interessen des Behinderten, wie die Paragraphen 523-567 zeigen[391].

Auch im Bereich des Eigentums- und Sachenrecht scheint Negri das ABGB zu bevorzugen, wobei jedoch in diesem Bereich der Code Civil innovativ und gut war. Nach Negri hat das ABGB zB verschiedene zivilrechtliche Institute des römischen Rechts konserviert, wie zum Beispiel den „*dominio utile*", den „*dominio livellario*" und die Enphiteusis oder Erbpacht (§§ 359, 360, 363, 1127 ss.).

Weiters zeigt er, dass das ABGB auch für den Fruchtgenuss angemessener wäre, da nach § 517 (und im Allgemeinen nach § 331) der Eigentümer dem redlichen Besitzer (Fruchtnießer) der Sachen eine Rückerstattung des Aufwandes für notwendige Arbeiten (Meliorationskosten) schuldet. Dies war wiederum im Code Napoleon nicht vorgesehen[392].

Auch das Recht der Dienstbarkeiten (Servituten, § 472 ff.) scheint Negri passender im Vergleich mit dem französischen Recht zu sein. Negri behauptet sogar, dass die österreichischen Dienstbarkeiten den venezianischen Traditionen besser entsprechen würden, da die Österreicher auch die mündliche Gründung von Dienstbarkeiten erlaubten, so wie es im Veneto für lange Zeit üblich war. Die Franzosen im Gegenteil forderten immer einen gültigen Titel, um eine Dienstbarkeit gründen zu können[393].

---

389 G.M. Negri, *Dei difetti del codice civile italico che porta il titolo di codice Napoleone e dei pregi del codice civile austriaco*, Vicenza 1815, S. 47 f.

390 G.M. Negri, *Dei difetti del codice civile italico che porta il titolo di codice Napoleone e dei pregi del codice civile austriaco*, Vicenza 1815, S. 25-26.

391 G.M. Negri, *Dei difetti del codice civile italico che porta il titolo di codice Napoleone e dei pregi del codice civile austriaco*, Vicenza 1815, S. 58 f.

392 G.M. Negri, *Dei difetti del codice civile italico che porta il titolo di codice Napoleone e dei pregi del codice civile austriaco*, Vicenza 1815, S. 208.

393 G.M. Negri, *Dei difetti del codice civile italico che porta il titolo di codice Napoleone e dei pregi del codice civile austriaco*, Vicenza 1815, S. 71 f.

Hier war die französische Disziplin sicherer und nach der Meinung von Sardagna besser für die Italiener, die durch die sehr schwache österreichische Disziplin zu einfach betrügerischen Absichten nachgehen konnten.

Negri fährt mit seiner „Laudatio“ des österreichischen Rechts und der bitteren Kritik am französischen Zivilgesetzbuch fort. Auch das Erbrecht betreffend ist er der Ansicht, dass die österreichischen Rechtsinstitute den italienischen Traditionen viel näher wären.

Vor allem im Bereich der Erbschaft (§532 ff.) und der Fähigkeit zum Erben (§ 538 ff.) sind nach Negri die österreichische Regeln sicherer. Er missbilligt die französische Gleichstellung von Frauen und Männern im Bereich des Erbrechts und die Tendenz der exzessiven Aufteilung der Verlassenschaft, die nach ihm „die Zierde“ der Familien gestört hätte. Gleichzeitig kannte das ABGB auch verschiedene Fälle von Erbunwürdigkeit (§ 540) und auch die Möglichkeit des Enterbens. Das Enterben war wiederum im französischen Zivilgesetzbuch verboten. Der Code Napoleon hatte auch keine Bestimmungen den Ehegatten des Erblassers betreffend, das ABGB enthielt hier eine sehr entwickelte Disziplin des Pflichtteilsrechts, die dem verbliebenen Ehegatten einen Teil der Erbschaft auf jeden Fall sicherte (§§ 757 ff). Dazu hatte das ABGB noch die Möglichkeit, Kinder zu enterben (§ 768 ff „Erfordernisse einer rechtmäßigen Enterbung“). Mit den gleichen Gründen konnten auch der Ehegatte und die Eltern enterbt werden (§ 769).

Anderseits befürchtete Negri, dass die österreichische Disziplin im Bereich der Testamente für die Italiener zu einfach zu umgehen war, und dass die Italiener mit diesen Regeln zu einfach betrügen konnten[394]. Er schreibt dazu: *„il codice austriaco seguì la buona fede di quei popoli a cui dettò quelle leggi. Ma li popoli d'Italia meriterebbero forse le stesse agevolezze e condiscendenze nel gravissimo affare testamentario?"*.

Die Disziplin über die Schenkungen im österreichischen Zivilgesetzbuch war im Gegenteil angemessener und geeigneter für die italienische Bevölkerung. Eine Disziplin, die sicher vom *ius commune* abstammt, wobei die französische Gesetzgebung im Fall der Schenkung teilweise aus dem römischen Recht (für die allgemeine Bestimmungen) basiert und teilweise auf dem nationalen *„droit coutumier“* (für die besonderen Bestimmungen). Negri zählt ein paar Beispiele im Bereich der Schenkungen *„inter vivos“* auf, wie den Widerruf einer Schenkung wegen Undankes (§§ 948-949 ABGB), der im Code Civil nicht möglich war, und die Unmöglichkeit des automatischen Wiederrufs einer Schenkung im

394 G.M. Negri, *Dei difetti del codice civile italico che porta il titolo di codice Napoleone e dei pregi del codice civile austriaco*, Vicenza 1815, S. 122 f.

Fall der Präsenz eines lebenden Kindes. Dieser Wiederruf war im Gegenteil im Code Civil automatisch und vorgesehen.

Der Vergleich geht mit dem Obligationenrecht weiter. Hier ist es besonders schwierig, die Exzellenz des ABGB (vor allem zu diesem Zeitpunkt, vor der Einführung der drei Teilnovellen 1916) gegenüber dem Code Civil zu beweisen, da die Franzosen in diesem Fall eine der besten Disziplinen haben. Der Code Civil hatte die römische Rechtsdisziplin des Corpus Iuris neu bearbeitet, und war wahrscheinlich die beste in dieser Periode. Das ABGB im Gegenteil hatte im Bereich des Obligationenrechts alle Schwächen der Institutionen von Gaius.

In dieser vergleichenden Darstellung scheint es, dass Negri die französischen Institute sehr gut kannte und verstand, nicht so jedoch das ABGB. Der Vergleich ist unsystematisch und möchte eine Vorherrschaft des ABGB zeigen, die gar nicht stattgefunden hat[395]. Negri möchte zB beweisen, dass es wichtiger und angemessener ist, wenn die Auslegung von Verträgen auf einem buchstäblichen Sinne des Ausdrucks basiert und nicht auf der Erforschung der Absicht der Parteien (wie im französischen Zivilgesetzbuch). In diesem Fall hatte Negri § 914 des ABGB völlig missverstanden, der das Gegenteil besagt.

Er zählt verschiedene Beispiele auf, die manchmal mangelhaft sind, oder gar missverstanden wurden. Negri behauptet, dass die mündliche Abschließung des Kaufvertrages eine österreichische Erfindung war (§§ 861-862) und dass der Vertrag mit dem Konsens zustande kommt, vergisst aber dabei, dass dieser Mechanismus bereits im Code Civil vorgesehen wurde[396]. Weiters meint er, dass diese Paragraphen des ABGB wichtige Neuigkeiten enthielten und die Disziplin besser als die französische sei, wobei er zu vergessen scheint, dass diese im französischen Obligationenrecht bereits enthalten sind.

Negri hebt § 879 über die Nichtigkeit von Verträgen hervor, die gegen ein gesetzliches Verbot oder gegen die guten Sitten verstoßen und behauptet, dass diese Möglichkeit im Code Civil nicht vorgesehen ist. Dasselbe gilt auch für die Disziplin des Mandats (§ 1002 Bevollmächtigungsvertrag), die nach ihm klarer und genauer wären. Auch die Leibrente (§ 1284) scheint Negri verständlicher.

Das Immobiliensystem und die Erfordernisse der Erlangung von Besitzrechten (§ 321) betreffend, lobt er die Einführung der Landtafeln oder Grundbücher. Dasselbe gilt für das System der Eigentumsübertragung von unbeweglichen Sachen (§ 431) und der Intabulation (Einverleibung), das besser als das französische System wäre.

---

395 G.M. Negri, *Dei difetti del codice civile italico che porta il titolo di codice Napoleone e dei pregi del codice civile austriaco*, Vicenza 1815, S. 128 f.

396 G. M. Negri, *Dei difetti del codice civile italico che porta il titolo di codice Napoleone e dei pregi del codice civile austriaco*, Vicenza 1815, S. 138 f.

In den letzten Seiten seiner Arbeit (eine Zusammenfassung aller Vorteile des ABGB gegenüber den Nachteilen des Code Civil) schließt Negri, dass das ABGB im Allgemeinen, und vor allem für die Italiener, im Vergleich zum französischen Zivilgesetzbuch zu bevorzugen wäre. Er meint auch, dass das ABGB einen sehr guten allgemeinen Teil am Beginn hätte, der die wichtigen Aspekte des Inkrafttretens des Gesetzbuches und ihrer Kundmachung beschreibt. Diese sind für Negri sehr wichtige Aspekte einer Kodifikation, die im französischen Zivilgesetzbuch nur knapp und am Ende beschrieben sind. Der nord-italienische Jurist behauptet auch, dass das ABGB viele sehr genaue Definitionen der Rechtsinstitute beinhält, die klar und sehr präzise formuliert sind, hingegen wären die französische zu allgemein und theoretisch. Er meint, dass diese präzisen Definitionen von den „wahren Quellen der Zivilgesetze abstammen". Diese Quellen des Zivilrechts sollten in Wirklichkeit vom römischen Recht abstammen, und hier irrt sich Negri, da für die Römer die Definitionen im Bereich des Rechts gefährlich und nicht zu empfehlen waren: *„In jus, omnia definitio periculosa est*"[397].

Auch die Gliederung und die Unterteilung der Rechtsgebiete im ABGB scheinen ihm besser im Vergleich mit dem nach ihm unsystematischen und schlecht unterteilten Code Civil. Er sagt, dass die Gliederung des ABGB der römischen Gliederung von Gaius entspricht und dass die verschiedenen Rechtsfächer besser unterteilt wären[398].

Der Text von Negri ist sicher sehr politisch orientiert, und auch unsystematisch argumentiert. Der Angriff gegen das französische Recht scheint an vielen Stellen nicht gut begründet. Er wollte den Leser von der Überlegenheit des ABGB gegenüber dem Code Civil überzeugen, die Aspekte und Rechtsfragen sind jedoch oft schlecht verglichen und es finden sich auch Missverständnisse. Es scheint, dass Negri das ABGB nicht profund kannte, und vor allem Mängel in seinen Deutschkenntnissen hatte. Im Gegenteil dazu kannte er den Code Civil und seine Schwächen sehr gut, wobei die Kommentare oft übertrieben sind.

Der grundliegende Gedanke, dass das ABGB für die Gesellschaft Lombardo-Venetiens geeigneter wäre, und dass dieses Gesetzbuch zur der vorigen nord-italienischen Tradition besser passen würde, scheint echt zu sein und nicht nur vom aktuellen politischen Zustand abhängig. Negri, wie viele andere Juristen dieser Zeit, war tatsächlich der Ansicht, dass das ABGB eine viel bessere

---

397 G.M. Negri, *Dei difetti del codice civile italico che porta il titolo di codice Napoleone e dei pregi del codice civile austriaco*, Vicenza 1815, S. 206.

398 G.M. Negri, *Dei difetti del codice civile italico che porta il titolo di codice Napoleone e dei pregi del codice civile austriaco*, Vicenza 1815, S. 207.

Lösung für die Italiener gewesen wäre, da konservativer und mehr an der Kirche orientiert, als der Code Civil.

In den folgenden Jahren, nach der Umsetzung des ABGB, lernen die Italiener durch verschiedene Übersetzungen von Zeillers Kommentar zum ABGB in italienische Sprache das österreichische Zivilgesetzbuch kennen. Dank der Übersetzung des Werks von Franz von Zeiller verstehen auch die Italiener die allgemeine Disziplin des ABGB und ihre wichtigsten Rechtsgrundlagen[399]. Ab 1817 werden die italienischen Kommentare zum ABGB immer besser strukturiert, dank der vielen Übersetzungen der österreichischen Kommentare.

4.3 Die sogenannten „Umsetzungskommissionen" des ABGB in Nord-Italien und ihre Geschichte

Nach den Informationen und Hinweisen von Sardagna in seinem „Pro-Memoria" und nach weiteren Quellen wissen wir, dass die Österreicher zwischen 1814 und 1815 zwei Umsetzungs-Kommissionen – eine in Mailand, eine in Venedig – für die Einführung des ABGB in der Lombardei und in Venetien einberufen und aufgestellt hatten.

Die Kommissionen wurden in Wirklichkeit eingesetzt, um die österreichische Gesetzgebung den italienischen Gebieten und der italienischen Rechtstradition anzupassen[400]. Die Mitglieder dieser Kommissionen setzten sich aus Adeligen, Mitgliedern der Senate aus Mailand und Venedig, Vertretern des Bürgertums und Juristen zusammen. Über die Arbeiten dieser Kommissionen und die genauen Mitglieder ist jedoch wenig überliefert. Einige Informationen liefert, wie bereits erwähnt, Sardagna, oder, in Zitaten und Hinweisen, Politiker und Juristen dieser Zeit (zum Beispiel Negri[401]).

Das einzige offizielle Dokument, in dem wir wichtige Hinweise zur Arbeit der Kommissionen finden, ist ein Bericht von 1825 des lombardo-venetianischen Senats. Dieser Bericht wird heute im Haus-, Hof- und Staatsarchiv in Wien aufbewahrt[402]. Der Bericht beschreibt beispielsweise, dass die

399 Siehe den Kommentar von Franz von Zeiller.

400 Dies berichtet beispielsweise G. Sardagna in *Pro Memoria über die Einführung des österreichischen Zivil- und Criminal-Gesetzbuches in Italien*, Haus-, Hof- und Staatsarchiv, Staatskanzlei Provinzen Lombardo-Venezien, Karton 33.

401 G. Negri, *Dei difetti del codice civile italiano che porta il titolo di codice Napoleone e dei pregi del codice civile austriaco*, Vicenza 1815, S. 209 f.

402 Dieser sehr lange Bericht ist im (HHStA Haus-, Hof- und Staatsarchiv) konserviert, Abteilung Allgemeines Verwaltungsarchiv, Oberste Justizstelle, Lombard. Venetian. Senat, C 1, Codex Civilis, Karton 13.

Kommissionen der Einführung des Grundbuchs positiv gegenüber standen, und ihre Zustimmung schon in diesen Jahren gegeben hatten. Insbesondere wird angeführt, wie sich die venezianische Kommission für die Einführung des Grundbuchs eingesetzte. Die Venezianer stellten sogar eine Ausarbeitung für die Erstellung eines eigenen Eigentumsregisters vor, das auf den Aussagen der Eigentümer basieren, und von einem spezifischen Organ überwacht werden sollte[403]. In dem Text wird ebenfalls berichtet, dass die Kommission von Mailand in Wirklichkeit, auch wenn Sie diesem wesentlichen Punkt zugestimmt hatte, die gesamte Operation der Einführung der Intabulation mehr oder weniger sabotierte, und aus diesem Grund auch das Projekt der Venezianer scheitern sollte.

Die Lombarden waren der irrtümlichen Ansicht, dass sie bestimmte steuerliche Begünstigungen, die auf dem aktuellen lombardischen System des Zensus basierten, mit der Einführung des Grundbuchsystems verlieren würden. Aufgrund dieser irrtümlichen Annahme wurden die Untersuchungen zur Umsetzung des Grundbuchsystems von Joseph II., der den josephinischen Kataster von 1785 – 1789 in Lombardo-Venetien als „Allgemeines Grundsteuerprovisorium" 1816 einführen wollte, bis 1823 verlängert[404].

In diesem Fall scheint es demnach, dass die Kommission von Mailand mit der österreichischen Rechtsordnung nicht allzu sehr vertraut war, da sie sich sonst nicht „aus steuerlichen" Gründen gegen die Intabulation eingesetzt hätte. Im Gegenteil dazu waren die Venezianer der österreichischen Rechtordnung deutlich positiver gesinnt, und kannten auch die österreichischen Gesetze besser. Diese unterschiedliche Auffassung zwischen Lombarden und Venezianern zur österreichischen Rechtsordnung wird sich auch im Laufe der nächsten Jahre bestätigen.

Nach Sardagna war es die Aufgabe der zwei Kommissionen, Vorschläge und Lösungen zu finden, um die Umsetzung der österreichischen Rechtsordnung in Nord-Italien zu vereinfachen und zu unterstützen, mit dem Ziel italienische

---

403 Siehe auch M. R. De Simone, *L'introduzione del codice civile austriaco in Italia*, in *Studi in memoria di Gino Gorla*, II, Mailand 1994, S. 1035 f.

404 Im originalen italienischen Dokument ist nachzulesen: „*colla nuova istituzione ipotecaria dovesse cambiarsi l'attuale loro sistema censuario, e venir a mancare quel vantaggio nel riparto contribuzionale di cui per avventura godono attualmente... quella erronea supposizione fu il vero principale motivo, per cui sotto Sua Maestà Giuseppe II il sistema tavolare progettato trovò tante opposizioni per cui furono protratti gli esami relativi dal 1816 sino al 1823, e che la commissione mista di Milano non ritenne possibile e conveniente l'introduzione di tale sistema*". Siehe in Haus-, Hof- und Staatsarchiv, Abteilung Allgemeine Verwaltungsarchiv, Oberste Justizstelle, Lombard. Venetian. Senat, C 1, Codex Civilis, Karton 13. Das Allgemeine Grundsteuerprovisorium trat am 1. November 1820 in den meisten Provinzen des österreichischen Kaiserreichs bis zur Einführung des Franziszeischen Katasters in Kraft.

kulturelle Traditionen und rechtliche Besonderheiten zu betrachten, und eine echte Anpassung des österreichischen Rechts an die italienischen Rechtsgrundlagen realisieren zu können[405]. Sie sollten also die Integration zwischen der neuen und der alten Rechtsordnung unterstützen und Vorschläge für die notwendigen und von den Italienern gewünschten Änderungen bringen[406]. Sehr unklar ist, ob diese Kommissionen tatsächliche Änderungen bewirkt hatten. Nach Sardagna hatten diese Kommissionen einerseits sehr wenig Zeit zur Verfügung, andererseits, durch die Ersetzung der italienischen Amtsträger durch Deutsche, fehlten auch die notwendigen landesspezifischen Kenntnisse[407].

Tatsache ist, dass im Bereich des Privatrechts zumindest in den ersten Jahren kaum Wirkungen spürbar waren, da die Umsetzung des ABGB in Lombardo-Venetien 1816 ohne Gesetzänderungen erfolgte[408]. Das ABGB wurde in Lombardo-Venetien in Kraft gesetzt, ohne eine „Anpassung" für die Italiener – somit war die Arbeit der zwei Kommissionen de facto wirkungslos[409], wenn auch in den folgenden Jahren kleinere Anpassungen durchaus erfolgt sind.

4.4 Erste Ergebnisse nach der Einführung des ABGB

Wie wir schon bei Negri und anderen Juristen dieser Zeit gesehen haben, waren die ersten Reaktionen und Ergebnisse nach der Einführung des ABGB in Nord-Italien eher positiv. Die meisten Juristen und Praktiker und auch die Gesellschaft selbst begrüßte diese neue Kodifikation – am Anfang – auf eine sehr positive Weise. Aus sozialen, religiösen und juristischen Gründen wurde das ABGB in Nord-Italien zu Beginn sehr gut angenommen und die technischen Hauptlösungen, wie zum Beispiel die Eigentumsübertragung und die Gültigkeit der katholischen Ehe, waren mit der italienischen und römischen Tradition sehr gut vereinbar. Das ABGB, als Produkt des *ius commune* und des Naturrechts war tatsächlich eine sehr gute Lösung für den juristischen Hintergrund Nord-Italiens. Über diese anfängliche Begeisterung der Nord-Italiener für das ABGB berichtet das

405 G. Sardagna, in *Pro Memoria über die Einführung des österreichischen Zivil- und Criminal-Gesetzbuches in Italien*, Haus-Hof- und Staatsarchiv, Staatskanzlei Provinzen Lombardo-Venezien, Karton 33, S. 810 ff.

406 M. R. de Simone, *Das ABGB in Italien*, in E. Berger (Hg.) *Österreichs Allgemeines Bürgerliches Gesetzbuch. Eine europäische Privatrechtskodifikation*, III, Berlin 2010, S. 294.

407 Vgl. Fussnote 494.

408 Siehe zB A. Fedynsky, *Räumliche Geltung des ABGB im Wandel der Zeit*, Doktoratarbeit (Universität Wien), Wien 1944, S. 33 f.

409 Siehe dazu auch *F. Menestrina, Nel centenario del codice civile generale austriaco*, in Rivista di Diritto Civile, III, 1911, S. 808 f.

vorige Kapitel, an dieser Stelle wird auf die tatsächlichen Anwendungsprobleme des ABGB aufmerksam gemacht. Bestimmte Paragraphen und allgemeine Regeln des ABGB, die auf das österreichische Kaiserreich zugeschnitten waren, konnten in der Tat in den italienischen Gebieten keine Anwendung finden und demnach nicht umgesetzt werden. In diesem Bereich, wie schon Sardagna riet[410], wäre eine Anpassung der österreichischen Rechtsordnung an die italienische kulturelle, soziale und juristische Tradition durch eine Umsetzungskommission notwendig gewesen. So wurden im Jahr 1819 bestimmte Paragraphen des ABGB (284, 433, 761) für unanwendbar erklärt und durch einen Regierungsakt der Regierung von Mailand aufgehoben. Insbesondere hatten die Paragraphen als Gegenstand die Vormundschaft und die Sorgfalt (Sachwartschaft) für die Bauern und die Eigentums- und Erbübertragung der Landgüter, die noch unter Feudalherrschaft (Lehnsrecht) waren. Diese Paragraphen waren in Lombardo-Venetien nicht anwendbar, da sie eine bestimmte Kategorie von Rechtspersonen betreffen, die in den italienischen Ländern nicht existierte[411].

Ein anderes schwieriges Thema betraf die Hypotheken. Im Bereich des Hypothekenrechts war das österreichische Recht sehr entwickelt, vor allem im Bereich der Eintragung in ein Register und der Publizität (Bekanntmachung). Im Gegenteil dazu war das vorige französische Recht hier sehr veraltet und beinhaltete noch altertümliche Rechtsinstitute, wie die stillschweigende Hypothek, die für die Dritte eine gefährliche Tatsache darstellte[412]. Des Weiteren waren in den deutschen und slawischen Provinzen des Kaiserreichs und in Görz, Triest und Gradisca die Intabulation und das System des Grundbuches bereits in den ersten Jahren nach der Restauration relativ weit entwickelt und funktionsfähig. Auch die Eintragung der Hypotheken wurde in den folgenden Jahren noch einmal perfektioniert und dem System des Grundbuches angepasst[413].

In Lombardo-Venetien, im Gegenteil, waren die österreichischen Gesetze, die auf der Intabulation basierten und die ein öffentliches Register für die Eintragung der dinglichen Rechte voraussetzten, nicht sofort umsetzbar. Die französische Rechtsordnung, die vorher in der Lombardei und in Venetien galt, setzte keine öffentlichen Register voraus. Aufgrund dieses Mangels ergriffen die Ös-

---

410 Siehe das Dokument von G. Sardagna, *Pro Memoria über die Einführung des österreichischen Zivil- und Criminal-Gesetzbuches in Italien*, Haus-, Hof- und Staatsarchiv, Staatskanzlei Provinzen Lombardo-Venezien, Karton 33, S. 803 f.

411 Siehe die Notifikation vom 29. November 1919, in *Raccolta degli atti di governo*, Mailand 1819, II, S. 191-192.

412 A. Carabelli, *Il diritto ipotecario vigente nel regno Lombardo-Veneto*, I, Mailand 1856, S. 62 f.

413 P. Dorsi, *La prima fase di funzionamento del sistema tavolare a Trieste: il lento cammino di una riforma, in Rivista di diritto tavolare*, II, 1983, S. 45 f.

terreicher 1816 eine Notmaßnahme, die die alte Rechtsordnung in diesem Bereich noch gelten ließ[414]. Nach dieser Regelung blieb die französische Verordnung vom 19. April 1806 für die Eintragung der Hypotheken und die Verordnung vom 8. Juni 1805 für die Organisation des Büros in Lombardo-Venetien gültig. Diese Maßnahme, die nur vorübergehend sein sollte, blieb zumindest bis 1825 in Kraft. In diesem Jahr wurde vom lombardo-venetianischen Senat ein Bericht über die Angelegenheit der Hypothekeneintragung und der Eigentumsübertragung im Allgemeinen verfasst[415].

Dieser Bericht hatte schlug auch vor, eine Kommission zu gründen um die Disziplin der Eigentumseintragung zu vereinigen und um die unterschiedlichen Meinungen von Venezianern und Lombarden zur Einführung des Grundbuchssystems zu vereinen. Die Kommission wurde von drei kaiserlichen Beratern (*Consiglieri Aulici*) und zwei Experten (Ferdinando Dordi, Regierungsrat von Mailand, und Giuseppe Peroch, hochrangiger Verwaltungsassistent des Hypothekenregisters von Udine) zusammengestellt. Die Kommission sollte direkt für den Präsidenten des Senats arbeiten[416]. Auch der Kaiser war mit der Einführung dieser Kommission einverstanden, über deren Arbeit jedoch nur wenige Berichte und Informationen überliefert sind.

Zwei verschiedene Dokumente, ein Dekret vom 27. Oktober 1820[417] über die Registrierung der „stillschweigenden" Hypothek für Sachen, die gerichtlich versteigert werden, und eine wichtiges Patent vom 19. Juni 1826[418] über die obligatorische Registrierung aller stillschweigenden Hypotheken, zeigen, dass diese Thematik in Lombardo-Venetien eine sehr wichtige Rolle spielte. Das Patent von 1826 wies auf die Existenz und Persistenz der stillschweigenden Hypothek in Lombardo-Venetien hin und setzte die Verpflichtung fest, alle stillschweigenden Hypotheken zu registrieren, um die Sicherheit der Eigentumsübertragungen bei Rechtsgeschäften zu gewährleisten. Dieses Patent scheint eine große Auswirkung auf die Rechtsangelegenheiten in diesem Bereich gehabt zu haben, da

---

414 Siehe die Notifikation vom 16. März 1816 in *Raccolta degli atti di governo*, Mailand 1819, II, S. 220 f.

415 Zu den Inhalten dieses Berichts siehe Kapitel 4.3 dieser Arbeit.

416 Siehe die allgemeinen Informationen über diese Kommission im Bericht des lombardo-venetianischen Senats von 1825 im Haus-, Hof- und Staatsarchiv, Abteilung Allgemeines Verwaltungsarchiv, Oberste Justizstelle Lombard. Venetian. Senat, C 1, Codex Civilis, Karton 33.

417 Siehe *Raccolta degli atti del governo di Milano*, 1820, II, S. 88 f.

418 Siehe *Raccolta degli atti del governo di Milano*, 1820, II, S. 77 f.

verschiedene Verwaltungsakte existieren[419], die die Schwierigkeiten der Nord-Italiener mit diesem neuen Verfahren zeigen. Diese Dokumente der Verwaltung enthalten Erklärungen des Verfahrens und Erläuterungen über die Kompilation des Registers. Das neue Verfahren zur Registrierung der Hypotheken nach dem System des ABGB hätte bereits mit dem Patent von 1826 umgesetzt werden sollen, wurde jedoch zuerst auf Juni 1828 und später auf Dezember 1829 verschoben[420]. Noch 1831 existiert ein Bericht des Gerichtshofes von Venedig, der eine Beschwerde der Richter über die Einführung dieses neuen Systems enthält, die sich auf die Gesetze der alten venezianischen Republik von 1586 bezieht[421].

Manche Autoren sind der Ansicht, dass das Patent von 1826 einen echten Wendepunkt in der Geschichte der Eigentumsübertragung und deren Registrierung in Nord-Italien darstellt[422]. Dieses Patent hätte das gesamte System der Publizität reformiert und die Registrierung jeder Eigentumsübertragung von Rechten oder Sachen endlich mit dem österreichischen Recht des ABGB vereinheitlicht. Andere Juristen, wie zB Alessandro Carabelli[423], der über die Registrierung der Hypotheken ein ganzes Buch verfasste, behaupten wiederum, dass diese Lösung wieder eine halbe „Umsetzungslösung" des österreichischen Rechts in Italien war, und dass genau aus diesem Grund dieses System nicht gut wäre. Er beschreibt das System als eine Art „Hybrid" zwischen dem österreichischen und dem französischen Recht, das nur Probleme mit sich gebracht hätte:

„... due diverse legislazioni vengono qui a combacio, s'intrecciano, si combinano con un'infinità di modificazioni storiche e logiche le quali sfuggono soventi volte al tatto del giureconsulto ..."[424].

Er behauptet, dass die Intabulation in österreichischem Sinne nie wirklich stattgefunden habe, da die Register noch nach dem französischen Schema funktionierten. Carabelli meint, dass die nord-italienischen Juristen Verantwortung für dieses sehr komplizierte System tragen, da diese immer einen Mittelweg

419 Siehe die verschiedenen Akten mit der Erklärung dieser Registrierung in Haus-, Hof- und Staatsarchiv, Abteilung Allgemeines Verwaltungsarchiv, Oberste Justizstelle, Lombard. Venetian. Senat, C 1, Codex Civilis, Karton 13.

420 Siehe die Notifikation vom 20. Dezember 1827 in *Raccolta degli atti del governo di Milano*, 1827, II, I S. 101-102; siehe auch die Notifikation vom 28. Dezember 1828, in *Raccolta degli atti del governo di Milano*, 1828, II, I S. 127.

421 Siehe die Beschwerde in Haus-, Hof- und Staatsarchiv, Abteilung Allgemeines Verwaltungsarchiv, Oberste Justizstelle, lombard. Venetian. Senat, C 1, Codex Civilis, Karton 13.

422 A. Castelli, *Manuale del codice civile generale Austriaco*, Mailand 1842, Anhang, S. 5.

423 A. Carabelli, *Il diritto ipotecario vigente nel Regno Lombardo-Veneto*, Mailand 1856, I, S. 6-7.

424 Siehe dazu auch M.R. Di Simone, *L'Introduzione del codice civile austriaco in Italia,* in *Studi in memoria di Gino Gorla*, II, Mailand 1994, S. 1037.

zwischen der französischen und der österreichischen Lösung suchten. Dazu ist auch anzumerken, dass Carabelli keine positive Meinung vom französischen System hatte.

Auch andere Juristen und Rechtswissenschaftler, wie Mattei und Terzaghi, zeigten bereits die Nachteile und die Probleme der aktuellen Disziplin der Registrierung der Hypotheken und der Übertragung der dinglichen Rechte im Allgemeinen auf[425]. Sie merken an, dass die Umsetzung des Grundbuches in Wirklichkeit noch nicht stattgefunden habe und empfehlen eine schnelle Lösung dieser Verspätung, damit die Übertragungen von dinglichen Rechten sicherer werden könnten. Die Meinung von Mattei und Terzaghi über die gute Qualität des österreichischen Grundbuchs im Vergleich mit der Unsicherheit des französischen Systems wird auch von anderen Juristen bestätigt, wie zum Beispiel Paride Zajotti, der eine „Verteidigung" des österreichischen Rechts und seiner Lösungen gegen die französischen 1834 geschrieben hat[426]. Zajotti verteidigt hier die österreichischen Lösungen, die wiederum vom Juristen Enrico Misley sehr stark kritisiert wurden.

Die hier gezeigten Anpassungen und Probleme bei der Umsetzung des ABGB in Italien sind ein Auszug der wichtigsten, die von den Juristen am heftigsten diskutiert wurden. Sicherlich gab es viele weitere Probleme, vor allem im Bereich des Familienrechts, die heute jedoch, mangels fehlender Überlieferung, schwer nachzuvollziehen sind. Die wenigen Berichte, die erhalten sind, sind im *Archivio di Stato* von Mailand oder im Haus-, Hof- und Verwaltungsarchiv von Wien zugänglich.

Dieser kurze Bericht sollte, mit den wenigen Quellen, die zur Verfügung stehen, ein allgemeines Bild der Probleme und Reaktionen auf die Rezeption des ABGB in Italien skizzieren. Eine Rezeption, die einerseits radikal mit der Einführung des originalen Textes, ohne jegliche Änderung erfolgte, andererseits in den folgenden Jahren durch Anpassungen an die lombardo-venetianische Gesellschaft erfolgte, mit ihren juristischen, kulturellen und politischen Problematiken – wie verschiedene Maßnahmen in manchen Rechtsgebieten, die Anwendungsprobleme verursachten, zeigen. Diese Problematiken wurden Großteils durch die Unterschiedlichkeit der antiken italischen und romanischen Gesetze

425 Siehe J. Mattei, *I paragrafi del codice civile austriaco*, Venedig 1852, II, S. 344-345 und L. Terzaghi, *Del sistema ipotecario e del tavolare in rapporto all'azione quasi serviana*, in *Eco dei Tribunali*, 909, Sezione Seconda, Giornale di Giurisprudenza Civile, Venedig 1858, S. 121 f.

426 P. Zajotti, *Semplice verità opposta alle menzogne di Enrico Misley nel suo libello l'Italie sous la domination autrichienne*, Paris 1834, S. 3 f.

des *ius commune* und des römischen Rechts und der neueren Einführung des Code Civil in Italien verursacht[427].

427 Über die Problematik der Mehrzahl von unterschiedlichen Rechtsordnungen in Nord-Italien siehe Max Gutzwiller: *Geschichte des internationalen Privatrechts. Von den Anfängen bis zu den großen Privatrechtskodifikationen*, Basel 1977, S. 56 f.

5. Die Anwendung des österreichischen ABGB in Nord-Italien

5.1 Erste Anwendung in der Lombardei und in Venetien. Ergebnisse und Reaktionen der Juristen.

In den ersten Jahren der Umsetzung des ABGB in Italien wurden zahlreiche Gerichtsurteile, Dekrete und Entscheidungen in Nord-Italien nach dem österreichischen Privatrecht erlassen.

Das österreichische Privatrecht wurde in der Tat gleich nach Einführung des ABGB von jedem Gericht angewendet[428]. Gleichzeitig entstanden viele Zeitschriften, die diese neuen Rechtlösungen und Anwendungen des österreichischen Privatrechts kommentieren und veröffentlichen. Bereits 1817 entstehen verschiedene Fachzeitschriften, um die Gesetze, die Entscheidungen, die Dekrete und die Gerichturteile zu kommentieren[429].

Im Bereich der Rechtswissenschaft erschienen in den norditalienischen Universitäten zahlreiche Lehrbücher, die das österreichische Privatrecht des ABGB erklären und mit dem vorhergehenden Recht dieser Regionen verglichen[430].

Die Fachliteratur, die Gerichtsverwaltung und die Welt der Universitäten passte sich der neuen Ordnung sehr schnell an, das Gegenteil war bei den Richtern und den Praktikern des Rechts, wie Notaren und Rechtsanwälten, der Fall[431].

Die Mehrheit der Richter hatte eine klassische Ausbildung genossen, die vom *ius commune* und dem römischen Recht der Glossatoren und Kommentatoren herstammte[432]. Es ist möglich, dass die Mehrheit der Richter in den ersten

428 Siehe A. Fedynsky, *Räumliche Geltung des ABGB im Wandel der Zeit*, (Dissertation) Universität Wien, Wien 1944, S. 33 f.

429 B. Eccher, *Das ABGB und die italienische Privatrechtswissenschaft*, in: G. Pallaver (Hg.), *Geschichte, Institutionen und Recht bei Karl Anton von Martini*. Trier 2002, S. 253-254.

430 Eine ausführliche Liste dieser allgemeinen italienischen Werke über das ABGB ist in A. Reale, *Istituzioni di diritto civile austriaco con le differenze tra questo e il diritto civile francese e coll'adattamento delle disposizioni posteriori alla promulgazione del codice civile generale austriaco pubblicate nel regno lombardo veneto*, Buch I, Pavia 1829, S. 71 f.

417 G. Carcano, *Sul diritto privato naturale di De Zeiller*, in *Giornale per le scienze politiche legali*, 1 (1850), S. 237 f; S. 445 f.

432 M. R. Di Simone, *Il codice civile generale austriaco nel dibattito per l'unificazione legislativa italiana*, in B. Mazohl, M. Meriggi (Hg.), *Österreichisches Italien-*

Jahren (1816-17) Schwierigkeiten mit der Anwendung des ABGB hatte, da sie vorher noch nie mit diesem Gesetzbuch konfrontiert waren. Als ausländisches Recht kannten sie fast nur das französische Recht und bestenfalls bestimmte österreichische Gesetze von der Zeit Maria Theresias. Große Unterschiede bestanden bereits zwischen der Lombardei und Venetien. Die lombardischen Richter konnten schon in der Vergangenheit, vor der napoleonischen Periode, Erfahrungen mit dem österreichischen Recht sammeln, die Venezianer waren jedoch noch nie mit diesem Rechtssystem konfrontiert. Die Mehrheit der venezianischen Richter (wenn nicht alle) entschieden bisher nach dem Recht des *ius commune* und der Republik von Venedig (die im Bereich des Privatrechts vorzugsweise dem *ius commune* oder dem römischen Recht folgte[433]).

Da unter den Richtern einerseits das österreichische Privatrecht nicht bekannt war, andererseits die wenigsten die deutsche Sprache kannten, wäre auch ein Vergleich mit anderen Gerichtsurteilen und Entscheidungen (beispielsweise aus Wien) sehr schwierig gewesen.

Ähnliche Betrachtungen gelten für die lombardischen Richter und Praktiker des Rechts. Sie waren zwar schon mit dem Kataster, dem Grundbuch, der österreichischen Verwaltung und mit den österreichischen Gesetzen der Zeit von Maria Theresia bekannt, wendeten jedoch im Bereich des Privatrechts vor allem das *ius commune* und die romanistische Tradition an[434].

Die neu eingeführte Privatrechtsordnung des ABGB von 1811 und die neue allgemeine österreichische Zivilgerichtsordnung von 1791 stellten demnach für Richter, Notare und Rechtsanwälte in Nord-Italien eine absolute Neuigkeit dar[435]. Sie hatten diese Ordnung vorher weder gekannt noch angewendet und konnten vor allem nicht mehr auf die lange Tradition der vielen Urteile und Entscheidungen der vorigen Zeit zählen. Auch die deutsche Sprache wurde von vielen dieser Richter, Rechtsanwälte und Notare nicht beherrscht.

Italienisches Österreich? Interkulturelle Gemeinsamkeiten und nationale Differenzen vom 18. Jahrhundert bis zum Ende des ersten Weltkrieges, Wien 1999, S. 399 f.

433 Die Verfassung von Venedig und das Verwaltungsrecht waren im Gegenteil eine eigene Schöpfung dieser Republik, wobei die Venezianer sicher von der ungeschriebenen römischen Verfassung und der byzantinischen Verwaltung stark beeinflusst wurden.

434 M. R. Di Simone, *Il codice civile generale austriaco nel dibattito per l'unificazione legislativa italiana*, in B. Mazohl, M.Meriggi (Hg.), *Österreichisches Italien-Italienisches Österreich? Interkulturelle Gemeinsamkeiten und nationale Differenzen vom 18. Jahrhundert bis zum Ende des ersten Weltkrieges*, Wien 1999, S. 402 f.

435 Wie bereits erwähnt, wurde das ABGB 1816 in Lombardo-Venetien in Kraft gesetzt. Die allgemeine Zivilgerichtsordnung von 1791 trat ebenfalls 1816 durch ein Dekret des Gouverneurs von Mailand, Saurau, in Lombardo-Venetien in Kraft: „*Avviso portante l'attivazione del regolamento giudiziario civile al 1. Gennaio 1816*“ in *Atti del Governo*, Parte II, Mailand 1815.

Diese Schwierigkeiten führten auch dazu, dass sich in der ersten Rechtsprechung des Königreichs Lombardo-Venetien eine einzigartige Methodologie der Beurteilung und der Rechtsbegründung von Entscheidungen nach dem neuen österreichischen Privatrecht des ABGB entwickelte[436].

In vielen Entscheidungen und Gerichtsurteilen dieser Zeit kann eine gewisse „Verwirrung" der Richter und der Juristen in Allgemeinen festgestellt werden, da Begründungen verwendet werden, die nicht auf dem österreichischen Privatrecht basieren, sondern auch auf dem *ius commune,* den Gebräuchen, oder manchmal sogar auf französischem Recht. Diese Rechtsentscheidungen zeigen oft einen Vergleich zwischen dem österreichischen Privatrecht und dem *ius commune* sowie dem französischen Recht, als ob die Richter ihre Begründung mit weiteren Nachweisen aus dem *ius commune* oder dem französischen Recht unterstreichen wollten, die sie besser kannten oder in manchen Fällen als angesehener betrachteten[437]. In einigen Fällen basieren die Begründungen auch auf dem römischen Recht und den alten römischen Rechtsquellen, um die Regeln des ABGB zu bestätigen und zu verstärken.

Die folgende Auswahl von Rechtsentscheidungen in Lombardo-Venetien zeigt diese rechtsvergleichende Methodologie der Begründungen.

Die Entscheidungen stammen von unterschiedlichen Zeitschriften für Juristen der Epoche (1817-1859), die mit den heutigen Fachzeitschriften durchaus vergleichbar sind.

In der Zeitschrift „*Giurisprudenza pratica secondo la legislazione austriaca*" (Giurisprudenza Pratica), Faszikel X, aus dem Jahr 1817[438] ist eine Reihe von Kommentaren zu Entscheidungen und Dekreten veröffentlicht, die die Schwierigkeiten der Richter und Juristen gut aufzeigen, Fälle, die noch aus der „französischen" Periode waren, nach der österreichischen Rechtsordnung zu beurteilen.

Ein interessantes Beispiel stellt der Fall „Giuseppe Puricelli Guerra gegen Giuseppe Rossi" dar. In diesem Fall kommen zwei wichtige Paragraphen des ABGB von 1811 zur Anwendung, §§ 431 und 441[439]. Puricelli klagte Rossi am

---

436 M. R. Di Simone, *Il codice civile generale austriaco nel dibattito per l'unificazione legislativa italiana*, in B. Mazohl, M. Meriggi (Hg.), *Österreichisches Italien-Italienisches Österreich? Interkulturelle Gemeinsamkeiten und nationale Differenzen vom 18 Jahrhundert bis zum Ende des ersten Weltkrieges,* Wien 1999, S. 309 f.

437 Dies kann in verschiedenen Gerichtsurteilen dieser Periode, die in den Fachzeitschriften veröffentlicht sind, ersehen werden.

438 *Giurisprudenza pratica secondo la legislazione austriaca*, Faszikel X, Mailand 1817, Teil I.

439 *Giurisprudenza pratica secondo la legislazione austriaca*, Faszikel X, Mailand 1817, Teil I, S. 134 f.

25. November 1816 vor dem im Jahr 1817 nicht mehr existierenden Gericht von Mailand, da Rossi das Haus von Puricelli auf Grund einer unbezahlten Schuld von Giussani, dem Vorbesitzer, pfänden lassen hatte. Giussani hatte das Haus Puricelli rechtmäßig verkauft, Puricelli war der neue Eigentümer und wusste nichts von den vorigen Schulden von Giussani. Puricelli verlangte also vor dem neuen österreichischen kaiserlichen Gericht von Mailand die Aufhebung der Pfändung seines Hauses. Rossi war der Ansicht, dass die Pfändung rechtmäßig war, da Puricelli den Erwerb nicht rechtmäßig im Grundbuch eingetragen hatte, wie das Dekret vom 16. März 1816 vorsah[440].

Puricelli behauptete dagegen, dass die Eintragung eben nach diesem Dekret vom 16. März 1816[441] nicht notwendig gewesen wäre, da das Dekret verordnete, dass die Vorschriften der vorhergehenden Rechtsordnung im Bereich des Besitzes und des Eigentumsübertragung noch in Geltung waren, solange das Grundbuch nicht eingeführt wurde[442].

In diesem Fall, als das Haus von Puricelli erworben wurde, war das Grundbuch in Mailand noch nicht eingeführt und daher war, nach dem Dekret, noch das französische Recht des Code Napoleon anzuwenden. Insbesondere, bei der Eigentumsübertragung nach einem Kaufvertrag, galt Artikel 1583, nach dem der Kaufvertrag zwischen den Parteien zum Zeitpunkt der Einigung zwischen Käufer und Verkäufer perfektioniert und abgeschlossen ist (Konsensualprinzip)[443]. Die Eigentumsübertragung erfolgt genau in diesem Zeitpunkt der gegenseitigen Einigung, die Eintragung in ein Register ist nicht notwendig um das Eigentum selbst zu übertragen[444]. Dieselbe Regel gilt auch für den Besitz. Nach Artikel 2228 des französischen Zivilgesetzbuches wird der Besitz direkt übertragen, ohne Registrierung[445].

Der Kläger Puricelli bringt auch verschiedene Gerichtsurteile und Entscheidungen der französischen Gerichtshöfe vor, die zeigen, dass die französische

440 *Giurisprudenza pratica secondo la legislazione austriaca*, Faszikel X, Mailand 1817, Teil I, S. 135

441 *Conservazione degli attuali uffici delle ipoteche e modo d'iscrizione degli atti*, 16. Marzo 1816, in *Raccolta degli atti del governo e delle disposizioni generali*, Vol. I, Mailand 1816, S. 220-222.

442 *Giurisprudenza pratica secondo la legislazione austriaca*, Faszikel X, Mailand 1817, Teil I, S. 136.

443 M. Ferid, *Das französische Zivilrecht*, Band 1, Frankfurt 1971, S. 257 und M. Ferid, H. J. Sonnenberger, *Das französische Zivilrecht*, Band 2, 1, Heidelberg 1986, S. 54 f.

444 M. Ferid, H. J. Sonnenberger, *Das französische Zivilrecht*, Band 2, 1, Heidelberg 1986, S. 62 f.

445 Siehe im Allgemeinen M. Ferid, *Das französische Zivilrecht*, Band 1, Frankfurt 1971, S. 904 f und M. Ferid, H. J. Sonnenberger, *Das französische Zivilrecht*, Band 2, 2, Heidelberg 1986, S. 527 f.

Jurisprudenz mehrfach bestätigt hat, dass keine Registrierung für die Übertragung des Eigentums und des Besitzes notwendig ist[446].

Nach dieser Argumentationslinie entscheidet sich der kaiserliche Gerichtshof von Mailand zu Gunsten des Klägers Puricelli und verurteilt Rossi zur Wiedereinsetzung in den vorigen Stand und zur Rückgabe des Hauses, sowie zusätzlich um den Ersatz des Schadens aufgrund der Pfändung[447].

Die Begründung des Gerichturteils basiert auf den Artikeln 6 und 7 des Dekrets vom 16. März 1816, die besagen, dass die Übertragung des Eigentums erst einzutragen ist, wenn die Register umgesetzt wurden, sonst ist der vorher gültigen Disziplin der Eigentumsübertragung zu folgen. Nach der Disziplin des aufgehobenen französischen Zivilgesetzbuches hatte Puricelli das Haus rechtmäßig erworben, die Pfändung zugunsten Rossi war somit rechtswidrig, da Rossi kein Rechtsverhältnis mit Puricelli, sondern mit Giussani hatte. Aus diesem Grund hatte Rossi Puricelli das Haus zurückzugeben und Schadenersatz für die Pfändung und für die Störung des Besitzes zu leisten.

Eine weitere in der Zeitschrift „Giurisprudenza pratica“ veröffentlichte Entscheidung ist eine Entscheidung des Gerichtshofes von Bergamo vom 20. September 1817. Kläger ist der Priester Giovan Battista Locatelli, Beklagte die Gräfin Anna Berlendis Contarini. Locatelli klagt die Gräfin Berlendis Contarini, da sie Sachen pfänden ließ, die in Wirklichkeit dem Priester Locatelli gehörten, der diese von den Gebrüdern Zanchi teils als Ausgleich für vorige Schulden erhielt und teils bezahlte[448]. Er hatte diese Sachen am 2. März erworben und am 10. April zu sich transportieren lassen, wie die Tafeln des Zensus[449] beweisen. Der Erwerb wurde am 21. August im Hypotheken-Register von Bergamo eingetragen.

Der Priester war bereits ab April 1816 im Besitz der Sachen und beklagt, dass die Gräfin sein Besitz gestört hätte, da sie die Güter[450] pfänden lies. Die beklagte Gräfin Berlendis Contarini behauptet im Gegenteil, dass sie Hypotheken-Gläubiger der Gebrüder Zanchi war und vom vorigen Gericht (vermutlich

446 *Giurisprudenza pratica secondo la legislazione austriaca*, Faszikel X , Mailand 1817, Teil I, S. 137.

447 *Giurisprudenza pratica secondo la legislazione austriaca*, Faszikel X , Mailand 1817, Teil I, S. 137-139.

448 *Giurisprudenza pratica secondo la legislazione austriaca*, Faszikel X, Mailand 1817, Teil I, S. 146 f.

449 Die Tafeln des Zensus sind der Milanesische Kataster (censimento Milanese), der älteste Kataster im Herrschaftsgebiet der Habsburger. Er wurde von Karl VI in der ersten Hälfte des 18. Jhd. eingeführt.

450 Die Art der Güter ist im Text nicht näher angegeben, es handelt sich vermutlich um Liegenschaften und ihr Zubehör.

dem französischen Gericht) einen Rechtsspruch hatte, um diese Sachen pfänden zu können. Sie zeigt, dass die Sachen der Gebrüder Zanchi eine Hypothek zu ihren Gunsten bereits seit dem 2. April 1816 hatten, wie es im Register der Hypotheken aufscheint[451]. Nach der Gräfin wäre der Kauf der Sachen durch den Priester am 2. März ungültig, da er die Eintragung des Kaufes ins Hypothekar-Register erst am 21. August durchführte, also fünf Monate nach der Eintragung der Hypothek zugunsten der Gräfin. Die Gräfin behauptet, dass die Sachen am 2. April noch in Besitz der Gebrüder Zanchi waren und dass der Priester diese Sachen, die in Wirklichkeit bereits gepfändet und am 2. April auch im Register eingetragen waren, rechtswidrig am 10. April nach Hause transportiert hatte[452].

Nach einer langen Präambel über die Notwendigkeit der Eintragung ins Register, um einen gültigen Kauf zu verwirklichen, die auf verschiedenen Paragraphen des ABGB basiert, behauptet die Gräfin, dass sie die wahre Eigentümerin dieser Sachen sei und der Kaufvertrag zwischen den Gebrüdern Zanchi und dem Priester ungültig sei, und außerdem von Locatelli nicht rechtzeitig eingetragen wurde.

Locatelli, inzwischen verstorben, wird im Verfahren von den Erben vertreten. Diese sind der Ansicht, dass der Kauf gültig war, da noch nach dem französischen Recht abgeschlossen. Zum fraglichen Zeitpunkt galt in Bergamo noch der Code Napoleon, und aufgrund des Dekrets vom 16. März 1816, galten in Lombardo-Venetien noch die Regeln des vorigen Gesetzbuches bis zur Einführung des Grundbuches. In diesem Fall, nach französischem Recht, war der Kaufvertrag zwischen den Gebrüdern Zanchi und dem Priester Locatelli gültig, und Locatelli wurde mit 2. März zum Eigentümer der Sachen[453].

Der kaiserliche Gerichtshof bestätigt mit dem Urteil vom 20. September 1817 die Ansicht des Klägers (dem verstorbenen Priester Locatelli, von den Erben vertreten), und entscheidet, dass der Kaufvertrag noch während der Geltung des vorigen französischen Gesetzbuches abgeschlossen wurde, und, nach dem Dekret vom 16. März 1816, die Sachen demnach schon ab 2. März im Eigentum des Priester waren, da er die Gegenstände des Vertrages rechtmäßig von den Gebrüdern Zanchi erworben hatte. Der Gräfin blieb nur ein Forderungsrecht ge-

---

451 *Giurisprudenza pratica secondo la legislazione austriaca*, Faszikel X, Mailand 1817, Teil I, S. 147.

452 *Giurisprudenza pratica secondo la legislazione austriaca*, Faszikel X, Mailand 1817, Teil I, S. 147-148.

453 *Giurisprudenza pratica secondo la legislazione austriaca*, Faszikel X, Mailand 1817, Teil I, S. 148.

gen die Gebrüder Zanchi, die sie klagen müsste, um Schadenersatz zu verlangen[454].

Wieder wurde französisches Recht in einem „kaiserlichen" österreichischen Gerichtshof im Bereich der Eigentumsübertragung angewendet. Die Eigentumsübertragung ist nicht der einzige Sachverhalt, in dem noch 1817 französisches Recht angewendet wurde. Ein Beispiel ist ein Urteil vom 23. Juni 1817, veröffentlicht in „Giurisprudenza Pratica"[455], zum Fall eines nichtigen Testaments. Der verstorbene Andrea Maraglio hatte ein nach französischem Recht ungültiges Testament mit fideikommissarischer Substitution errichtet. Der Verstorbene hatte den Fruchtgenuss und das Eigentum seiner Sachen der Schwester Lucia Maraglio überlassen und in seinem Testament weiters vorgesehen, dass nach dem Tod von Lucia ihr Bruder Giuseppe die Nacherbschaft antritt. Wie jedoch die Kläger Gebrüder Soardi zeigen, ist diese Substitution in einem Testament nach französischem Recht ungültig, und, da das Testament 1815 verfasst wurde, wäre dieses somit nichtig. Vor dem österreichischen Gericht von Brescia wurden das Testament und die Klausel der Nacherbschaft für nichtig erklärt, da sie gegen das vorher geltende französische Recht verstoßen hatten. Da jedoch die Schwester Lucia rechtmäßige Erbin von Andrea war, wurden die Forderungen der Kläger abgelehnt. Das Urteil wurde mit einer sehr präzisen Argumentation begründet, nicht nur unter Zuhilfenahme des französischen Rechts, sondern auch durch Auslegung verschiedener Regeln des *ius commune.* In der Begründung sind auch typische lateinische Ausdrücke und Rechtsgrundlagen des *ius commune* zu finden. Im Fall eines Testaments, also im Bereich des Erbrechts, hatten die neuen „österreichisch-italienischen" Richter französisches Recht und die Grundlagen des *ius commune* angewendet[456].

Fast alle klassischen Bereiche der Rechtsordnung waren von dieser doppelten „Zuständigkeit" des österreichischen und des französischen Rechts während der ersten Jahre des Königreichs Lombardo-Venetien betroffen.

Viele Fälle der Jahre zwischen 1814 und 1816 entstanden noch während der Geltung des „Codice Italico"[457] (einer Kopie des Code Napoleon), und, wenn

454 Siehe die Begründung des Gerichtsurteils in *Giurisprudenza pratica secondo la legislazione austriaca*, Faszikel X, Mailand 1817, Parte I, S. 151 ff.

455 *Giurisprudenza pratica secondo la legislazione austriaca*, Faszikel X, Mailand 1817, Teil I, S. 166 f.

456 Siehe das Gerichtsurteil und die Begründung in *Giurisprudenza pratica secondo la legislazione austriaca*, Faszikel X, Mailand 1817, Teil I, S. 170-175.

457 Über den *codice italico* und die Meinung der Juristen zu diesem Gesetzbuch siehe zB G. M. Negri, *Dei difetti del codice civile italiano che porta il titolo di codice Napoleone e dei pregi del codice civile austriaco*, Vicenza 1815, S. 8 f.; oder auch O. Regnoli, *Sulla*

auch die Österreicher anstelle der Franzosen die Region beherrschten, waren Rechtsverhältnisse im Bereich der Eigentumsübertragung vor dem neuen kaiserlichen Gerichtshof nach dem vorher geltenden Recht (dem französischen) zu lösen. Aber auch das *ius commune* verschwand nicht gänzlich aus den Urteilen, da die Richter ihre Begründungen oft auf dem *ius commune* basierten. Viele Regeln und typischen lateinischen Ausdrücke des *ius commune* wurden noch von den Richter (aber auch von vielen Juristen), wie wir in den bereits erwähnten Urteilen gesehen haben, verwendet[458].

Die Jurisprudenz der Richter in Lombardo-Venetien passt sich jedoch sehr schnell der neuen Rechtsordnung an. Bereits ein Kommentar aus „Giurisprudenza Pratica" von 1820 zu einem Urteil im Bereich der Mitgift zeigt die schnelle Entwicklung der Jurisprudenz in Richtung des österreichischen ABGB, und ein Verschwinden des französischen Rechts, nicht jedoch des römischen Rechts und des *ius commune,* die in den Begründungen des Urteils bleiben[459].

Der folgende Fall zeigt die Urteile und die Begründungen von drei verschiedenen Instanzen: die erste Instanz des Bezirksgerichts von Lonato, die zweite Instanz des Appellgerichtshofes und die dritte Instanz des Senats des Königreichs Lombardo-Venetien.

Caterina Albasini, Frau von Antonio Castellini, hatte von ihrem Mann einen Teil eines Hauses mit Garten als Rückerstattung ihrer Mitgift erhalten. Der Anteil entsprach nach einer Expertise dem Wert ihres Forderungsrechts über ihre Mitgift. Caterina Albasini hatte nach dem österreichischen Gesetz die Eigentumsübertragung im Grundbuch registriert. Frau Albasini hatte nach § 1245 des ABGB[460] Recht auf diese Rückerstattung, auch wenn sie noch nicht von ihrem Mann getrennt war. Diese Rückerstattung versicherte der Frau den Wert ihrer Mitgift, und verhinderte, dass ihr Mann den Wert in Geschäften verlieren konnte. Francesco, der Bruder von Castellini, behauptet im Gegenteil, dass sein Bruder Antonio ihm gegenüber hohe Schulden hatte, und er einen Teil des Hauses

---

formazione di un nuovo codice civile italiano e sulla convenienza di alcune leggi transitorie, Genua 1859, S. 6 f.

458 Über diesen Zusammenhang zwischen österreichischem Recht, römischem Recht und ius commune, und zu diesem fortwährenden Rechtsvergleich, siehe im Allgemeinen die Werke von G. A. Castelli, *Il codice civile generale austriaco confrontato con le leggi romane e col giá codice civile d'Italia*, 6 Bände, Mailand 1831-32; oder J. Mattei, *I paragrafi del codice civile austriaco avvicinati alle leggi romane, francesi e sarde*, 5 Bände, Venedig 1852-1856.

459 *Giurisprudenza pratica secondo la legislazione austriaca*, Faszikel XIX, Mailand 1820, Teil I, S. 92 ff.

460 Zur alten Fassung des ABGB und der italienischen Übersetzung siehe G. Basevi, *Annotazioni pratiche al codice civile austriaco*, Mailand 1959

der Frau mit einem Scheingeschäft verkauft habe, damit dieser nicht gepfändet werden konnte. Francesco Castellini erreicht vor dem Gericht von Lonato, das Haus pfänden zu können[461].

Daher klagt Caterina Albasini Francesco Castellini um ihr Forderungsrecht über ihre Mitgift und um ihr neues Eigentum zu verteidigen. In der ersten Instanz hatte der Gerichtshof von Lonato die Pfändung der Güter von Antonio Castellini bestätigt, auch für den Anteil der Frau. Albasini berief also gegen dieses Urteil, und stand einige Monate später vor dem Appellgerichtshof. Bei der Berufung erreichte Albasini eine Abänderung des Urteils der ersten Instanz, der Gerichtshof hatte sie als wahre Eigentümerin des Hauses anerkannt, um die Garantie über ihr Forderungsrecht über ihre Mitgift zu wahren. Der Appell-Gerichtshof erklärte auch die Pfändung der Güter von Antonio Castellini für ungültig[462].

Das Verfahren endet nicht hier sondern geht in die dritte Instanz. Diesmal findet das Verfahren vor dem Senat des Königreichs Lombardo-Venetien statt. Der Senat ändert noch einmal das Urteil. Die Pfändung bleibt gültig, Albesini behält jedoch ihr Forderungsrecht auf den Teil des Hauses, aufgrund der Garantie auf die Mitgift[463].

In den drei Entscheidungen wurden verschiedene Begründungen und Rechtsargumente verwendet. In Wirklichkeit basierte nur die Entscheidung des Appellgerichtshofes auf dem österreichischen Recht des ABGB, insbesondere auf der Auslegung des § 1245. Die anderen beiden Entscheidungen enthalten auch römisches Recht und Argumentationen des *ius commune.* Auch die Begründungen der Parteien enthalten dieselben Grundlagen des römischen Rechts und des *ius commune*[464].

Auch im Jahr 1820 war die Vermischung zwischen dem österreichischen Privatrecht, dem *ius commune* und dem römischen Recht noch aufrecht. Das nicht mehr verwendete französische Recht verschwindet jedoch immer mehr.

Nach 1820 ändert sich die Rechtslage. Die Rechtsprechung und die Rechtswissenschaft in Lombardo-Venetien entwickeln sich deutlich in den der Einführung des ABGB in Italien folgenden dreißig Jahren, auch Fachzeitschriften und Kommentare werden immer umfangreicher und technischer. Der Unterschied

---

461 *Giurisprudenza pratica secondo la legislazione austriaca*, Faszikel XIX, Mailand 1820, Teil I, S. 96 f.

462 *Giurisprudenza pratica secondo la legislazione austriaca*, Faszikel XIX, Mailand 1820, Teil I, S. 100-106.

463 *Giurisprudenza pratica secondo la legislazione austriaca*, Faszikel XIX, Mailand 1820, Teil I, S. 107 f.

464 Siehe dazu die drei Begründungen der Gerichtsurteile in *Giurisprudenza pratica secondo la legislazione austriaca*, Faszikel XIX , Mailand 1820, Teil I, S. 97 f.

zum Zeitraum zwischen 1816-20 ist sehr groß und man kann beobachten, wie sehr sich die Jurisprudenz, die Rechtswissenschaft und die Rechtspraxis verändern und verbessern.

Als Beispiel sei Nummer 69 des „Eco dei Tribunali“ aus Venedig aus dem Jahre 1852 angeführt. Die Fachzeitschrift hat sich im Vergleich zu den vorigen Exemplaren von 1817-20 stark verändert, und teilt sich in verschiedene Bereiche („Parti“): einen theoretischer Teil mit wichtigen Problemen zur Jurisprudenz, einen praktischer Teil mit den wichtigsten Entscheidungen und einen „ausländischen“ Teil mit den letzten und wichtigsten ausländischen Gesetzgebungen und Gesetzen[465].

Der theoretische Teil („Parte teorica“) der Ausgabe von 1852 fokussiert sich auf eine Diskussion über § 700 des ABGB. Ein Artikel des Rechtsanwalts Emilio Valle handelt von der juristischen Auslegung dieses Artikels und von einer speziellen gesetzlichen Auslegung, die als „Sovrana declaratoria“ vom 4. Mai 1844 bezeichnet wird, und in Lombardo-Venetien 28 Jahre nach der Einführung des ABGB in Italien erstellt wurde. Diese gesetzliche Auslegung bestimmt mit Präzision den Anwendungsbereich von § 700 des ABGB über das Eheverbot von Begünstigten einer Schenkung oder eines Testaments. Nach dem Gesetz sind bestimmte Klauseln in Schenkungen oder in Testamenten nichtig, wenn sie dem Begünstigten die Ehe verbieten um die geerbten Vorteile behalten zu können. Die gesetzliche Auslegung bestimmt dazu, dass diese Klauseln im Gegenteil dann gelten, wenn sie als Gegenstand eine Rente für die Witwe haben, die nur für die Zeit der Witwenschaft andauern soll. In diesem Fall ist es rechtlich möglich, eine Grenze zu setzen, die mit einer neuen Ehe endet[466].

Emilio Valle kommentiert sehr technisch und rhetorisch gekonnt das Gesetz und die gesetzliche Interpretation. In seinem Kommentar zitiert der Rechtsanwalt nicht nur die österreichischen neuen Kommentare des ABGB, sondern nimmt auch stark auf römisches Recht (wie zum Beispiel Cicero und Justinian) Bezug, und stellt einen präzisen Vergleich mit dem (für diese Zeit) modernen französischen Recht auf. Auch werden bestimmte Regeln des *ius commune* zitiert. Noch ein Kommentar also, der sich auf die römischen Wurzeln beruft. Auch hier zeigt sich noch die Faszination und das Interesse der italienischen Juristen gegenüber dem französischen Recht, das noch im Jahr 1852 in einem Vergleich als Beispiel verwendet wird[467].

---

465 *Eco dei Tribunali*, 69, Sezione Seconda. Giornale di Giurisprudenza Civile, Venedig 1852, S. 129 f. und S. 135 f. für den ausländischen Teil (legislazione straniera).

466 *Eco dei Tribunali*, 69, Sezione Seconda. Giornale di Giurisprudenza Civile, Venedig 1852, S. 130 f.

467 *Eco dei Tribunali*, 69, Sezione Seconda. Giornale di Giurisprudenza Civile, Venedig 1852, S. 130-133

Dieses italienische Interesse für die französische Gesetzgebung spiegelt sich auch im Bereich des ausländischen Teils[468] dieser Zeitschrift, der einen Bericht über zwei Dekrete der französischen Republik von 28. März 1852 enthält. Die zwei Dekrete handeln von der Gesellschaft für Grundkredit, die in Nord-Italien großes Interesse erweckte.

Auch in Nummer 70 der Zeitschrift „Eco dei Tribunali" (1852) wird der Kommentar des Paragraphen 700 des ABGB und der kaiserlichen Auslegung vom 4. Mai 1844 fortgesetzt. Hier kommentiert Rechtsanwalt Valle noch einmal das österreichische Privatrecht mit Hilfe des römischen Rechts, des *ius commune* und des französischen Rechts. Wieder werden zahlreiche Zitate römischer Juristen aufgeführt, und die französische Gesetzgebung als Vergleich und Grundlage des Kommentars verwendet[469].

Valle zitiert auch einige Werke der österreichischen Rechtsliteratur, wie zum Beispiel *Adam und Christus zur Theorie der Ehe*[470] von J. H. Pabst, aber am meisten römische Juristen, wie zum Beispiel Quintus Mucius, und französische Jurisprudenz. Gleichzeitig verwendet er als Grundlage auch die österreichisch-italienische Jurisprudenz der Gerichtshöfe Lombardo-Venetiens, wie zwei Entscheidungen des „Tribunale di Bergamo" von 1834, die einen Fall im Bereich der Anwendung des § 700 ABGB betreffen, die er als sehr gute Entscheidungen lobt[471]. Dieses Mal enthält der Kommentar von Valle im Gegenteil keine Zitate zur österreichischen Jurisprudenz von Wien.

In der Ausgabe 70 des „Eco dei Tribunali" findet sich auch ein interessanter praktischer Teil („parte pratica-casi pratici"), der einen Fall zur Bevollmächtigung und Vertretung einer Handelsgesellschaft im Fall einer verpflichtenden Zusage aufzeigt. In diesem Fall und in der zugehörigen Entscheidung vom 10. Juni 1850, Nummer 12421 des Merkantil-Gerichtshofes von Wien, finden wir rein österreichische Jurisprudenz, die kommentiert und mit anderen Entscheidungen der österreichischen Gerichtshofe verglichen wird[472]. Die österreichische

468 Es ist doch bemerkenswert, dass eine italienische Zeitschrift aus Lombardo-Venetien, mit österreichischer Jurisprudenz, noch im Jahre 1952 einen Teil zur französischen Gesetzgebung veröffentlicht. Es scheint, dass die Nord-Italiener auch während der österreichischen Zeit ein großes Interesse für die französische Rechtsordnung beibehielten, die oft für Vergleiche herangezogen wurde.

469 E. Valle in *Eco dei Tribunali*, 70, Sezione Seconda. Giornale di giurisprudenza civile, Venedig 1852, S. 138 f.

470 *Eco dei Tribunali*, 70, Sezione Seconda. Giornale di giurisprudenza civile, Venedig 1852, S. 138.

471 E. Valle in *Eco dei Tribunali*, 70, Sezione Seconda. Giornale di giurisprudenza civile, Venedig 1852, S. 139.

472 Berichtet wird z.B. die Entscheidung 13. März 1851 N. 1099 des Ober-Gerichtshofes Niederösterreichs und von die Entscheidung OGH Wien vom 14 August 1851 N. 6825,

Jurisprudenz wird vom Jurist Valle perfekt beherrscht. Es scheint auch, dass diese Entscheidungen, die ursprünglich auf Deutsch verfasst waren, möglicherweise auf Italienisch übersetzt wurden, oder auch die lombardo-venetianischen Juristen tatsächlich beide Sprachen so gut beherrschten, dass sie beide Rechtssprachen anwenden konnten.

Im letzten Teil der Zeitschrift, die die neuesten Erscheinungen im Bereich der Rechtsliteratur beinhaltet, findet sich eine interessante Rezension zum Buch des Rechtsanwaltes Jacopo Mattei *„I paragrafi del codice civile austriaco avvicinati alle leggi romane, francesi e sarde, chiarite e supplite dalle opionioni de' più celebri scrittori di diritto, specialmente dal Voet, Domat, Pothier, Fabro, Richeri, Merlin, Toullier, Duranton, Troplong, Dalvincourt; dalle decisioni dei tribunali francesi e austriaci e dalle patenti, sovrane risoluzioni , ecc.*". Der Jurist hatte fünf Bände eines Buches zu diesem Titel geschrieben[473]. Bereits aus dem Titel selbst können wir sehen, dass es in Nord-Italien im Jahr 1852 immer noch üblich war, römisches und französisches Recht zu vergleichen. Das Buch vergleicht das österreichische Privatrecht mit den römischen, französischen und piemontesischen („*Codice civile piemontese-sardo*" von Carlo Alberto, 1837) Privatrechtsregeln, wie auch mit der wissenschaftlichen Literatur und Gerichtsurteilen. Das Buch enthält auch Kommentare zum österreichischen Recht, die auf den Gedanken und Theorien von Domat und Pothier basieren[474]. Oft sind auch österreichisch-italienische Gerichtsurteile zu finden, die mit der französischen Jurisprudenz verglichen werden[475]. Ein bedeutsamer Paragraph (40) des Buches sagt: „*Come il legislatore austriaco, così anche il Sardo ha stabilito che le sentenze dei magistrati non avranno mai forza di legge; infatti i giudici sono chiamati ad applicare, non a fare le leggi; e se un legislatore, dice Zeiller convertisse in legge le particolari decisioni die tribunali, correrebbe un evidente pericolo di sanzionare degli errori e delle ingiustizie*"[476]. Hier behauptet Mattei, dass der österreichische Gesetzgeber und der piemontesische Gesetzgeber (hier

die beide dieses Problem betreffen. Siehe *Eco dei Tribunali*, 70, Sezione Seconda. Giornale di giurisprudenza civile, Venedig 1852, S. 141.

473 Siehe im Allgemeinen M. R. Di Simone, *Das ABGB in Italien*, in E. Berger (Hg.), *Österreichisches Allgemeines Bürgerliches Gesetzbuch. Eine europäische Privatrechtskodifikation*, III. Berlin 2010, S. 305. Siehe auch J. Mattei selbst: *I paragrafi del codice civile austriaco avvicinati alle leggi romane, francesi e sarde,* 5 Bände, Venedig 1852-1856.

474 *Eco dei Tribunali*, 70, Sezione Seconda. Giornale di giurisprudenza civile, Venedig 1852, S. 142-143.

475 *Eco dei Tribunali*, 70, Sezione Seconda. Giornale di giurisprudenza civile, Venedig 1852, S. 143-144.

476 *Eco dei Tribunali*, 70, Sezione Seconda. Giornale di giurisprudenza civile, Venedig 1852, S. 144.

bezeichnet als Sardo, da das Gesetzbuch „Codice Sardo“ genannt wird) eine Gesetzeskraft von gerichtlichen Urteilen abgelehnt hätte, und zitiert auch die Meinung von Zeiller. In Lombardo-Venetien war ein ständiger Rechtsvergleich zwischen dem österreichischen, französischen und italienischen Recht noch normal und üblich. Römische Begriffe des Rechts, die als Grundlage jeder Rechtsordnung selbst dienten, wurden zur Untermauerung der (in dieser Zeit) modernen Lösungen des Privatrechts herangezogen. Diese Vermischung und der ständige Vergleich zwischen den verschiedenen Rechtsordnungen blieb in Lombardo-Venetien einen konstante Tatsache. Diese „rechtsvergleichende Tendenz“ der nord-italienischen Juristen kann bis zum Ende des Königreichs Lombardo-Venetien festgestellt werden.

Einen weiteren Fall finden wir in der juristischen Zeitschrift *„Giornale di Giurisprudenza pratica“* aus Venedig von 1857[477]. Die lombardo-venetianische Zeitschrift kommentiert verschiedene praktische Entscheidungen der österreichisch-italienischen Gerichtshöfe der Lombardei. Ein Beispiel ist ein Kommentar über eine Entscheidung im Bereich eines Werkvertrags (hier wird noch die römische Bezeichnung benutzt, die auf Italienisch mit *locazione-conduzione d'opera* übersetzt wird), die den § 934 des ABGB betrifft[478]. Der Handwerker Colla hätte im Jahr 1844 einen Überbau über das Gebäude von Lenzi bauen sollen. Zu Beginn hatten sich beide auf ein Stockwerk geeinigt, wofür Colla 1200 „Lire venete“ erhalten sollte. Später entschied jedoch Lenzi, dass er doch zwei Stockwerke wollte – es wurde jedoch kein Betrag für diese Arbeit vereinbart. Colla führte die Änderungen und die gesamte Arbeit in gutem Glauben aus, die Durchführungsarbeiten dauerten mehr als ein Jahr an. Am Ende der Arbeit erhielt Colla von Lenzi die 1200 „Lire Venete“, die für den ersten Überbau vereinbart wurden, und zusätzlich verschiedene kleinere Zahlungen für andere Wartungsarbeiten, die er im Gebäude von Lenzi während seiner Tätigkeit durchgeführt hatte.

Er erhielt jedoch nichts für das zweite Stockwerk, da Lenzi behauptete, dass kein Preis vereinbart wurde. Colla hingegen verlangte 3000 Lire Venete für den zweiten Überbau. Colla verstarb in der Zwischenzeit und sein Enkel G. Batta erbte die Ansprüche. Batta ging vor den Gerichtshof in Venetien (die Stadt wird im Text nicht erwähnt) als er volljährig wurde und klagte Lenzi auf die 3000 „Lire Venete“, die dem Vater nicht bezahlt wurden. Am Ende des Verfahrens verurteilte der lombardische Gerichtshof Lenzi am 8. Mai 1855 zur Bezahlung der 3000 „Lire Venete“ und der Kosten des Verfahrens selbst[479].

---

477 *Giornale di giurisprudenza pratica* 11, Parte civile, Venedig 1857, S. 201 f.

478 *Giornale di giurisprudenza pratica* 11, Parte civile, Venedig 1857, S. 208 f.

479 *Giornale di giurisprudenza pratica* 11, Parte civile, Venedig 1857, S. 209-211.

Das Urteil des Gerichtshof wird auf Basis des § 935 des ABGB begründet und insbesondere behauptet, dass die Bezahlung von 1200 „Lire Venete“ eine „laesio enormis“ nach dem zweiten Komma des Paragraphen darstellt, wie gerichtliche Expertisen zeigten, die 5155 „Lire venete“ für die Arbeit des Colla berechneten. Colla hatte also von Lenzi einen deutlich geringeren Betrag erhalten, wodurch § 935 des ABGB zur Anwendung kam. Das Urteil des Gerichtshofes wurde auch von der „Corte di Appello Veneta“ in zweiter Instanz bestätigt[480].

In beiden Urteilen, die aus dem Jahr 1855 sind, basieren die sehr klaren Begründungen auf dem ABGB und der österreichischen Judikatur, und nicht mehr auf römischem oder französischem Recht. Diese zwei Urteile enthalten also rein „österreichisches Recht“ und keinen Rechtsvergleich mehr[481].

Diese Art der venezianischen Rechtsprechung unterscheidet sich deutlich von der lombardischen, obwohl diese Region in den nächsten vier Jahren zum Königreich Italiens gehören wird. Die venezianische und die lombardische Jurisprudenz waren nach den politischen Ereignissen von 1848 sehr unterschiedlich. Die erste war pro-habsburgisch geblieben, die zweite orientierte sich mehr nach Frankreich und Italien (und den Traditionen im Bereich des römischen Rechts und des *ius commune)*[482]. Diese Tendenz in Venetien und Friaul, zeigt auch, dass viele Rechtspraktiker (Anwälte, Notare, Juristen) in diesen zwei Regionen die Seite des österreichischen Rechts und dessen Lösungen auch nach der Wiedervereinigung vertraten. Pisanelli erhielt viele Briefe von Notaren und Rechtsanwälte aus Venetien und Friaul, die bestimmte Rechtslösungen (vor allem das Grundbuch) des österreichischen Rechts dem neuen italienischen Zivilgesetzbuch hinzufügen wollten. In Görz und Triest blieb zum Beispiel das ABGB noch bis 1928 bzw. 1929 Kraft[483].

Auch in anderen Ausgaben des *„Giornale di giurisprudenza pratica“* aus Venedig finden wir weitere Fälle und Urteile, die nach dem österreichischen

---

480 *Giornale di giurisprudenza pratica* 11, Parte civile, Venedig 1857, S. 212.

481 Siehe die Begründungen der Urteile in *Giornale di giurisprudenza pratica*, 11, parte civile, Venedig 1857, S. 212-214.

482 Zum Beispiel in M. R. Di Simone, *Il diritto austriaco e la società veneta*, in "*Venezia e l'Austria*" (Fondazione Giorgio Cini), Venedig 1999, S. 134 f.

483 Viele Nachweise dieses Wiederstands sind in G. Pontiggia, G. Rumi, *Il tramonto di un regno. Il Lombardo-Veneto dalla restaurazione al risorgimento (1814-1859)*, Mailand 1988, S. 89 f. Siehe ebenfalls A. Aquarone, *L'unificazione legislativa e i codici del 1865*, Mailand 1960, S. 34 f.; und auch den Artikel von G. Carcano, *Il codice civile austriaco e i suoi caratteri. Studi per la compilazione del codice Patrio*, in *Monitore dei Tribunali*, 1, Venedig 1860, S. 9 f., S. 17 f., S. 25 f., S. 33 f., S. 41 f., S. 57 f.; S. 73 f.; S. 113 f.

Privatrecht gelöst werden. Die Begründungen der Urteile basieren auf österreichischem Gesetz und den österreichischen Kommentaren und Literatur[484]. In der 12. Aufgabe dieser Zeitschrift, in einem Fall, der eine Forderungszession darstellt, wird sogar eine Verordnung des Zivilverfahrens für Ungarn und Transsilvanien zitiert[485]. Das zeigt noch einmal, dass die Venezianer das österreichische Recht und das Recht des Kaiserreichs im Allgemeinen sehr gut kannten, und wahrscheinlich auch italienische Übersetzungen der kaiserlichen Verordnungen und Gesetze hatten.

Diese kurze Darstellung verschiedener juristischer Zeitschriften zeigt deutlich Eigenschaften der italienischen Privatrechtswissenschaft in Lombardo-Venetien auf, die für das hier dargestellte Thema bedeutend sind. Erstens ist der starke Einfluss des römischen Rechts auf die Jurisprudenz, schon seit dem Beginn der Anwendung des ABGB, erkennbar, und auch der Vergleich des modernen Privatrechts mit dem römischen Recht oder dem *ius commune*. Dieser Vergleich wurde oft herangezogen, um Gerichtsurteile zu begründen oder die Lösungen des österreichischen Privatrechts zu verstärken und zu unterstützen. Zweitens ist gut ersichtlich, dass die Italiener das französisches Recht gut kannten, und auch die Bedeutung, die diese Rechtsordnung für sie hatte. Viele Vergleiche zwischen dem österreichischen und dem französischen Recht und auch viele Hinweise auf die französische Rechtsordnung sind in den Gerichtsurteilen, in der Lehre und in den rechtswissenschaftlichen Publikationen der Italiener auffindbar. Diese Rechtsordnung blieb für die Italiener immer faszinierend und interessant, wenn auch manchmal Kritiken ausgesetzt.

Eine wichtige Überlegung ist die Tatsache, dass die Nord-Italiener, vor allem in den nächsten Jahren der Anwendung des ABGB in Lombardo-Venetien (von 1848 bis 1859) sehr gute Kenntnisse der österreichischen Rechtsordnung im Allgemeinen und der Gesetze und der Judikatur des ganzen Kaiserreichs erwarben. Es scheint, dass sie nicht nur das Privatrecht (und die Jurisprudenz des Kaiserreiches) kannten, sondern auch die kaiserlichen Dekrete und Gesetze, die in anderen Teilen des Kaiserreiches in Kraft traten – wozu auch eine gute Beherrschung der deutschen Sprache notwendig war. Es scheint auch, dass die Juristen, vor allem in Venetien, diese Rechtsordnung hoch schätzten, auch während dieser schwierigen politischen Zeit, und gegenüber der piemontesisch-französischen neuen Ordnung des vereinigten Italiens, die Lösungen des österreichischen Rechts bevorzugten.

---

484 Zum Beispiel in *Giornale di giurisprudenza pratica*, 11, parte civile, Venedig 1857, S. 218 f.; oder *Giornale di giurisprudenza pratica* 12, parte civile, Venedig 1857, S. 223 f.

485 *Giornale di giurisprudenza pratica*, 12, parte civile, Venedig 1857, S. 226 f.

5.2 Die Überlegungen von Sardagna über die Einführung des ABGB in Lombardo-Venetien

In diesem Unterkapitel wird der originale Text von Giovanni Sardagna „*Pro Memoria über die Einführung des österreichischen Civil- und Criminalgesetzbuches in Italien*“[486] vorgestellt. Dieser Text wurde vermutlich zwischen 1816 und 1817 vom Herzog Giovanni Sardagna verfasst, und enthält wichtige Hinweise und Informationen über die Umsetzung der österreichischen Rechtsordnung in Lombardo-Venetien. Der Text ist ein „unicum“ und die originale Version befindet sich im Haus-, Hof- und Staatsarchiv von Wien. Der Text wird hier erstmals und im Ganzen veröffentlicht. Informationen über die Person von Giovanni Sardagna und über sein Leben sind wenige überliefert, es ist jedoch sehr wahrscheinlich, dass er ein Adeliger aus Südtirol war und für lange Zeit als Informant (oder Spion) Metternichs agierte[487]. Sardagna war auch Mitglied des lombardo-venetianischen Senats und eine wichtige Persönlichkeit im Königreich Lombardo-Venetien[488]. Seine Überlegungen über die Einführung des ABGB und des Kriminalgesetzbuches in Italien sind relevant, da sie einen direkten Nachweis dieser Umsetzung darstellen. Dieses „Pro-Memoria“ von Sardagna enthält seine persönlichen Überlegungen und Betrachtungen über diese Umsetzung und richtet sich an die Regierung in Wien. Er skizziert in wenigen Worten die unterschiedlichsten Probleme und Fälle, die die österreichische Rechtsordnung, aufgrund der unveränderten und unangepassten direkten Umsetzung in Italien, vorfand und verursacht hat. Hier seine Überlegungen im Detail:

„Die Einführung eines neuen Gesetzbuches und die Organisierung der Justizpflege in einem Lande, wo ansehnliche und wohlorganisierte Gerichtshöfe die Gerechtigkeit verwalteten, und in welchem eine bedeutende Anzahl ausgezeichneter Justizmänner das öffentliche Vertrauen besitzen, ist im materiellen so leicht, da? darüber jedes Wort unüberflüßig scheint.

Mit einigen wenigen Verordnungen, einer Instrukzion, der Versetzung, Übersetzung und Entlassung einiger Beamten ist die Sache abgethan, zumahl wenn man, wie in den italienischen Provinzen S^er^. Majestät der Fall ist, hinläng-

486 Das *„Pro Memoria über die Einführung des österreichischen Zivil- und Criminal Gesetzbuches in Italien*“ befindet sich im Haus-, Hof- und Staatsarchiv, Staatskanzlei Provinzen Lombardo-Venezien, Karton 33, S. 801 f.

487 Siehe C. Von Würzbach, *Biographisches Lexikon*, XXVIII, Wien 1874, S. 244-45

488 Siehe A.G. Haas, *Metternich, reorganization and nationality 1813-1818: A History of foresight and frustration in the rebuilding of the Austrian empire*, Wiesbaden 1963, S. 190.

liche Macht hat um jeden aus der öffentlichen Meinung entstehenden Widerstand beseitigen zu können.

Der Zeitgeist scheint zwar eine stäte Berücksichtigung dieser Meinung zu erheischen. Wenn aber höhere Staatsrücksichten eintreten und der Völker wahres Beste, vom Throne aus erkannt, mit ephemeren, auf Eitelkeit und Nebenrücksichten begründeten Aufwallungen der Menge in Collision geräth, so gilt hier Nachgiebigkeit von Seite der Staatsverwaltung für Schwäche, und die beglückten Nazionen verdanken in der Folge segnend die momentanen Härte, aus welcher ihnen, oder wenigstens ihren Nachkommen dauerhaftes Gute zuging.

Ganz anders verhält es sich aber wenn ein ganzes Volk mit dem Gebildeten an seiner Spitze die An- oder vielmehr die Einpassung fremder Institutionen aus Gründen perhorescirt, oder wenn sonst die öffentliche Meinung aller Klassen sich auf eine rationelle Weise gegen Verfügungen erklärt, und denselben, wenn auch keine thätige, doch eine Mental-Opposition entgegensetzt, die bleibend ist, und in bedenklichen Zeitläufen sich vielleicht nur zu laut ausspricht.

Hier tritt der Gemeinspruch vox populi vox Dei in seine volle Kraft, und die Ereigniße unserer Zeit haben hinlänglich bewährt, daß keine Macht groß genug sey, um diese Stimme unberücksichtigt lassen zu können.

Ob nun die Einführung des österreichischen bürgerlichen und peinlichen Gesetzbuches ohne bedeutende Modifikazionen in Italien, wogegen sich die öffentliche Meinung so laut geäußert hat, zum ersten, oder zum zweiten Falle gehöre, ist der Vorwurf gegenwärtiger Untersuchung in welcher wie übrigens, der nothwendigen Kürze wegen, alle Citazionen, zu denen juristischen Abhandlungen beinahe unwillkürlich führen, möglichst zu beseitigen beflissen waren.

Kein Zweig der öffentlichen Verwaltung greift so tief in die innersten Verhältniße einer Nation, an keinem nehmen selbst die untersten Klassen so vielen Antheil, als an dem Gesetzbuche und der Gerechtigkeitspflege.

Was immer die neueren philosophischen Rechtslehrer uns vom Gesetze a priori sagen wollen [und übrigens weit entfernt den nätürlich angebornen Sinn des Rechtes zu bestreiten] so zeigt uns doch die Geschichte auf allen Seiten, daß das Gesetz bei allen Völkern immer aus den Fällen entstand, und daß hier, wie in allen nicht mathematischen Wissenschaften, und wie selbst in den Künsten, die Theorie, oder vielmehr das Aussprechen der Norm, der Praxis oder der gelösten Aufgabe, nachfolgte, wie etwa die Poetik des Aristoteles, Homers Göttergesänge und die Aphorismen des Hippokrates seinen Kuren.

So ist das römische Recht beinahe nichts als eine Sammlung von Entscheidungen über Fälle, und wo auch des Pretors Ausspruch nicht namentlich angeführt ist, sieht man es dem Gesetze doch an, wie es den, bereits entstandenen Streit für die Zukunft beseitigen sollte.

Was ist das Canonische Recht anders als eine Sammlung von Normen, die von der Zeit gefordert und durch Fälle veranlasst wurden?

Die Fälle aber entstehen aus den Sitten, Gewohnheiten, und Eigenheiten der Völker, welche ihrerseits wieder auf vier Hauptmomente, nähmlich, Klima, Ursprung, Geschichte und Religion beruhen.

Wie die Gesetze den Sitten nachgeben, und sich ihnen anpassen müssen, beweiset die öftere bei zunehmender Kultur in schnellerer Progression nötiger werdende Überarbeitung und Modifizirung der Gesetzbücher.

Um hier bei Österreich stehen zu bleiben, sehen wir nicht die Carolina, wenngleich in zwey Jahrhunderten sehr modifizirt, fortwähren, bis das höchst-weise, und für die damahligen Zeiten sehr milde Theresianische peinliche Gesetzbuch sie verdrängt.

Die siebenziger Jahre erwecken den schlafenden Geist der Deutschen, unsere Litteratur entsteht, mit ihr verbreitet sich die Bildung in alle Klassen, und das nächste Viertel Jahrhundert erheischt schon eine neue Norm, die unter Josephs Regierung das dringende Bedürfniß ausfüllt.

Kaum sind andere fünfundzwanzig Jahre verflossen, als auch diese umgestaltet, verändert, und erweitert werden muß, und den Grund zu jenem Kriminal-Gesetzbuch gibt, das stets eine der schönsten Zierden der Regierung unsers gütigsten Monarchen bleiben wird.

Wie falsch wäre hier nicht der Wahn, daß blos Erkennung des Besseren und höhere Würdigung der in den letzten Zeiten aufgestellten Rechtstheorien von Seite der Regierung, und nicht vielmehr das Bedürfnis der Zeit selbst, diese Gesetzbücher veranlaßt hätte.

Das gegenwärtige Kriminal-Gesetzbuch dürfte schwerlich geeignet gewesen sein, die, an die eisernen Carolina gewohnte Generation in Zaume zu halten, und die Theresianische Halsgerichtsordnung war sonach den damaligen Sitten und Leidenschaften der Landesbewohner weit angemessener. Sie wird auch ihrer Gründlichkeit, des bei ihrer Ausarbeitung verwendeten Fleißes und der in ihr vorherrschenden Humanität wegen, stets als ein Meisterwerk der Jurisprudenz und als das passendste für jene Zeiten anerkannt werden müssen, wenn sie auch gleich noch die Tortur gestattet.

Gleiche Bewandniß hat es mit der bürgerlichen Rechtspflege - Das Römische Recht blieb die Basis der Justiz in Österreich und war nur durch eine Art Gewohnheitsrecht [unsers Wissens zuerst durch den seligen von Keeß, dem Großvater des Verfassers des ersten Theiles des bürgerliches Gesetzbuches in latainischer Sprache redigirt] den deutschen Sitten angeschmiegt; - diesen folgte der obangeführte erste Theil des Bürgerlichen Gesetzbuches, und letzterem des gegenwärtig bestehende.

Gleiche Ursachen brachten auch hier gleiche Wirkung hervor, und ähnliches sehen wir in den meisten Ländern Europens.

Nur England dürfte hier von Einigen vielleicht als Ausnahme, oder wohl gar als Gegenbeweis angeführt werden, weil eine ganz besonderer Anhänglichkeit an die alte Form der englischen Gesetzgebung ein Ansehen von Unabänder-

lichkeit giebt, das doch in der Wesenheit gar nicht statt findet. Aber man darf nur einiger Maßen in den Geist dieser Gesetzgebung eindringen um sich zu überzeugen, daß sie gerade mehr vielleicht als alle übrigen mit dem Lebendigen stets fortschreitet.

Die Ursache ist ganz einleuchtend, da die Aussprüche der Brittischen Gerichtshöfe Gesetzeskraft erhalten, so wird jedem neuen Fall, wie ihn die Zeit bringt, die Norm gegeben, und wenn ein Gesetz als veraltet mit den Sitten in Konflikt geräth, findet dessen Abänderung im Parlamente beinahe niemals Widerstand.

So hält denn das Recht mit dem Bedürfniße der Zeit gleichen Schritt, ohne jene Erhabenheit zu verlieren, die mit der langen Dauer verbunden ist.

Beinahe auf dieselbe Weise hat das Römische Recht von den zwölf Tafeln an, bis zum Untergang des römischen Reichs fortgedauert und erschien durch Justinians Compilation nur verjüngt. Die ungeheure Menge darin entschiedener Fälle erhielten es noch lange nachher, als bereits sein eigentliches Leben aufgehört hatte, und es zu einer historischen Denkwürdigkeit herabgesungen war.

Doch sehen wir es, selbst als man auf allen hohen Schulen nichts anders zu lehren wußte, mit Us und Contumes, Landrechten, Diritti provinciali etc. etc. amalgamirt, die jene Lücken ausfüllen mußten, welche sich aus der Verschiedenheit der damaligen Sitten ergaben, endlich aber, eben weil es nach und nach zu oft mit dem überall existierenden Privatrechten in Collision gerieth, u. eben weil kein Gesetzgeber mehr da war, der es der Zeit anzupassen vermochte in den meisten Ländern Europa's fast mit alleiniger Ausnahme Italiens /a/ [489] *verworfen, als eine todte nicht fortschreitende Norm, deren Weisheit übrigens niemand bestreitet, und aus welcher die meisten Grundsätze und das für unsere Zeiten noch brauchbare in alle neuere Gesetzbücher aufgenommen wurde.*

Im Gegensatze mit den fortschreitenden Europaeischen Nazionen biethen uns die Asiatischen Völker einen langwierigen Stillstand, ein fortwährendes Erhalten derselben Sitten, und dafür auch unverrückte unveränderte Gesetze als weitern Beleg des bisher angeführten dar, wir halten uns sonach berechtigt dem alten Gemeinspruche „andere Zeiten, andere Sitten" als Scolion noch „folglich anderer Gesetze" beifügen zu dürfen.

Wenn aber die Sitten und Fälle in der längern oder kürzeren Zeit so äußerst verschieden werden, um, wo nicht eine neue, doch wenigstens eine bedeutend veränderte Gesetzgebung zu erheischen, so bedarf es wohl kaum eines Beweises, daß derselbe Fall bei entfernten Ländern, in noch weit größerem Maßstabe eintreffen müsse. Wenn nämlich aus den obbenannten Gründen dieselbe Nazion, auf denselben Boden, in einem halben Jahrhundert einer so bedeutenden Modifikazion ihrer Gesetzgebung bedarf, so ist es doch wohl nicht denkbar

489 */a/ Man kann daselbst die erzwungene Einführung des Code Napoleon für kein Resultat des Fortschreitens und der Nothwendigkeit ansehen.*

daß ein anderer Himmelsstrich, ein fremdartiger Ursprung, und eine ganz verschiedene Geschichte, nicht eine noch weit größere Divergenz unter Zeitgenossen hervorbringen sollten, und dass sich sonach das Bedürfniß einer verschiedenartigen Gesetzgebung hier nicht noch dringender darstelle.

Der Österreicher von 50. Jahren her, und der jetzt lebende, sind aller Erfahrungen, die seither die Generazion belehrten, und jener überaus großen Fortschritte in der Kultur, deren die Geschichte keines Volks ein ähnliches Beispiel aufzustellen vermag, ungeachtet, von einander noch immer weniger verschieden, als zur Stunde der Italiener und der Deutsche.

Die Ansichten, wie die Erinnerungen beider Völker sind sich größtentheils fremd, die Leidenschaften bei den ersteren ungleich heftiger, die Sitten ganz heterogen.

Daß sonach die Fälle verschieden seyn müssen, und daß gleiche Normen für beide Völker nicht anpassend sein können, bedarf nur dann eines fernern Beweises, wenn es uns nicht gelungen ist, die Nothwendigkeit der Modifikazion der Gesetze in der Zeit zu erweisen.

Ein fürchterliches Beispiel scheint hierüber uns die neueste Geschichte recht absichtlich vor Augen gestellt zu haben. Was die öffentliche Meinung, welche doch zum Sturz Bonapartes nicht wenig beigetragen hat, gegen diesen Despoten am meisten gestimmt hatte, war gerade die Einführung seines Code Napoleon; der für Frankreich nicht unpassend, von den Deutschen, den Spaniern, und selbst von den Italienern in den vielen Fällen wo er mit den Sitten und Gewohnheiten, und der damit früher begründeten Rechtspflege im Konflikte stand, als eine der härtesten moralischen Torturen angesehen wurde, die die unterjochten Völker von dieses mächtigen eiserner Hand zu erleiden hatten.

Unmöglich kann eine Regierung, die so väterlich das Wohl ihrer Völker will, die Wichtigkeit dieser so einfachen Bemerkung verkennen, unmöglich kann es unter dem milden Zepter des gütigsten Monarchen geschehen, daß auf die Eigenheiten und auf die Bedürfniße der Völker Italiens bei der Einführung unserer Gesetzgebung gar keine Rücksicht genommen und vorzüglichere Justizmänner aus ihren Mittel, als ob es sich um die Organisierung einer Kolonie, oder um Zivilisirung eines ganz rohen Volkes handelte, hierüber gar nicht vernommen oder die gemachten Bemerkungen unbeachtet gelassen werden sollten.

Das österreichische bürgerliche und criminal Gesetzbuch ist übrigens so weise, der Beifall, den beide von allen Rechtsgelehrten, vorzüglich in Deutschland erhielten, so groß, die Zufriedenheit der Völker damit so allgemein, daß es gewiß auch bald in Italien als trefflich anerkannt, und statt zum Gegenstand der allgemeinen Klage zum Vorwurf der allgemeinen Dankbarkeit dienen würde, wenn es nur jenen bedeutenden Modifikazionen unterläge, die von der öffentlichen Meinung so laut gefordert werden.

Ohne hier in den Gegenstand einzudringen und ohne uns vermessen zu wollen in diesen Blättern die vorgeschlagenen Aufgabe selbst aufzulösen, was durchaus nur einem Konfeße Rechtsgelehrter und Richter beider Länder möglich ist, erlauben wir uns blos eine allgemeine Betrachtung vorauszuschicken und dann einige Punkte flüchtig zu berühren, deren Abänderung, selbst im ersten Momente schon als dringend erscheint.

Im allgemeinen glauben wir, dass es für Italien durchaus nöthig sein dürfte die Gesetzbücher - besonders aber das bürgerliche - von ihrem höhern Standpunkte etwas herabzustellen und bei den einzelnen Paragraphen weit mehr in das Detail einzugehen.

Der Italiener ist in der Regel ein heller Kopf, er begreift leichter, als der Deutsche, bis auf einen gewissen Grad, und klar liegt ihm dann der Fall mit allen Inzidenzpunkten vor Augen. Ist aber eine gewisse Tiefe überschritten, soll er sich in abstrakte Spekulazionen einlassen, so ist er hiezu weniger noch, als der Franzose geeignet. Den Beweis hievon liefert Italien schon dadurch, daß wenn es gleich in allen Fächern - wenn uns dieser Ausdruck erlaubt ist - praktische Denken von hohen Werth aufweisen kann - ein eigentlicher Spekulativer Philosoph seit Cicero und Seneca und einige ihrer Zeitgenossen im Alterthume, die doch nie den Griechen die Wage zu halten vermochten, und seit einigen Crahsen, Aristotelikern im Mittelalter - in diesem Lande nicht geboren ward.

Nun ist das österreichische Criminal - wie und auch das bürgerliche Gesetzbuch größtentheils ein Substrat von Grundsätzen einer geläuterten Rechtstheorie, und es wird darin nur so viel in den einzelnen Fall hineingegangen, als zum Leitfaden des Richters schlechterdings nöthig ist. Gerade dieß ist für den italienischen Richter eine Pein, wenn er rechtlich ist, weil er sich zu jener Abstraztion und zu jener Anwendung allgemeiner Grundsätze nicht hinauf zu schwingen vermag, und immer den Fall vereinzelt finden möchte - im entgegengesetzten Falle aber biethet ihm eben diese Allgemeinheit größern Spielraum zur Willkühr dar, die er sodann zu seinem Zwecke zu benützen verstehen wird.

Dies im Allgemeinen. Insbesondere erwähnen wir folgender Punkte:

Der erste betrifft die Lösung der Frage, ob die Todesstrafe in einem Lande, das wie z. B. die Lombardei, durch die Beschaffenheit seiner Irrigations Cultur eine Klasse Menschen erzeugt, die den Raub als Nebengewerbe zu betrachten durch die Umstände beinahe gezwungen sind, und gegen welche selbst die strengste französische Polizei keinen vollständigen Sieg erfechten konnte, nicht wenigstens auf den Straßenraub auch ohne Mord ausgedehnt werden müsse, - denn nur dadurch allein dürfte es möglich sein, nach Aufhebung des wahrhaft drakonischen französischen Kriminal Kodex, die ohnedieß so äußerst gefährdete öffentliche Ruhe, und die Sicherheit der Strassen [auf welchen man bei Nachts nicht ohne Geleite reisen darf, und selbst aller Bemühung der wachsamen und überaus thätigen Gens d'armerie ungeachtet, oft bei hellem Tag angefallen wird] zu erhalten. Die jetzt schon eingetrettene Nothwendigkeit der weit härteren Maßregel des permanirenden Standrechtes spricht laut für diese Behauptung.

Der zweite betrifft die Züchtigung mit Streichen, gegen welche sich das Nazionalgefühl selbst bei Verbrechern empört, und die von jeher in Italien verabscheut, seit der französischen Occupation noch dergestallt bei dem Volke die Iden der Entehrung nach sich zieht, dass dem damit Bestraften der Rücktritt in die bürgerliche Gesellschaft, aller Besserung ungeachtet, auf ewig verschlossen bleibt. Die bereits als nöthig erkannten Abschaffung derselben bei schwerer Polizeyübertrettungen scheint hier unsere Meinung vollkommen zu bewähren.
Das Tragen verbothener Waffen ist der Gutmüthigkeit der Nation zu Folge, in Österreich nur eine schwere Polizeyübertrettung und kann ganz füglich, als eine solche behandelt werden, da obgleich z. B. Degenstöcke der Mode wegen trotz den Gesetzen nicht selten geführet werden, Mordtaten aus Zorn und bei Raufhändeln höchst selten sind. In Italien ist hingegen die höchste Verpönung des Stilets das einzige Mittel häufiger Morden zu begegnen, und um der unerbittlichen Strenge, welche von der französischen Regierung hier angewendet wurde, ist die so äußert bedeutende Abnahme solcher Kriminalfälle zu verdanken, deren sich in den letzten Zeiten der venezianischen Regierung in Brescia in den 18. Monathen in eines Proveditors 629. ergaben.
Ein selbst verschärfter politischer Arrest von nicht langer Dauer, ist ein viel zu schwacher Damm gegen dieses, bereits wieder einreißende, Übel und die Einverleibung des inzwischen beibehaltenen französischen Gesetzes in unser hierländiges Criminal Gesetzbuch wird von allen Gutdenkenden sehnlichst gewünscht.
In wie fern endlich die Verjährung der Verbrechen dem italienischen Charakter anpassend sey, und ob die Hofnung durch den Verlauf einer gewissen Zeit die Straflosigkeit zu gewinnen, hierlandes nicht sehr vielen Übelthätern als großes Reizmittel zu Verbrechen dienen wird, scheint gleichfalls einer weitläufigen Erörterung zu bedürfen.
/a/ [490] *Wir begnügen uns mit diesen Beispielen die für den vorgesetzten Zweck hinreichend sein dürften und glauben nur noch ein paar ähnliche Fälle aus dem bürgerlichen Gesetzbuche anführen zu müssen.*
Die Heiligkeit des Kontrakts die das österreichische bürgerliche Gesetzbuch so sehr aufrecht zu halten bemüht ist, bedarf nach demselben keiner andern For-

490 */a/ Greller stellt sich überhaupt die Verschiedenheit der Deutschen und Italiener durch Vergleichung der Justiztabellen dar – Mailand und sein Präfektur-Bezirk, hat in einem Jahre mehr Mörder als Wien, ganz Österreich und Steiermark; In einem der letzteren Jahre waren zwey Vatermörder darunter, wovon einer um eine Kleinigkeit seinem Vater mit einem stumpfen Barbiermesser die Gurgel abschnitt, ihn in Stücke vertheilte, in einen Koffer einpackte, und ganz ruhig die Nacht in seinem Schlafzimmer behielt!!! – In der Lombardei vergeht kein Tag ohne einen Mord, und wenn ja einer ohne einen Todtschlag vorübergeht, so wird die Zahl häufig an einem anderen Tage ersetzt – Und doch fehlt es gar nicht an einer sehr thätigen Polizei – Wie soll nun unser peinliches Gesetzbuch auslangen?*

malität als der blossen Nahmens Unterschrift. Nur bei einer Nation, wo Treue und Glauben, noch weniger als bei so vielen übrigen durch den Einfluß der entmoralisierenden Grundsätze des Jahrhunderts gefährdet wurde, ist es möglich eine so strenge Verpflichtung mit so wenig Vorsicht gegen Betrug übernehmen zu lassen. In Italien wo, wie die Nazionalen selbst eingestehen, Trug und List sehr häufig an der Tagesordnung sind, wird diese einzige Norm nicht nur zu den häufigsten Prozessen sondern auch zum Ruin vieler Familien ganz bestimmt Anlaß geben. Die bloße Einführung des Chirografar Testaments durch den Codex Napoleon war der Grund sehr vieler Prozesse über Falsa in diesem Gericht, und Streitsachen dieser Art können sehr häufig vorkommen /a/[491].

Wie es nun gar mit dem, nach dem österreichischen Gesetzbuch durch drey und selbst zwei Zeugen bewiesenen letzten Willen ergehen dürfte, läßt sich im Voraus bestimmen und das Entsetzen der ganzen Bevölkerung von diesem Gesetze wäre allein ein sicherer Bürge seiner Unanwendbarkeit.

Das österreichische Gesetzbuch ehret, wie es bei einer rechtlichen Nation, damit eben Treue und Glauben geübt werde, nöthig und nützlich ist, den Zeugenbeweis außerordentlich, wo man aber für Geld Mörder finden kann /b/[492]*, wo keine Woche vergeht, ohne daß [wie aus den Polizey Rapporten sattsam erhellet] die schändlichsten, grausamsten Verbrechen vorfallen, da sind falsche Zeugen so selten nicht, wie in Deutschland, und die größeren Förmlichkeiten besonders aber die Notariats-Urkunden sonach höchst nötig.*

Wie in Frankreich und Italien unter der vorigen Regierung das Volk bei Gelegenheit der Konskription, der Handelsstand aber durch das Continental Sistem zur falschen Eiden veranlaßt und gewöhnt wurde, bedarf keiner Erinnerung. Zu allem Gesagten dürfte sich aber auch noch die Betrachtung gesellen, daß wo durch zweytausend Jahre Römisches Recht und Landes Gebrauch Gang und Gabe war, wo der Codex Napoleon, dessen Basis doch vorzüglich römisches Recht ist, hier und da schon als zu abstrakt, und eben deßwegen in solchen Punkten, als eine wahren Plage um die Verwerfung der von den italienischen Rechtsgelehrten vorgeschlagenen Modifikazionen, als eine jener Handlungen der Willkühr betrachtet wurde, die das Bonapartische System dem Volke so sehr verhaßt machten, das österreichische Gesetzbuch nach all dem Vorangeführten doch wohl nicht aller Modifikationen /a/[493] *bei einem Volke entbehren könne, bei welchen allein das Römische Recht gewissermaßen lebendig geblieben ist.*

---

491 */a/ Es stand vor kurzem beim Gerichtshofe erster Instanz zu Mailand der Prozess Veneri zum Spruch, in welchem es sich um vier falsche Chirografar-Testamente handelt!*

492 */b/ Was, wer immer die Justiz-Akten sich vorlegen läßt, gewiß für keine Übertreibung halten wird.*

493 */a/ Wir wiederholen hier das schon früher Gesagte. Das österreichische Gesetzbuch geht viel weniger, als die meisten übrigen, in die bestimmten Fälle ein – es läßt dem Richter übrig in dem Geist des Gesetzes einzudringen, und diesem gemäß den einzelnen Streit zu schlichten – ob dieser erweiterte Wirkungskreis der Rechter hierlands beson-*

Das Palladium des Wohlstandes in der Lombardei, der Codice Censuario, enthält eine Menge Verfügungen, die Gesetzkraft erhalten haben, und die wie z. B., daß ein vergantetes Grundstück vom Eigenthümer binnen einem Jahre wieder eingelöst werden, darf mit dem bürgerlichen Gesetzbuch in vollkommenen Widerspruche stehen.
Die Wohltat der Censuar Gesetze ist durch eine lange Erfahrung und durch die außerordentliche Anhänglichkeit der Nazion an diese vortreffliche Einrichtung zu bewährt, um hierauf gar keine Rücksicht zu nehmen, und es wäre sonach nur so dringender diesen wichtigen Umstand zur Sprache zu bringen, als auch staatswirtschaftliche Betrachtungen hierbei in Anregung kommen müssen.
Eben so dürfte es als gewiß anzunehmen sein, daß das österreichische bürgerliche Gesetzbuch für die vielen hierlandes in Wasserbauwesen vorkommenden Streitigkeiten zu wenige und zu unbestimmte Normen enthält, und daß die Einverleibung der hierüber bestehenden aus langer Erfahrung entspringenden Verordnungen in den Civil Codex durchaus zur Sicherung eines so wichtigen Theils des Eigenthums der Produzenten erheischt wird.
Die Leichtigkeit persönliche Verpflichtungen aller Art in dringliche Rechte umzuändern, scheint hierlandes gleichfalls umso mehr als eine sehr unliebsame Maßregel angesehen zu werden, da es nicht verhindert werden kann, daß dieses Gesetz nicht retroaktiv wirke, und daß z. B. ein Gläubiger Hypothekar Rechte erlange, die ihm zur Zeit des Anlehens von dem Schuldner nicht eingeräumt worden waren.
Sehr bedauerlich bleibt übrigens die Ausserkraftsetzung vieler im Codice di Comercio enthaltenen trefflichen Normen, deren Einführung vielleicht auch in Österreich noch gerade ein Bedürfniß zu werden scheint - daß z. B. ein Kaufmann, der seinen ganzen Fond bereits verloren hat, noch auf Kredit forthandeln dürfe, ohne als Falsarius angesehen zu werden, daß einer Frau oder Söhnen vor dem Tage des Falliments noch Vermögensantheile abgetreten werden können, wie doch wohl häufig geschieht, dürfte allerdings durch Annahme der hierüber in letzter Zeit hierlandes bestehenden Gesetze zum großen Nutzen in Hinsicht auf Moralität und Handels-Credit beseitiget werden.
Selbst Sn Majestät Kaiser Joseph II, dem gewiß nicht Mangel an Thätigkeit im Durchgreifen und bei Neuerungen vorgeworfen werden kann, hat den 1ten Teil des Bürgerlichen Gesetzbuches in der Lombardei nicht eingeführt!_!. ein Beispiel, das allein bestimmend seyn dürfte, um wenigstens einer sehr bedeutenden Modifikazion und nicht allein der ganz besonderen Würdigung jener Bemerkungen, welche von den in Mailand zu diesem Behufe niedergesetzten Kommission

---

ders in erster Instanz statt finden könne, wird der Erfolg lehren. - ! und daß in unserm Gesetzbuche die Lehrsätze des römischen Rechts, wie z.B. bei dem ganzen Abschnitte von Kontrakten etc. beibehalten wurden, macht die Italienier für dessen Form, aus der bereits entwickeltenen Gründen keineswegs empfänglicher.

gemacht wurden /a/ [494], sondern vielleicht auch noch die Gewährung der so laut ausgesprochenen Wunsches das Wort zu sprechen, dem zufolge beide Gesetzbücher von einer blos aus Richtern und Rechtsgelehrten der Lombardei und des Venezianischen zusammengesetzten Commission § weise durchgegangen und über die von selber vorgeschlagene Veränderung von der Hofkommission in Gesetzsache mit Beiziehung einiger Referenten aus diesen Ländern entschieden würde.

Wir haben bisher blos der Gesetzesbücher erwähnt - Was ließe sich nun erst von der Gerichtsordnung sagen, die in allen Ländern ganz besonders auf Eigenheiten der Nazion, auf ihre politischen Verfaßung und fast immer auf Gerichtsgebräuche begründet ist, die wie in irgendeiner Prozeßordnung ganz vollkommen ausgesprochen werden. Mit jener ehrerbiethigen Freimüthigkeit, die wir uns in dieser ganzen Abhandlungen erlaubt haben, wagen wir es voraus zu sagen, daß diese Gerichtsordnung in Italien nie Eingang finden, und daß keine Macht hinreichend sein wird, sie vollständig einzuführen. Wir enthalten uns aller weiteren Andeutungen hierüber, da uns bestimmte Facta mangeln. Wenn es aber wahr seyn sollte, daß in einigen, ja sogar in Hauptstädten deutscher Provinzen Kriminal Inquisiten monatelang auf Verhör warten, daß bei Landgerichten Beamte es wagen dürfen und wagen können, die Heu-Ärnte der Untersuchung eines Verbrechens vorzuziehen, wenn unbedeutende Prozesse ohne Verletzung der Form in Jahre hinausgezogen werden können, wovon der Verfasser dieses Aufsatzes allerdings selbst Beispiele erlebt hat - und dieß bei einer rechtlichen Nation teutonischen Stammes vorfällt - und wenn hingegen seit Einführung der napoleonischen Prozessordnung die Justiz bei einem ränkevollen Volke lateinischen Stammes ungleich schneller als je – vorher – administriert würde, so ist es schwer sich der Überzeugung hinzugeben, daß die österreichische Form hierlands die passendste sey!!

Wir schließen diese Bögen mit einer uns sich in der österreichischen Monarchie häufig aufdringenden Betrachtung, daß nämlich die Absicht durch Gleichförmigkeit in den Verfahren und in den Gesetzen ein Amalgam der so vielen und so

494 /a/ *Die von Venedig aus zur Sprache gebrachten Abänderungen sollen von nicht sehr großen Belange sein. Es dürfte jedoch der Umstand hier nicht übersehen werden, daß Venedig unter der vorigen Regierung nur dem Sitz eines Appellazionsgerichtes war – und daß solche Arbeiten doch eigentlich bloß von Justizmännern erörtert werden können, die bereits den Einfluß der Gesetzgebung von einem höhern Standpunkte übersahen. – Zudem ist dem Verfasser des gegenwärtigen Aufsatzes nicht bekannt ob das Appelazionsgericht nicht bereits bei Verfassung derselben schon zur Hälfte mit deutschen Räthen besetzt war, von welchen man, ohne diesen würdigsten Männern zu nahe zu tretten, in der kurzen Zeit ihres Aufenthalts in Italien, die hinlängliche Kenntniß der Sitten und Eigenheiten etc. der Landesbewohner nicht erwarten kann. Die kurze Zeit endlich, welche die Commission in Mailand zur Verfügung ihrer Monita dürfte gleichfalls kaum etwas Vollständiges zu erwarten hoffen lassen.*

verschiedenen Nationen aus welchen der österreichische Kaiserstaat besteht, zu bilden, wohl nimmermehr, sonder vielleicht gerade eine fortwährende Divergenz unter denselben erzweckt werden dürfte.
Keines der Völker, die dem sanften Zepter des erlauchten Habsburg-Lothringischen Erzhauses unterworfen sind, ist zahlreich und mächtig genug, um mit Recht auf das Vorherrschen Anspruch machen zu können, und gerade die Deutschen, welche die Hauptstadt besitzen, sind es weniger noch als die Übrigen.
Die Erfahrung lehrt uns, daß die bezweckte Assimilation der Stämme nur dann möglich ist, wenn kleine Provinzen einen großen homogenen Körper, wie etwa Elsass, Frankreich, vereiniget werden.
Liebe zum Herrscher-Stamme auf milde Regierung und Völkerglück begründet, ist das wahre Band, das den österreichischen Staaten-Verein so innig verkettet, und das sich in Zeiten von Gefahr stets bewährt hat – die Nichtrespektierung der Herkunft, der Bildung, der Sitten und Gewohnheiten, die man den Franzosen in allen Manifesten vorwarf, und eine eherne Form, die uns gleich ist, ohne allen gleichpassend zu sein scheint das Mittel nicht, um diesen so ganz in den Absichten, des gütigsten Monarchen liegenden Zweck zu erreichen.
In Ländern wo noch Roheit und gänzlicher Mangel an wissenschaftlicher Ausbildung herrscht, kann hierin leichter durchgegriffen werden, dahingegen ist um so mehr Vorsicht vor jenen Provinzen nöthig, die in der Aufklärung wenigstens gleichen Schritt mit den Deutschen gehalten haben, deren Litteratur und vorzüglich die Juridische fünf Jahrhunderte des Fortschreittens zählt, dessen wir uns nicht erfreuen können /a/[495].

---

495 */a/ Als ausgezeichnete Rechtsgelehrte zählt Italien im 1300 Jahrhundert unter mehren andern: Giacomo da Belvisio, Oldrado da Ponte, Rainieri degli Arsendi, Nicolò Spinetti, Nicolò Materelli, Bartolomeo da Salicetto, Andrea Rampini und die berühmten Männer Bartolus und Balius. Im 1400: Cristoforo da Castiglioni, Iacobo da Isolani, Paolo Castro, Giorgio Campugnano, Alessandro da Timola, Bartolomeo Soncino, Giason del Maino, ferner die berühmten Juristen Giovanni da Imola, Francesco Ascolti, detto l'Aretino dann Pietro Tomasi, Giovanni Balbi, Giovanni Silvio und Arelio Siciliano die in Deutschland, so wie Filippo Daio in Frankreich das Studium der Rechtslehre beförderten. Im 1500: Alberto Bruni, Francesco Corti, Paolo Parisio, Lancellotto Politi, Andrea Alliati, Mariano Sonnin, Crimon Cravetta, Giulio Claro, dann Ludwig Renat und Sigismund Cati, Prospero Farinani und Antonio Medici die nach Frankreich; Matteo Gribaldo und Francesco Giovanetti die nach Deutschland, und Alberico Gentili der nach England als Rechtslehrer beruffen wurde. Im 1600: Francesco Brancani, Francesco Albizzi, Bartolomeo Chesio, Antonio Marto, Gian Domenico Rinaldi, Fran. Acarigi, Prospero Fagnani und Vincenzo Gravina.*
Unter den im 17. Jahrhunderte sich im Rechtsfache ausgezeichneten Männern, deren Zahl noch weit beträchtlicher ist, genügt uns eines Benaria und Filangieri zu erwähnen.

Die Güte unsers angebetenen Monarchen und die Liebe, mit welcher er seinen Völkern zugetan ist – die Beweise von Huld, welche er bereits den ihn wiedergewordenen italienischen Provinzen auf so vielfältige Art erteilt hat – erlaubt es uns mit voller Zuversicht zu hoffen, daß dieser wichtigste in das Privatwohl so tief eingreifende Gegenstand seiner allumfassenden Aufmerksamkeit nicht entgehen werde.
Unser Ziel wäre überschwinglich erreicht, wenn diese Blätter auch nur den entferntesten Anlass zur Betrachtung über das darin Gesagte gäben und dadurch unendliches Übel von diesen herrlichen Provinzen abgewendet würde."

5.3 Beginn des kirchlichen Widerstandes

Nach der ersten Hälfte des XIX Jahrhunderts schwindet die Begeisterung der Nord-Italiener für das ABGB. Mit dieser Wende beginnen auch die Probleme des österreichischen Rechts mit der Kirche. Die zweite Hälfte des XIX Jahrhunderts ist von diesem starken und mächtigen Widerstand der Kirche gegen die österreichischen Gesetze und die Verwaltung in Venetien und der Lombardei geprägt[496].

Wenn es auch seltsam anmuten mag, stieß gerade die Disziplin des Familienrechts in Lombardo-Venetien auf den größten Widerstand seitens der Kirche. Zu Beginn hatte die katholische Priesterschaft die Umsetzung des ABGB in Nord-Italien befürwortet. Die Gesetzgebung erschien, im Vergleich zur französischen, als christlicher und stärker an den römisch-katholischen Werten orientiert. Vor allem im Bereich des Familienrechts unterschied sich das ABGB stark vom Code Civil. Die Scheidung war für das ABGB unmöglich, die katholische Ehe hatte auch zivilrechtliche Wirkungen. Weitere Regeln des Familienrechts des ABGB passten zur Lehre der katholischen Kirche.

Dieser Wiederstand der Kirche ist heute schwierig zu nachzuvollziehen[497]. Die Regeln des ABGB waren den kanonischen Regel so ähnlich, dass etliche Bücher die beiden Rechtordnungen nicht nur vergleichen, sondern auch gemein-

496 V. Campagnari, *Preti liberali nel risorgimento mantovano*, in R. Giusti (Hg.), *Il Lombardo-Veneto (1814-1866).* Atti del convegno storico, Mantua 1977, S. 359 f.

497 Die wichtigsten Studien in diesem Bereich sind sehr selten und veraltet, und basieren vor allem auf vielen Briefen verschiedener Pfarrer, die ihre Unzufriedenheit mit der österreichischen Verwaltung im Bereich des Familienrechts sehr offen ausdrückten. Siehe zum Beispiel J. A. Von Helfert, *Kaiser Franz I von Österreich und die Stiftung des lombardo-venetianischen Königreichs*, Innsbruck 1901, S. 230 f. und S. 569-570. Oder siehe A. Sandonà, *Il Regno Lombardo-Veneto 1814-1859. La costituzione e l'amministrazione. Studi di storia e di diritto; con la scorta degli atti ufficiali dei dicasteri centrali di Vienna*, Mailand 1912, S. 131-132.

sam darstellen. Man denke zum Beispiel an das Buch von P. Speranza, das auf Italienisch in Wien 1817 mit dem Titel „*Manuale del diritto di matrimonio austriaco civile ecclesiatico*“ erschienen ist. Dieses Buch spricht gleichzeitig vom österreichischen und dem kanonischen Familienrecht im Rechtsvergleich und stellt die beiden Disziplinen parallel dar, so als ob sie derselben Rechtsordnung zugehören würden.

Das Werk von Speranza ist heute in Italien das erste Lehrbuch des kirchlichen Rechts und auch eines der ersten Bücher im Bereich des Rechtvergleichs zwischen dem kanonischen Recht und einer nationalen Zivilrechtsordnung. Die Debatte über die kanonische und zivilrechtliche Ehe in Lombardo-Venetien schien zu seiner Zeit eine bedeutende Rolle gespielt zu haben.

Die Geistlichen beginnen nach 1848 zu behaupten, dass die zwei Rechtsdisziplinen (die des ABGB und die des kanonischen Rechts) Unterschiede im Bereich der Ehe mit Nicht-Katholiken und der Ehehindernisse haben würde. Obwohl diese Unterschiede eher bescheiden sind, behaupteten die Priester oft, dass diese Regeln in starkem Kontrast mit der kanonischen Dogmatik stehen würden[498]. In Wirklichkeit scheint es, dass diese „untragbaren“ Kontraste mit der katholischen Religion nicht aus den Unterschieden der Disziplin im Bereich des Ehe- und Familienrechts stammten, sondern in der obligatorischen Teilnahme der Pfarrer an den Verwaltungspflichten der Ehe begründet waren[499].

Nach der Disziplin des ABGB und des österreichischen Verwaltungsrechts mussten die Priester mit der öffentlichen Verwaltung zusammenarbeiten, um die Bindung der Ehe und ihre zivilrechtlichen Wirkungen zu beweisen und darzustellen.

Diese Zusammenarbeit zwischen Verwaltung und Kirche, die Vermischung zwischen „heilig“ und „weltlich“, und die Einmischung der staatlichen Verwaltung in bestimmte „religiöse“ Angelegenheiten wie die Ehe, die von der Kirche immer als „eigene“ angesehen wurden, stellten immer mehr einen Reibungspunkt dar. Die Ehe ist für die katholische Kirche eines der wichtigsten Sakramente und eine Einmischung des Staats in diese Disziplin war für die römische Kirche unakzeptabel. Die Priester behaupteten später sogar, dass die Disziplin des Code Napoleon in diesem Bereich besser wäre, da die Franzosen die Geistlichen nie gezwungen hätten, an den zivilrechtlichen Aspekten der Ehe teilzuhaben und mit der Verwaltung kooperieren zu müssen. Seltsame Behauptung, wenn man bedenkt, dass, nach den Archiven der Diözese Verona genau diesel-

498 Viele dieser Briefe und andere Dokumente verschiedener Priester können im Diözesan-Archiv von Verona nachgelesen werden.

499 M. R. Di Simone, *L'Introduzione del codice civile austriaco in Italia. Aspetti e momenti*, in *Studi in memoria di Gino Gorla*, Mailand 1994, S. 1032-1033.

ben Priester es als „einen Skandal“ empfanden, dass die französische zivilrechtliche Ehe vom katholischen Sakrament völlig getrennt war.

Dieselben Proteste gegen diese Kollaboration mit der österreichischen Verwaltung erhoben die katholischen Priester der Lombardei und Venetien auch 1818, der Kaiser machte sogar eine offizielle Mitteilung, um die volle Autonomie der religiösen Autoritäten im Bereich der Sakramente zu garantieren und die Befreiung von bestimmten religiösen Angelegenheiten zu bestätigen[500].

Nur diese Mitteilung des Kaisers konnte die heftigen Proteste der Priester beruhigen. Zu dieser Zeit hatten die Geistlichen dem Kaiser auch einen Brief zur Disziplin der Mitgift des ABGB übermittelt, um sich gegen die Umsetzung der Disziplin des ABGB im Bereich der Mitgift im Königreich Lombardo-Venetien zu beschweren. In diesem Fall antwortete der Kaiser jedoch negativ und bestätigte die Umsetzung der Disziplin der Mitgift auch im Königreich Lombardo-Venetien[501].

Die Geistlichen wurden in dieser Angelegenheit auch von verschiedenen Juristen unterstützt, die die neue Disziplin die Mitgift aufheben wollten[502]. Auch die Anordnungen des ABGB im Bereich der Testamente stießen auf schwierige Aufnahme seitens der Kirche.

Aus diesem Grund finden wir eine Mitteilung von 1816[503], in der die neue Disziplin des ABGB über die Testamente zusätzlich veröffentlicht wird, um den Bürgern die neuen Regeln für letztwillige Verfügungen besser verständlich zu machen. In dieser Mitteilung finden wir auch eine „Empfehlung“ der Regierung des Küstenlands („*Governo del Litorale*“), in der die Beamten den Bürgern raten, sich an Juristen und Experten des Rechts zu wenden (und nicht an die Priester) um diese Disziplin besser zu verstehen und um Fehler im Testament zu vermeiden.

Eine andere Mitteilung von 1817[504] (aus der Lombardei) schrieb sogar vor, dass, insbesondere am Land, die Leute, die bestimmte Erbpachten oder Erbkon-

---

500 Siehe die Mitteilung vom 18. Februar 1818 in „*Raccolta degli atti di governo e delle disposizioni generali emanate dale diverse autorità in oggetti sì amministrativi che giudiziari*“, Mailand 1818, I, II, S. 154-155.

501 Mitteilung vom 18. Februar 1818 in „*Raccolta degli atti di governo e delle disposizioni generali emanate dalle diverse autorità in oggetti sì amministrativi che giudiziari*“, Mailand 1818, I, II, S. 154-155

502 Siehe zB *Giustizia Civile*, Parte moderna, B. 31, fasc. 8.

503 Siehe „*Circolare dell'I.R. governo del Litorale del 30 novembre 1816*“ konserviert in „AST, I.R. Luogotenenza del Litorale, Atti generali“, b. 3444.

504 „*Circolare del 4 novembre 1817*“ in „*Raccolta degli atti di governo e delle disposizioni generali emanate dalle diverse autorità in oggetti sì amministrativi che giudiziari*“, Mailand 1817, II, S. 318 f.

ventionen nach einem Ehevertrag abschließen wollten (eine Tradition bei den italienischen Bauern, die nach unsicheren, lokalen Regel und Sitten entstanden war) nicht einen Vertrag abzuschließen hätten, sondern ein Testament verfassen mussten; und auch hier wurde empfohlen, sich an Rechtsexperten und Juristen zu wenden.

Diese Beispiele zeigen, dass es, vor allem für die ländliche Bevölkerung in Lombardo-Venetien üblich war, sich bei rechtlichen oder bürokratischen Angelegenheiten die Ehe oder das Erbe betreffend an die Pfarre zu wenden, wobei die Autoritäten eigens Mittelungen veröffentlichten, um das Aufsuchen von Juristen und Rechtsexperten zu empfehlen[505] um legale und bürokratische Angelegenheiten zu lösen.

Der Einfluss der Kirche in diesen Regionen, vor allem in den ländlichen Gebieten, war so stark, dass die Priester auch als Familienberater im Bereich der rechtlichen Angelegenheiten agierten. Vor allem im Bereich des Familienrechts war die „Zuständigkeit" der Priester fast exklusiv und für die Bevölkerung wichtiger als das Wissen der Staatsbeamten. Viele Dokumente und Briefe zeugen vom engen Verhältnis zwischen Priestern und Bürgern, vor allem in den ländlichen Gebieten.

Deshalb war der Widerstand der Kirche und der Geistlichen gegen bestimmte Teile des ABGB ein wichtiger Faktor, der auch im Bereich der Ungunst gegen die österreichische Herrschaft und im allgemeinen gegen die österreichische Verwaltungs- und Rechtsordnung in den Jahren nach 1848 eine sehr wichtige Rolle spielen konnte.

5.4 Der allgemeine politische Widerstand und die Bedeutung der „Geheimbünde"

Nach 1848 wächst der Widerstand gegen die österreichische Herrschaft in jedem Bereich der Gesellschaft deutlich, die politische Lage Italiens ändert sich auf radikale Weise. Viele Städte versuchen in diesem Jahr, alleine eine Revolution gegen die Restauration des *Anciènne Regime* durchzuführen, um verschiedene Republiken zu gründen. Berühmt war das Beispiel von Rom und die römische Republik des Triumvirats. Das Triumvirat von Mazzini, Ermellini und Saffi wollte tatsächlich eine republikanische Demokratie in Rom einführen.

---

505 Die Mitteilungen schreiben nicht eindeutig vor, dass sich die Einwohner nicht an die Kirche für solche Angelegenheiten wenden sollten, sie empfehlen jedoch, dass sie Juristen und Rechtexperten für legale und bürokratische Fragen und Angelegenheiten und nicht andere kontaktieren sollten, wobei klar ist, dass mit „anderen" die Geistlichen gemeint sind.

Ähnliche Versuche fanden in ganz Italien statt, wobei die meisten daran scheiterten, dass sie nicht vom ganzen Volk unterstützt wurden, sondern von geheimen Gesellschaften wie den Freimauern oder den „*Carbonari*“ (italienisch für „Köhler“) getragen wurden. In diesen Jahren (zwischen 1814 und 1860) waren die Geheimbünde in der neuen europäischen Gesellschaft der Restauration das wichtigste politische und soziale Phänomen[506]. Da die Hauptpolitik der Regierungen auf „das Ausschalten der politischen Gegner“ durch Verbot ihrer Tätigkeit[507], und der Möglichkeit sich frei zu versammeln abzielte, entstehen in diesen Jahren auf Basis der Freimaurerei viele unterschiedliche Geheimbünde und geschlossene Logen, um ihre jetzt illegalen Tätigkeiten im Schatten heimlich fortzusetzen.

In der Tat waren die Freimauerlogen in Lombardo-Venetien und in Nord-Italien von 1814 bis 1856 aufgrund des Verbotes aus der Öffentlichkeit verschwunden, trotzdem waren viele untergeordnete Logen, wie zB die Carbonari, in Italien sehr tätig. Die Freimaurerei entsteht offiziell in Norditalien 1856 in Genua wieder, als die französischen Freimaurer des „*Grande Orient*“ eine Loge ins Leben riefen[508].

Die Geheimbünde waren in diesen Jahren besonders tätig und waren an den wichtigsten republikanische Revolutionen dieser Zeit beteiligt. Die Verbreitung der Geheimgesellschaften in Europa war bedeutend.

Diese Organisation der Revolutionen durch kleine, schwer zu individuierende Geheimbünde, war das größte Problem der ersten Phase des Risorgimento in Italien. Am Anfang war vermutlich die Freimaurerei das Triebwerk der Geheimaktivitäten in den meisten italienischen Aufständen. Die Meisten dieser Aufstände wurden in den letzten Jahren der französischen Besetzung in Italien von der französischen Freimaurerei geleitet, da Joachim Murat[509] Großmeister der Freimaurer in Italien war. Ziel des französischen „Grand Orient“ war es, die österreichische Herrschaft in Nord-Italien zu stürzen. Die Freimaurerei wollte durch kleine und geheime Logen, die nur von Adeligen zusammengesetzt waren, die Machtverhältnisse beeinflussen und den Aufstand gegen den Österreicher organisieren[510].

Dadurch, dass sie wenige waren, und vor allem aus adeligen Familien stammten, und auch wenig die Meinung des Bürgertums und des Volkes kannten und vertraten, war es für die Polizei von Radetzky relativ einfach diese klei-

506 G. Vannoni, *Le società segrete dal seicento al novecento*, Firenze 1985, S. 165 f.

507 F. Pesendorfer, *Eiserne Krone und Doppeladler*, Wien 1992, S. 160 f.

508 A. Luzio, *La Massoneria e il risorgimento italiano*, Band I, Bologna 1925, S. 154.

509 F. Pesendorfer, *Eiserne Krone und Doppeladler*, Wien 1992, S. 161.

510 R. F. Esposito, *La Massoneria e l'Italia*, Rom 1979, S. 47 f. und S. 92.

ne Logen zu beseitigen und durch ein Verbot der Freimaurerei diese Geheimbünde am Anfang zu unterdrücken[511].

Trotz dieses Verbots und des Kampfes der Polizei gegen die Geheimbünde musste die Regierung Lombardo-Venetiens mit Enttäuschung feststellen, dass auch nach dem Ausschalten der Freimaurerei die „Geheime Welt" weiter bestand und ihrer Tätigkeit größte Aufmerksamkeit gewidmet werden musste[512]. Nach dem Untergang der Freimaurerei entstand in Lombardo-Venetien die Carboneria, die noch dazu viel gefährlicher und weiter verbreitet war[513].

Die Verbindungen zwischen Freimaurerei und Carboneria sind bis jetzt umstritten, hierzu gibt es zwei Theorien. Eine besagt, dass die Carbonari eine untergeordnete Loge des Grand Orient waren und dass diese Geheimgesellschaft von den Freimauern gegründet wurde. Diese Theorie basiert auf den Behauptungen des Freimaurers Leonida Montanari, der sich vor der Hinrichtung in Rom 1825 als Freimaurer und Carbonaro bekannte[514].

Eine andere Theorie meint im Gegenteil, dass die Carbonari in Süditalien 1806 als „Befreiungsgeheimbund" entstanden sind und sich gegen den Großmeister der Freimaurerei Joachim Murat wehrten. Die Carbonari hatten mit der Hilfe Englands (durch Lord William Bentinck) den Aufstand gegen Murat und die Rückkehr von Ferdinand IV 1815 unterstützt. Nach der Rückkehr der Bourbonen verlangten sie von Ferdinand IV eine Verfassung; da sie dieses Ziel nicht erreichten, flüchten die Carbonari nach Norden in die Lombardei, Genua und in den Piemont[515].

Ein weiterer großer Unterschied zwischen den Freimaurern und den Carbonari, der den unterschiedlichen Ursprung betonen könnte, ist die Tatsache, dass erste antiklerikal und unchristlich sind, die Carbonari hingegen fast alle Katholiken waren[516]. Dazu muß noch angemerkt werden, dass die Carbonari eine andere Zusammensetzung und Methodologie im Vergleich zu den Freimaurer hatten. Die Logen der Freimaurer bestanden aus Aristokraten; die der Carbonari im Gegenteil aus Bürgerlichen, Studenten und ganz normalen Bürgern. Dieser bedeutende Unterschied prägte auch die Art, mit der die Ziele verfolgt wur-

511 A. Omodeo, *Difesa del Risorgimento*, Turin 1951, S. 447.

512 F. Pesendorfer, *Eiserne Krone und Doppeladler*, Wien 1992, S. 160-161.

513 G. Leti, *Carboneria e Massoneria nel risorgimento italiano*, Genua 1925, S. 171 f.

514 G. Leti, *Carboneria e Massoneria nel risorgimento italiano*, Genua 1925, S. 173.

515 Archives Nationales, Paris F7 6667: Bericht des Grafen de Brivazac Beaumont über die Geheimgesellschaften in Italien auf Grund einer Reise Dezember 1820/Jänner 1821 im Auftrag der Police générale, Paris 1821. Zitat bei S. Carbone, *Fonti per la storia del risorgimento italiano negli archivi nazionali di Parigi*, Rom 1962, S. 73.

516 Über die Beziehungen zwischen der katholischen Kirche und den Carbonari, siehe J. Crétineau-Joly, *L'Eglise Romaine en Face de la Révolution*, Paris 1859, S. 34 f.

den[517]: einerseits die Intrigen im Salon und die unsichtbare Aktion der Freimaurer, anderseits der politische Kampf, die Aufstände und die Revolutionen der Carbonari[518]. Trotzdem behielten die Carbonari viele freimaurerische Riten, und viele Freimaurer traten der Carboneria bei[519].

Die Carbonari waren die Anstifter des allgemeinen politischen Wiederstands in Italien. Sie waren die ersten aggressiven Nationalisten und Populisten der Geschichte Italiens, und aus diesem Grund viel effektiver im Vergleich mit der Politik der Intrigen der aristokratischen Freimaurer. In diesem Sinn waren die Carbonari für die österreichische Polizei und für die Regierung von Wien viel gefährlicher als die „normalen" Freimaurer.

Die Carbonari verbreiteten durch das Volk und das Bürgertum nationalistische und populistische Ideen und wollten tatsächlich eine Idee der italienischen Nation schaffen. Das finden wir zum Beispiel in unterschiedlichen Flugblättern, die die Carbonari nach der Verlautbarung der Regierungen von Mailand und Venedig von 25. August 1820 gegen die „Gesellschaft der sogenannten carbonari" und gegen die Zugehörigkeit zu Geheimgesellschaften in ganz Norditalien verteilt hatten[520]. In diesen Flugblättern stand als Antwort zu der Verlautbarung: *„Die italienische Nation [...] dekretiert durch ihre legitimen Vertreter: Alle Angehörigen des Österreichischen Reiches, die sich in militärischem und zivilen Dienst in Italien aufhalten, werden zu Feinden der Italienischen Nation erklärt"*[521]. In denselben Flugblättern wurde jedem Italiener das Recht zugebilligt, jedem Österreicher, der einem italienischen Bürger Freiheit und Leben genommen hatte, das gleiche zuzufügen. Und als Feinde wurden schließlich alle jene Italiener erklärt, die den Österreichern helfen würden, ihre Verlautbarung vom 28. August 1820 auszuführen[522].

In diesem Fall hat die Polizei lange Zeit die Verfasser der Flugblätter gesucht, aber nicht gefunden. Schließlich wurde den Carbonari die „Vaterschaft" dieser Flugblätter zugerechnet.

Viele Prozesse wurden in Lombardo-Venetien zwischen 1820 und 1848 gegen die Carbonari durchgeführt[523]. Man denke zum Beispiel an die Prozesse ge-

---

517 F. Pesendorfer, *Eiserne Krone und Doppeladler*, Wien 1992, S. 161

518 R. F. Esposito, *La Massoneria e l'Italia*, Rom 1979, S. 50

519 G. Leti, *Carboneria e Massoneria nel risorgimento italiano*, Genua 1925, S. 154 f.

520 *„Carte segrete e atti ufficiali della Polizia austriaca dal 4 giugno al 22 Marzo 1848"*, I, Capolago 1851, S. 418.

521 *„Carte segrete e atti ufficiali della Polizia austriaca dal 4 giugno al 22 Marzo 1848"*, I, Capolago 1851, S. 420.

522 F. Pesendorfer, *Eiserne Krone und Doppeladler*, Wien 1992, S. 163.

523 F. Pesendorfer, *Eiserne Krone und Doppeladler*, Wien 1992, S. 164 f.

gen Adeodato Resse, Piero Maroncelli und Silvio Pellico[524], der im Gefängnis das berühmte Buch „*Le mie prigioni*“ schrieb[525].

Die revolutionäre Arbeit der Carbonari zwischen 1820 und 1848 scheiterte in Nord- wie in Suditalien, wahrscheinlich weil sie nur einen sehr kleinen Anteil der Gesellschaft vertreten konnten[526]. Aber ihre Einstellung und ihre Aktionen und Schriften waren bedeutend, um den Boden für die zukünftigen Revolutionen vorzubereiten. Sie hatten in diesen dreißig Jahren Arbeit den Leuten und den unterschiedlichen Schichten der Gesellschaft die Augen über eine mögliche Befreiung Italiens und über die Gründung einer Nationalen Republik geöffnet. Dazu deckten sie die Probleme der österreichischen Besetzung auf, zeigten die allgemeinen Beschränkungen der Freiheit in Lombardo-Venetien und schürten einen allgemeinen „Hass“ der italienischen Gesellschaft gegen die Österreicher[527]. Viele revolutionären Versuche der Carbonari wurden in Lombardo-Venetien zwischen 1820 und 1848 durchgeführt, und die meisten Urheber stammten aus dem Kreis von Maroncelli und Pellico, die im Laufe der Zeit immer stärker „anti-österreich“ geworden waren[528].

Auch viele Priester gehörten den Carbonari an, und wie bereits ausgeführt, spielte auch der Wiederstand der ländlichen Kirche gegen Österreich eine sehr wichtige Rolle in den italienischen Befreiungskriegen und in der Meinungsorientierung der Bürger. Es scheint sogar, dass so viele Landpfarrer Carbonari wurden, dass der Papst selbst intervenierte. Pius VII hatte mit der Enzyklika „*Ecclesiam a Jesu Christo*“ im September 1821 alle Carbonari exkommuniziert[529], vielleicht auch, weil er selbst um seine Macht in Mittelitalien fürchtete.

Mazzini und die Giovine Italia spielten auch in der Befreiung Norditaliens und in der Propaganda gegen Österreich eine sehr wichtige Rolle. Mazzini hatte die Giovine Italia in Marseille (heute Frankreich, vorher Regno di Sardegna) 1831 gegründet; sein Ziel war die Gründung einer Republik im Piemont[530]. Er

524 R. Soriga, *Le società segrete*, Mailand 1942, S. 208 f. und S. 215.

525 Das Buch „*Le mie Prigioni*“ von Silvio Pellico von 1832 (Verlag Bocca , Turin) war ein sehr wichtiges Buch über das Leben des italienischen Patrioten im österreichischen Gefängnis „Spilberg“ in Böhmen. Das Buch war für die Aristokraten, Studenten und jungen „Letterati“ Italiens sehr wichtig und trug dazu bei, antiösterreichische Ideen zu schüren. Metternich meinte sogar, dass dieses Buch für Österreich schlechter als ein verlorener Krieg sei. Siehe dazu A. Luzio, *Il processo Pellico-Maroncelli secondo gli atti officiali segreti*, Mailand 1903, S. 6 f.

526 C. Tivaroni, *L'Italia durante il dominio austriaco*, I, Turin 1893, S. 361 f.

527 R. Huch, *Das Risorgimento*, Leipzig 1908, S. 121 f.

528 Man denke hier an die veröffentlichten zusätzlichen Kapitel von „*Le mie Prigioni*“, die später in Paris auf Französisch erschienen sind.

529 F. Pesendorfer, *Eiserne Krone und Doppeladler*, Wien 1992, S. 164.

530 R. Sarti, *Giuseppe Mazzini. La politica come religione civile*, Rom-Bari 2000, S. 12 f.

wollte dies auch mit der Hilfe von Garibaldi erreichen, aber 1834 scheiterte die Revolution und Mazzini emigrierte nach England, Garibaldi nach Süd-Amerika[531]. Die gescheitere Revolution zwang König Karl Albert zumindest ein wenig liberaler zu werden und eine Art Verfassung (1835, Statuto Albertino) zu erlassen.

In England wurde Mazzini einer der wichtigsten Politiker und Republikaner Europas und hatte zahlreichende Kontakte zu europäischen Revolutionären in Deutschland, Polen und Spanien. Nach einer Versöhnung mir Karl Albert kehrte Mazzini zurück und organisierte gemeinsam mit Garibaldi, auch dank der Hilfe von Piemont und Frankreich, zahlreiche revolutionäre Aufstände bis 1848. Er spielte ebenfalls, zusammen mit dem befreundeten Garibaldi, eine sehr wichtige Rolle in den italienischen Unabhängigkeitskriegen an der Seite von Piemont[532].

Nach 1848 kam die politische Propaganda von Piemont und die diplomatischen Aktionen von Cavour hinzu, um den politischen Wiederstand gegen Österreich zu erhitzen und um die Ideen eines neuen und vereinigten Italiens zu verbreiten[533]. Die diplomatische Aktivität von Cavour und das sehr große Netz an Spionen, das er in Nord- und Süditalien gegründet hatte, bereiteten den Boden für die zukünftigen Unabhängigkeitskriege vor. Die Rolle von Cavour und der militärische Einsatz Piemonts waren für den Untergang des österreichischen Lombardo-Venetiens entscheidend[534]. Auch im Bereich des Rechts, wie wir schon gesehen haben, war die Rolle der Piemonteser, und ihre frankophile Politik mehr als bedeutend. Es ist sehr wahrscheinlich, dass Italien den Code Civil als Vorbild des Codice Civile, anstelle des ABGB, auf Grund der französischen Kultur, die in Piemont Grundlage der Gesellschaft und des ganzen Königreichs selbst war, übernommen hat.

Eine letzte aber doch sehr wichtige Rolle spielte in diesem aufsteigenden politischen Wiederstand die neue nationalistische Kultur des Romantizismus und des Risorgimento, die durch Poeten, Künstler und Schriftsteller wie Ugo Foscolo, Leopardi, Verdi, Mameli und viele andere die Seele der Italiener mit der Idee eines neuen Italiens erhitzten. Fast alle jungen Italiener besaßen in die-

---

531 A. Scirocco, *Garibaldi. Battaglie, amori, ideali di un cittadino del mondo*, Rom-Bari 2009, S. 18 f.

532 L. Ambrosoli, *Giuseppe Mazzini, una vita per l'unità d'Italia*, Bari 1993, S. 126 f.

533 G. Berzero, *Il Conte di Cavour*, in R. Giusti (Hg.), *Il Lombardo-Veneto (1814-1866).* Atti del convegno storico, Mantua 1977, S. 337 f.

534 Siehe, auch wenn der Autor den Savoyern gegenüber sehr kritisch ist: G. Di Fiore, *Controstoria dell'Unità d'Italia. Fatti e misfatti del Risorgimento*, Mailand 2007, S. 18 f.

ser Zeit Bücher von Autoren, die Romantiker und Nationalisten waren. Das hat sicher die Mentalität vieler Jungen dieser Zeit stark beeinflusst und geprägt[535].

535 Viele Freiwillige kämpften neben der Piemontesischen Arme gegen Österreich, die Meisten waren sehr jung und fast alle Studenten.

6. Aufhebung des österreichischen ABGB in Italien

6.1 Sozial-politische und historische Betrachtungen, die diese Aufhebung verursacht haben

Wie wir in den vorigen Kapiteln gesehen haben, ist das Jahr 1848 ein Wendepunkt in der Geschichte Italiens. Mit den Revolutionen von 1848 beginnt in Italien ein Befreiung- und Vereinigungsverfahren, das bis zum ersten Weltkrieg andauern wird[536]. Dank den politischen und sozialen Bewegungen der liberalistischen Parteien und Geheimorganisationen (Freimauer, „Carbonari", „Giovane Italia")[537] und der Philosophen und Intellektuellen in ganz Italien, beginnen die Italiener an ein vereinigtes und liberales Italien zu glauben. Von diesem Zeitpunkt an ändert sich die allgemeine Meinung der Italiener über die Österreicher, das österreichische Kaiserreich und seine Verwaltung – auch aufgrund des brutalen Einsatzes der österreichischen Armee und Polizei unter Graf Gyulay[538]. Die italienische Gesellschaft lernt, die Österreicher zu hassen und ihnen zu misstrauen, wenn auch die nord-italienischen Juristen die österreichische Rechtsordnung immer noch hoch schätzten.

In dieser sehr unruhigen Zeit war die politische und soziale Bewegung über die Meinung der Juristen vorherrschend, und alles was „nicht italienisch" war und von der Besetzungsmacht abstammte, wurde als „feindlich" und „unterdrückerisch" betrachtet.

Der soziale, politische und militärische Wiederstand gegen Österreich herrschte in Italien seit 1848 bis zum Ende des ersten Weltkriegs – und nicht nur bis zum Ende des dritten italienischen Unabhängigkeitskrieges 1866[539].

Die italienische Gesellschaft war in dieser Periode von der Philosophie des Romantizismus und des Nationalismus stark beeinflusst[540]. Diese Periode des

536 G. Pécout, *Il lungo Risorgimento: la nascita dell'Italia contemporanea (1770-1922)*, Mailand-Turin 1999, S.101 f.

537 F. Pesendorfer, *Eiserne Krone und Doppeladler*, Wien 1992, S. 160 f.

538 N. von Preradovich, *Gyulai, Ignaz Graf*, in *Neue Deutsche Biographie (NDB)*. Band 7, Berlin 1966, S. 365.

539 G. Pécout, *Il lungo Risorgimento: la nascita dell'Italia contemporanea (1770-1922)*, Mailand-Turin 1999, S.123 f.

540 Man denke hier an die Ideen und Schriften von nationalistischen Autoren und Philosophen wie Mazzini in Italien, Fichte in Deutschland oder Michelet in Frankreich, die eine ganze Generation inspiriert haben. Gleichzeitig ist auch die wichtige künstlerische Komponente des Romantizismus, die vom deutschen „Sturm und Drang" begonnen

Risorgimento ist ein „Wiederaufleben“ der italienischen Nation. Die italienischen Liberalen und Patrioten sahen nun in der österreichischen Besetzung und im Kirchenstaat[541] die zwei letzten Hindernisse für die Wiedervereinigung Italiens. Die Franzosen und die französische Kultur im Allgemeinen wurden hingegen im Laufe der zweiten Hälfte des XIX Jahrhunderts stark aufgewertet. Die französische Sprache war die offizielle Sprache des Königs von Piemont und des Grafen Cavour, die als Befreier Italiens angesehen wurden; die französische Kultur war die Grundlage der piemontesischen Kultur selbst[542]. Dazu wurden die Franzosen auch Verbündete der Piemonteser und der italienischen Freiheitskämpfer während der Unabhängigkeitskriege. Die Österreicher waren im Gegenteil immer auf der gegnerischen Seite.

Es ist also klar, dass nach der Wiedervereinigung Italiens, die unter der Herrschaft der Piemonteser und des Hauses Savoyen (die von der französischen Kultur stark geprägt wurden) erfolgte, die neue, vorherrschende Kultur in Italien die französische Kultur war[543]. Das galt auch im Bereich des Rechts, und aus diesen politischen und sozialen Gründen wurde das ABGB in den ehemaligen österreichischen Gebieten aufgehoben und das neue italienische Zivilgesetzbuch (vom französischen Code Civil stark beeinflusst) in Kraft gesetzt. Nicht zu vergessen ist, dass der erste Minister des neuen italienischen Königreichs Camillo Benso von Cavour und der Justizminister Pisanelli beide französisch sprachen, und dies nicht nur in der Öffentlichkeit sondern auch im täglichen Leben.

6.2 Die Befreiung Nord-Italiens

Die italienische Geschichte der zweiten Hälfte des XIX. Jahrhunderts war von einem allgemeinen Wiederstand gegen das österreichische Kaiserreich charakterisiert[544]. Dieser historische Wiederstand wurde am Beginn von einem freimaurerähnlichen Geheimbund, den Carbonari organisiert, die in kleinen Gruppen organisiert waren. Die Carbonari verfügten nicht über eine Basis in der ländli-

---

wurde, nicht zu vernachlässigen. Siehe dazu M. Puppo, *Il Romanticismo*, Rom 1994, S. 54 f.

541 U. Levra, F. Levi, N. Tranfaglia, *Storia d'Italia*, II, Rom 1978, S. 539 f.

542 Siehe hierzu zB das Buch von Francesco Cognasso, *Vita e cultura in Piemonte. Dal Medioevo ai giorni nostri*, Turin 1969, S. 220 f.

543 Siehe die Überlegungen über die neue italienische Rechtskultur und ihre Ähnlichkeiten mit Frankreich und der kulturellen Grundunterschiede mit Österreich in G. Pisanelli, *Dei progressi del diritto civile in Italia nel secolo XIX.*, Mailand 1872, S. 3 f.

544 F. Valsecchi, *Il dominio del Lombardo-Veneto e i problemi della politica austriaca in Italia*, in R. Giusti (Hg.), *Il Lombardo-Veneto* (1814-1866). Atti del convegno storico, Mantua 1977, S. 3 f.

chen Bevölkerung[545]. Sie waren gebildete Bürger und Aristokraten, die nicht zur breiten Masse gehörten. Dies erleichterte es den Österreichern, viele dieser Gruppierungen zu entdecken und zu schwächen.

Vom Geheimbund der Carbonari wurde der republikanisch-demokratische Revolutionär Giuseppe Mazzini beeinflusst, der 1831 in Marseille den Geheimbund Junges Italien (Giovine Italia[546]) gründete, und sich von den Ideen der Carboneria immer mehr entfernte. Seine Idee der Giovine Italia basierte auf einer vereinten Nation von freien und gleichen Bürgern, das Manifest der Giovine Italia wird in der ersten Ausgabe Oktober 1831 der gleichnamigen Zeitschrift veröffentlicht, die Mazzini illegal im Regno Sardo verbreitet. Das Leitmotiv von Mazzini war „*L'Italia farà da sè*", die neue Republik sollte durch das Volk entstehen[547]. Die Ideen von Mazzini inspirierten auch junge revolutionäre Idealisten aus ganz Europa[548]. 1834 gründet er in Bern die „Giovine Europa", eine revolutionäre Organisation, die erstmals nicht-national, sondern europaweit ausgelegt ist. Mazzini und seine Anhänger müssen auch die Schweiz wieder verlassen, im Exil in England gründen sie die Partei „Partito d'Azione"[549].

In Italien wiederum organisieren Mazzini und die "Giovine Italia" gemeinsam mit Garibaldi und seinen Anhängern verschiedene Aufstände, die jedoch alle scheiterten, jedoch zumindest den Boden für eine breitere öffentliche Diskussion über wichtige Themen wie Meinungsfreiheit, Grundrechte und Verfassung vorbereiten sollten. Diese „republikanischen" Revolutionen erfolgten 1833/34 in Piemont, 1843 in Bologna, das darauffolgende Jahr in Kalabrien und 1845 in Rimini.

Die Idee der Republik Mazzinis wird der "sinistra storica" zugezählt, Vertreter der "destra storica" (zB Vincenzo Gioberti) traten in Gegenteil für eine konstitutionelle Staatenkonföderation unter dem Papst ein[550].

Andere wiederum wollten die nationale Einigung unter dem Königreich Sardinien erreichen, Vertreter dieser Idee waren Cesare Balbo und Massimo Taparelli D'Azeglio. Die Idee von Gioberti wurde durch Reformen von Papst

545 F. Pesendorfer, *Eiserne Krone und Doppeladler*, Wien 1992, S. 161 f.

546 R. Blaas, *Le sette politiche. Metternich e il concetto di delitto politico*, in R. Giusti (Hg.), *Il Lombardo-Veneto (1814-1866).* Atti del convegno storico, Mantua 1977, S. 22 f.

547 Siehe Enciclopedia Treccani online, Eintrag Giuseppe Mazzini

548 Zu den politischen Ideen von Mazzini siehe zB S. Mattarelli, *Duties and rights in the thought of Giuseppe Mazzini* in *Journal of Modern Italian Studies*, 13, n. 4 (Dez. 2008), S. 480-485.

549 Siehe Enciclopedia Treccani online, Eintrag Giuseppe Mazzini

550 S. Romagnoli, *Il sogno di Gioberti: un Italia unita Catto-Liberale. Con Papa*, in *Storia in Network*, 89 (2004).

Pius IX noch unterstrichen. Papst Pius der IX begann mit seinem Antritt 1846 liberale Reformen durchzusetzen, u.a. die Bildung eines Staatsrates und einer Bürgerwehr. Interessanter Vorschlag des Papstes war die Bildung einer Zollunion zwischen den italienischen Staaten[551].

Liberale und demokratische Bewegungen konnten nach 1846 weitere Erfolge verzeichnen, Verfassungen wurden im Königreich der beiden Sizilien, der Toskana und Sardinien-Piemont eingeführt. Der „Statuto Albertino“[552], die Verfassung Sardinien-Piemonts von 1848 unter König Carlo Alberto di Savoia, sollte später die Grundlage der Verfassung des italienischen Königreiches werden.

In dieser Zeit spielte Piemont in der revolutionären Bewegung eine bedeutende Rolle. 1847 wurde in Turin u.a. von Camillo Benso Conte die Cavour die liberalkonservative Zeitschrift „Il Risorgimento“ gegründet[553]. Diese Zeitschrift vertrat die Ideen der „Moderati“[554], die die Einigung Italiens durch das Königreich Piemont-Sardinien erzielen wollten. Camillo Benso di Cavour sollte später Ministerpräsident in Sardinien-Piemont sowie erster Ministerpräsident des Königreichs Italien werden[555].

Graf Cavour war einer der wichtigsten Persönlichkeiten der italienischen Befreiung und spielte für die Wiedervereinigung Italiens eine sehr wichtige Rolle. Sein politisches und diplomatisches Geschick ist mit der Figur Metternichs vergleichbar. Viele Autoren sind der Ansicht, dass er mit Napoleon III in Plombières les Bains mit dem Zusammenschluss in einen Geheimbund das neue Italien gründete[556]. Cavour setzte schließlich, durch seine Diplomatie und dank seinem politischen Engagement, die Idee eines vereinten Italiens unter dem Haus Savoyen in der gesamten revolutionären Bewegung durch.

Der Beginn der italienischen Revolution kann mit 1848 angesetzt werden, zahlreiche Aufstände erfolgen in diesem Jahr in den italienischen Gebieten, ausgehend vom Aufstand in Sizilien. Im Norden, beginnend in Mailand, Brescia und Padua formieren sich Widerstände gegen Österreich[557]. Die Lombardei schließt sich dem Königreich Sardinien-Piemont an, Venedig proklamiert sich

551 G. Martina, *Pio IX*, Rom 1985, S. 3 f.

552 G. Rebuffa, *Lo Statuto Albertino*, Bologna 2003, S. 62 f. ; S. 156 f.

553 Siehe Enciclopedia Treccani online, Eintrag Cavour.

554 A. Friggerio, *Risorgimento e unità d'Italia*, Novara 2010, S. 67 ff.

555 Siehe Enciclopedia Treccani online, Eintrag Cavour.

556 A. Petacco, *Il regno del Nord. 1859: Il sogno di Cavour infranto da Garibaldi*, Mailand 2009, S. 3 f.

557 A. Petacco, *Il regno del Nord. 1859: Il sogno di Cavour infranto da Garibaldi*, Mailand 2009, S. 55 f.

„Repubblica di San Marco“ unter Daniele Manin[558]. Das Königreich Sardinien-Piemont unter Carlo Alberto unterstützt im ersten italienischen Unabhängigkeitskrieg die Lombardei und Venetien militärisch gegen Österreich, unterliegt jedoch schließlich in der Schlacht bei Custoza gegen die Österreichischen Truppen unter dem Kommando von Feldmarschall Radetzky[559]. Österreich erhält so die Lombardei wieder zurück. 1849 tritt Sardinien-Piemont, in Folge eines Aufstandes in der Toskana, erneut im Krieg gegen Österreich an, sollte aber in der Schlacht bei Novara wieder unterliegen. König Carlo Alberto tritt zurück, sein Sohn und Nachfolger Vittorio Emmanuele II schließt mit Österreich einen Friedensvertrag ab. Auch die kurz zuvor entstandene Republik Venedig wird zerschlagen[560].

Zwischen 1848 und 1849 erfolgten auch republikanische Aufstände in Mittel- und Süditalien, zB in Rom und Neapel[561]. Der Papst floh im November 1848, nach einem Mordanschlag auf den Ministerpräsidenten des Kirchenstaates, Pellegrino Rossi, von Rom nach Gaeta, wo der Kirchenstatt seinen Militärhafen hatte. Am 9. Februar 1849 wurde von den Anhängern von Giuseppe Mazzini eine römische Republik im Kirchenstaat gegründet, die unter einem Triumvirat, bestehend aus Mazzini, Carlo Armellini und Aurelio Saffi stand[562]. Französische und spanische Truppen intervenierten, um die Herrschaft des Papstes zu restaurieren. Unter der Leitung von Garibaldi unterlag die römische Armee, und kapitulierte nach der Schlacht des „Gianicolo“[563]. Garibaldi, Mazzini und andere führende Republikaner mussten noch einmal ins Ausland ins Exil fliehen

---

558 P. Galletto, *La vita di Daniele Manin e l'epopea veneziana del 1848-49*, Treviso 1999, S. 3 f.

559 H. Kunz, *Die Feldzüge des Feldmarschalls Radetzky in Oberitalien 1848 und 1849*, Leipzig 1890, S. 92.

560 F. Frasca, *Le operazioni dei corpi militari veneti e d'alcuni alleati*, in *Venezia Quarantotto. Episodi, luoghi, protagonisti di una rivoluzione, 1848-1849*, Mailand 1998, S. 35–41.

561 D. M. Smith, *Italy. A Modern History*, Ann Arbor (Michigan) 1969, S. 19 f.

562 E. Providenti, *Roma e il Lazio nel Risorgimento*, in *Capitolium*, 1968 (XLIII), n. 3-4, S. 12-32.

563 Der Gianicolo ist ein Hügel in Rom, bei dem die Streitkräfte von Garibaldi gegen Franzosen und Spanier für die Freiheit Roms kämpften. Viele Soldaten starben, der Hügel ist ihnen zum Monument gemacht worden. Neben den Statuen Garibaldis und seiner Frau, zieren auch Büsten verstorbener „Garibaldini“ den Hügel. Auch die Straßennamen des Stadtteils Gianicolo in Rom wurden den verstorbenen Garibaldini gewidmet. Zur Geschichte der römische Republik siehe: M. Severini, *La Repubblica romana del 1849*, Venedig 2011.

(Mazzini ging wieder nach London, Garibaldi floh in die USA)[564]. Die römische Republik endete schließlich am 3, Juli 1849, die Kardinäle stellten die alten Machtverhältnisse wieder her. 1850 konnte der Papst nach Rom zurückkehren, revidierte seine vorher eingeführten Reformen, und führte ein autoritäres Polizeiregime ein. Bis 1870 blieben französische Truppen als Schutzmacht in Rom[565]. Das neue autoritäre Polizeiregime des Papstes war besonders blutig und grausam und ließ im Laufe der folgenden Jahre tausende Menschen hinrichten, die als Liberale oder Republikaner galten[566].

Obwohl 1850 alle revolutionären Bewegungen gescheitert waren, war dies doch der Anfang der endgültigen Befreiung und Wiedervereinigung. Genau in diesen Jahren, nach dem Ende des ersten italienischen Unabhängigkeitskrieges, beginnt Cavour ein Netz von diplomatischen und politischen Beziehungen in ganz Europa aufzubauen, die mit dem zweiten Unabhängigkeitskrieg von 1859 mit der Befreiung der Lombardei und der Vereinigung Nord- und Süditaliens enden werden.

Bereits vor 1859 baute Cavour zahlreiche Beziehungen mit England und Frankreich auf, da er die Hilfe dieser zwei Großmächte benötigte, um eine Vereinigung Italiens zu erreichen. In dieser Zeit führte er nicht nur viele interne Reformen durch, um sein Land zu modernisieren, sondern stand auch im Bereich der Außenpolitik Frankreich und England sehr nahe[567].

Die große Chance, diese zwei Mächte als Verbundene und Alliierte endgültig zu gewinnen, sieht Cavour 1855 mit dem Krim-Krieg. In diesem Krieg zwischen Frankreich, England und Russland, stellte sich das Königreich Sardinien auf die Seite Frankreichs und Englands[568]. Nach dem Ende des Krieges hatte Cavour so die Möglichkeit, am Verhandlungstisch in Paris auf Seiten der Gewinner zu sitzen, wo er Napoleon III. kennenlernt. Cavour wurde in den folgenden Jahren zu einem guten Freund und Vertrauten des Kaisers, und stellt ihm

564 Mazzini floh bereits vorher nach London; Garibaldi war ehemals General in Südamerika, wo er ebenfalls als Held betrachtet wurde.

565 A. Tornielli, *Pio IX. L'ultimo Papa re*, Mailand 2004, S. 36 f.

566 Die päpstlichen Soldaten begingen in diesen Jahren tatsächlich grausame Verbrechen und richteten tausende Menschen hin. Berühmt war zB die Schlacht von Perugia von 1859, bei der die päpstlichen Truppen Umbrien und die Marken zurückeroberten, die in Italien auch als „Massacro di Perugia" erinnert wird. Die 2000 schweizerischen Soldaten plünderten die Stadt von Perugia und metzelten viele Bürger nieder. Siehe H. Nelson Gay, *Uno screzio diplomatico fra il governo pontificio e il governo americano e la condotta degli Svizzeri a Perugia il 20 giugno 1859*, Perugia, S. 117-118.

567 R. Romeo, *Vita di Cavour*, Bari 2004, S. 203 f.

568 H. Hearder, *Cavour*, Bari, 2000, S. 94-102.

auch seine Kusine, die Herzogin von Castiglione vor[569], die später zur Geliebten des Kaisers werden sollte. Auf Basis dieser engen Freundschaft schließen die beiden 1858 den Geheimvertrag von Plombières-les-Bains, der im Falle eines österreichischen Angriffs den Piemontesern die Unterstützung Frankreichs versicherte. Im Falle eines Sieges würde das Königreich Sardinien ganz Oberitalien dazugewinnen, Frankreich würde Savoyen und die Grafschaft Nizza erhalten[570]. Bedingung der Unterstützung Frankreichs war jedoch, dass der Erstangriff durch Österreich erfolgte. Cavour brauchte ein Jahr, um diesen Erstangriff von österreichischer Seite zu provozieren, und nutzte diese Zeit, um die Armee zu reorganisieren, und neue Waffen zu erwerben. Wie in der historischen Einführung erläutert, gelingt es Cavour, Österreich zu provozieren, und General Gyulay greift 1859 Piemont an. Die Franzosen intervenierten, und die Koalition zwischen Frankreich und Sardinien ist siegreich. Die Lombardei und weitere Teile Norditaliens gingen somit an Cavour[571]. Eigentlich hätte der Frieden von Zürich Piemont nur die Lombardei gegeben, jedoch was die Diplomatie nicht erreicht konnte, hatten die Aufständen und die Revolutionäre in Nord- und Mittelitalien erreicht.

Gleichzeitig, dank der Aktivität von Garibaldi[572] und der Aufstände in den Herzogtümern von Parma und Piacenza, der Toskana und den Besitzen der Kirche in Emilia und Bologna, kann Piemont auch diese Gebiete hinzugewinnen. Im Laufe der Jahre 1860-1861 gewinnt das Königreich Sardinien auch das Königreich der „Due Sicilie" hinzu, dank des Einsatzes von Garibaldi und der sogenannten „Spedizione dei Mille"[573]. Im Jahr 1816 wurde auch das Königreich

569 H. McPherson, *La Divine Comtesse: Representing the Anatomy of a Countess*, in *The Modern Portrait in Nineteenth Century France*, Cambridge and New York 2001, S. 38-75.

570 M. Prieschl, *Der Weg nach Solferino - Die politischen Ursachen von 1859*, in *Österreichische Militärische Zeitschrift ÖMZ* 2/2010, Wien 2010, S. 189 – 207.

571 Nach dem zweiten Unabhängigkeitskrieg gewinnt das Haus Savoyen nicht nur die Lombardei, sondern auch unterschiedliche Gebiete in Nord- und Mittelitalien hinzu, die sich entweder selbst befreit oder der Annexion an den Piemont zugestimmt hatten. Dies ist der Fall von Parma, Modena und dem ehemaligen Großherzogtum von Toskana, die sich der vorigen österreichischen Herrscher entledigten. Auch Emilien und die Romagna wurden zwischen dem Ende 1859 und dem Anfang 1860 an den Piemont annektiert. Nur die Marken und die Region Umbrien blieben im Besitz des Papstes, nach der Schlacht von Perugia (20. Juni 1859), bei der die päpstlichen Truppen die beiden Regionen wiedereroberten.

572 Der gleichzeitig mit einem Freiwilligenheer auf verschiedenen Kriegsschauplätzen kämpfte.

573 A. Scirocco, *Garibaldi: battaglie, amori, ideali di un cittadino del mondo*, Bari 2001, S. 236 f.

Italiens proklamiert, mit Viktor Emanuel dem II. als König. Italien wurde als konstitutionelle Monarchie regiert, als Verfassung trat der *Statuto Albertino* von 1848 in Kraft[574].

In dieser Zeit war fast ganz Italien unter dem Hause Savoyen vereint. Es fehlten noch die Territorien, die in den Händen der Österreicher lagen (Venetien und Friaul), und Rom mit bestimmten Teilen des Latiums, die noch in der Hand des Papsts waren.

Venetien und der Großteil von Friaul wurden mit dem dritten Unabhängigkeitskrieg 1866 wiedererobert[575]. Rom wurde schließlich 1870 befreit und die Region Trentino-Südtirol, der östliche Teil Friauls inklusive Triest und Istrien wurden nach dem Ende des ersten Weltkrieges und mit dem Vertrag von Saint-Germain 1919 vom Königreich Italien annektiert[576].

Die Wiedervereinigung Italiens und die Befreiung des Nordens erfolgten demnach offiziell nach dem ersten Weltkrieg, 70 Jahre nach den ersten Revolutionen des Jahres 1848.

6.3 Aufhebung des ABGB in der Lombardei und in Venetien und das verbliebene Erbe des österreichischen Rechts in der aktuellen italienischen Rechtsordnung

Die Aufhebung des ABGB und der österreichischen Rechtsordnung in Nord Italien erfolgte in verschiedenen Stufen und Perioden, die eng mit den politischen und sozialen Ereignissen verbunden waren.

In der Lombardei behielt das ABGB bis 1859 Gültigkeit bzw. bis 1866 gemeinsam mit dem sardinischen Kodex[577], und wurde demnach nach dem dritten Unabhängigkeitskrieg abgeschafft. Wobei es theoretisch schon nach dem Ende des zweiten Unabhängigkeitskrieges und nach der Wiedereroberung der Lombardei aufgehoben sein sollte. In Venetien blieb das ABGB nach der Wiedereroberung 1866 bis 1871 in Kraft, und wurde dann vom italienischen Zivilgesetzbuch 1871 ersetzt. In der Lombardei und Venetien wurde das ABGB durch das neue italienische Zivilgesetzbuch von 1865 ersetzt.

574 G. Rebuffa, *Lo Statuto Albertino*, Bologna 2003, S. 62 ff. ; S. 156 ff.

575 D.M. Smith, *Italy. A Modern History*, Ann Arbor (Michigan) 1969, S. 76 f.

576 D.M. Smith, *Italy. A Modern History*, Ann Arbor (Michigan) 1969, S. 314 f.

577 A. Bernardini, *Italien –Österreich –Südtirol: Übersetzungen von Gesetzestexten in zwei Jahrhunderten*, in *La traduction juridique*, Kongressbeiträge Universität Genf 17.-19.2.2000, S. 173 f.

Triest, Görz, Welsch-Tirol, Süd-Tirol und Istrien wurden am 20. Oktober 1920 von Italien mit den Verträgen von St. Germaine von 1919 annektiert. In diesen Regionen blieb das ABGB bis November 1928 (nach Brauneder bis zum 30. Juni 1929[578]) in Kraft. Am 1. Juli 1929 trat das italienische Zivilgesetzbuch in Kraft, nach dem R.D. (königliches Dekret) vom 4. November 1928, n. 2325, das jedoch das Grundbuchsystem in diesen neuen Provinzen in Kraft ließ. Nach dem Artikel 2 dieses Dekrets wird das Grundbuch-System und der österreichische Kataster in diesen Provinzen in Geltung bleiben und der Artikel 1376 des italienischen Zivilgesetzbuches in seinen wesentlichen Teilen außer Kraft gesetzt[579].

Das von Justizminister Pisanelli 1865 eingeführte italienische Zivilgesetzbuch basierte, aus den bereits erwähnten politischen Gründen[580], auf dem französischen Recht, österreichische Rechtslösungen wurden explizit abgelehnt. Im ersten italienischen Zivilgesetzbuch finden sich demnach keine Spuren des ABGB. Hingegen enthält das italienische Zivilgesetzbuch von 1942 in Art. 1376 den wichtigen Hinweis, dass in bestimmten italienischen Provinzen im Bereich der Eigentumsübertragung von unbeweglichen Sachen nicht die Disziplin des *Codice Civile* anzuwenden ist. In dem in diesen Provinzen geltenden Grundbuch und der auf ihm basierenden Eigentumsübertragung liegt das einzige – gleichwohl wichtige – Vermächtnis des österreichischen Privatrechts in Italien.

Das System des Grundbuchs nach österreichischer Art und der zugehörigen Eintragung des Eigentumsüberganges heißt in Italien "*sistema catastale tavolare*"[581] oder kurz "*sistema tavolare*" und gilt heute noch in den Provinzen und Gebieten, die nach dem ersten Weltkrieg durch den Vertrag von St. Germain von Italien annektiert wurden, sowie in einigen Gebieten des ehemaligen Königreiches Lombardo-Venetiens. Diese Gebiete sind: die Autonomen Provinzen Bozen und Trento, die Provinzen Triest und Görz[582], einige Gemeinden der Pro-

578 W. Brauneder, *Das allgemeine Bürgerliche Gesetzbuch für die gesamten Deutschen Erbländer der österreichischen Monarchie von 1811*, Sonderdruck aus Gutenberg-Jahrbuch 1987, Mainz 1987, S. 236.

579 Siehe die zweite Anmerkung am Artikel 1376 des italienischen Zivilgesetzbuchs (*Codice Civile*).

580 Das österreichische Gesetzbuch wurde als "fremde Gesetzgebung" angesehen: G. Pisanelli, *Dei progressi del diritto civile in Italia nel secolo XIX*. Mailand 1872, S. 3 f.

581 F. Gazzoni, *Manuale di diritto privato*, Neapel 2000, S. 269-297

582 Zur Provinz Görz gehört auch die Stadt Grado, in der dieses System gilt. Nach dem „Servizio Statistiche" der autonomen Region Friaul-Julisch Venetien ist Grado die italienische Stadt mit der höchsten Anzahl an ansässigen Bewohnern mit österreichischer Staatsbürgerschaft. (Quelle: http://www.regione.fvg.it/rafvg)

vinz Udine[583], die Gemeinden Pedemonte (Provinz Vicenza), Magasa und Valvestino (Provinz Brescia, Region Lombardei) und einige Gemeinden der Provinz Belluno[584], unter anderem Cortina d'Ampezzo.

Der in diesen Gebieten geltende Kataster und das Grundbuch unterscheiden sich vom italienischen *catasto ordinario*[585] und dem „*registro dei beni immobili*", neben den unterschiedlichen historischen Wurzeln, insbesondere in der Regelung des Eigentumsüberganges, der Aufbewahrungsmethode und der unterschiedlichen rechtlichen Relevanz der Ergebnisse, die bei der Übertragung von Immobilien konstitutive Wirkung und Beweiskraft haben.

Das italienische System der Eintragung, gestaltet nach der französischen "publicité foncière", basiert auf dem Prinzip der Einwendbarkeit der Eigentumsübertragung gegenüber Dritten durch die Eintragung nach Art. 2643 ff des Codice Civile. Dies bedeutet, dass die Registrierung kein Eigentumsrecht begründet, sondern nur die Existenz des Rechts Dritten gegenüber beweist.

Die Eigentumsübertragung erfolgt direkt mit dem einfachen Konsens der Parteien, wie dies aus Art. 1376 des Codice Civile ersichtlich ist. Die Eintragung hat demnach die Funktion der Geltendmachung der Eigentumsübertragung gegenüber Dritten, die nachträglich Rechte auf die Liegenschaft erwerben, wie Art. 2644 CC zeigt. Im "*registro dei beni immobili*" (Liegenschaftsregister) hat die Eintragung keine konstitutive Wirkung und folgt der Person des Eigentümers[586]. Dies stellt den Hauptunterschied zum österreichischen System dar, in welchem das Grundbuch konstitutive Wirkung besitzt und der Sache folgt. Der

583 Die genaue und aktuelle Liste der Gemeinden ist: Aiello del Friuli, Aquileia, Campolongo al Torre, Cervignano del Friuli, Chiopris-Viscone, Fiumicello, Malborghetto-Valbruna, Pontebba, Ruda, San Vito al Torre, Tapogliano, Tarvisio, Terzo d'Aquileia, Villa Vicentina, Visco (Quelle: "Servizio Statistiche" Regione Autonoma Friuli Venezia Giulia, http://www.regione.fvg.it)

584 Die Gemeinden der Provinz Belluno (Region Veneto) mit dem Grundbuchsystem sind: Colle Santa Lucia, Livinallongo, Pieve di Cadore, Cortina d'Ampezzo. (Quelle: Archivio di Stato di Belluno)

585 Der italienische Kataster (Nuovo catasto dei terreni, N.C.T.) wird erstmals mit dem Gesetz Messedaglia, 1. Juli 1886, Nr. 3682 eingeführt, und im Laufe der Jahre von verschiedenen Normen modifiziert. Zu den wichtigsten zählen hier: Testo unico delle leggi sul nuovo catasto dei terreni, 8. Oktober 1931, Nr. 1572; Regio Decreto n° 2153/1939 sulla conservazione del Catasto dei terreni; Das Gesetz Nr. 652/1939 und das D.P.R. 1142/1948 sull'istituzione del Nuovo Catasto Edilizio Urbano (N.C.E.U.); und schließlich die Circolare n° 2/1984 sull'autonomia del N.C.E.U.. Aktuell wird das System des Katasters von der Agenzia del territorio auf Basis des Dekrets D.lgs. 300/1999 geführt.

586 A. Torrente, *Manuale di diritto privato*, Mailand, 1990, S. 1058-1059; S. 1070-1071; Ebenfalls in S. Pugliatti, *La Trascrizione*, Band 2, Mailand 1989, S. 12 f.

italienische Kataster[587] ist vorwiegend ein technisches Organ, und besteht aus der Gesamtheit von Dokumenten, Karten und Akten, die unbewegliche Güter unter Angabe des Ortes und der Grenzen, der Besitzer und der Grundrente aufzählen und beschreiben; letztere wird zur Berechnung der Steuern und Abgaben herangezogen. Der in Italien geltende Kataster ist, wie der erste Artikel des Gesetzes *Legge Messedaglia* n. 3682/1886 besagt, "geometrisch", parzelliert, einheitlich und ohne Beweiskraft[588]. Die Eigentumsübertragung eines Grundstückes oder einer Immobilie (durch Kauf oder Erbschaft) wird, nach dem allgemeinen italienischen System, zuerst im lokalen Liegenschaftsregister (*registro dei beni immobili)* der zuständigen Gemeinde aufgezeichnet, und nach einigen Monaten oder später im Kataster[589].

Im Gegensatz zum allgemeinen italienischen Privatrechtssystem bleibt das österreichische System des Grundbuches in den neuen Provinzen[590] dank dem R.D. n. 2325 vom 4. November 1928 in Kraft. Dieses königliche Dekret dehnt den italienischen *Codice Civile* und den *Codice di Procedura Civile* von 1865 und den *Codice di Commercio* von 1882 auf diese Provinzen mit 1. Juli 1929 aus, behält aber auch explizit die auf dem Grundbuch basierende Publizität österreich-ungarischer Form bei; Art. 1376 des *Codice Civile* ist somit in den Gebieten mit Grundbuchsystem nicht anwendbar[591].

Dieses System unterscheidet sich deutlich vom französischen Publizitätssystem. Ihm liegt das „reale" Kriterium (bezogen auf Sachen) zugrunde, und folgt demnach nicht dem „persönlichen" [592] französischer Derivation, geregelt durch den *Codice Civile* von 1942. Die unbeweglichen Sachen sind, gemeinsam mit einer Beschreibung der Rechte, die einzelnen Personen auf diese haben, direkt aufgelistet.

Das *sistema tavolare* in den genannten Provinzen und Gemeinden ist ein Regelwerk zur Publizität von dinglichen Rechten an Liegenschaften mit konsti-

---

587 Der *catasto fondiario* (der italienische Kataster) hat technische und steuerliche Relevanz. Siehe A. Trabucchi, *Istituzioni di diritto civile*, Padua 2005, S. 233.

588 Siehe L. 3682/1986. Die fehlende Beweiskraft wurde erst später durch den italienischen Staat eingeführt. Zu Beginn, wie im originären Art. 8 des Gesetzes Messedaglia ersichtlich ist, sollte der Kataster Beweiskraft haben.

589 A. Burdese, *Manuale di diritto privato italiano*, Torin 1973, S. 106.

590 Die neuen Provinzen umfassten Trentino, Südtirol und Julisch Venetien. Zu Julisch Venetien zählten nicht nur Triest und Görz, sondern auch Istrien.

591 Im Geltungsbereich des Grundbuchsystems ist der Artikel 1376 c.c. gemäß Artikel 12 des Königlichen Dekrets vom 28.3.1929, Nr. 499, i.d.g.F. unanwendbar; siehe auch Artikel 2 dieses Dekrets, wonach das Eigentum und andere dingliche Rechte an Liegenschaften durch Rechtsgeschäfte unter Lebenden nur durch die Eintragung des Rechtes im Grundbuch erworben werden

592 F. Gazzoni, *Manuale di diritto privato*, Neapel 2000, S. 296-297.

tutiver Wirkung des Rechtserwerbs durch Eintragung. Dieses System österreichischer Abstammung unterscheidet sich deutlich vom italienischen System, und wird von spezifischen Rechtsnormen getragen, die auf folgenden Gesetzen basieren:

1) Das österreichische Gesetz vom 25. Juli 1871, RGBl. Nr. 95 über die Einführung eines Allgemeinen Grundbuchsgesetzes;
2) Ordinanza Minsteriale Nr. 5 vom 12. Jänner 1872 zur Umsetzung des Grundbuches;
3) das österreichische Gesetz vom 25.7.1871, Nr. 96 R.G.Bl.[593]:
4) das österreichische Gesetz vom 23. Mai 1883 RGBl. Nr. 83 über die Evidenzhaltung des Grundsteuerkatasters.

Der Kataster der italienischen Provinzen mit Grundbuch ist der sogenannte Franziszeische Kataster von 1817-1861, der im Laufe von fast fünfzig Jahren in allen Provinzen des ehemaligen österreichischen Kaiserreiches eingeführt wurde. Das königliche Dekret 499/1929 behält den franziszeischen Kataster in diesen Provinzen bei, und adaptiert das italienische System, um das Grundbuch und seine Eigenschaften im italienischen Rechtssystem beibehalten zu können.

Das königliche Dekret Nr. 499 vom 28. März 1929 enthält allgemeine Bestimmungen, die eine Abstimmung mit den österreichischen Normen des Grundbuchsystems mit jenen des *Codice Civile* und des *Codice di procedura civile* garantieren sollen. In dieses königliche Dekret fließen auch die letzten österreichischen Neuerungen zum allgemeinen Grundbuchgesetz ein. Aus den Vorschriften des RD 499/29 und dem zugehörigen Text des allgemeinen Grundbuchgesetzes, das die Grundsätze des Österreichischen Gesetzbuches von 1811 wiederspiegelt, sind die Angelpunkte des konstitutiven Publizitätssystems von Liegenschaften im Grundbuch in den sogenannten neuen Provinzen ableitbar. Hier ist Art. 2 des königlichen Dekrets 499/29 sehr wichtig, der bestimmt:

„*A modificazione di quanto disposto dal C.C. italiano, il diritto di proprietà e gli altri diritti reali su beni immobili non si acquistano per atto tra vivi se non con la iscrizione del diritto nel Libro fondiario. Parimenti non hanno effetto la modificazione o l'estinzione per atto tra vivi dei diritti suddetti senza la relativa iscrizione o cancellazione. I diritti e gli obblighi iscritti nei libri fondiari non si estinguono con la confusione fino a che non siano cancellati.*"[594]

---

593 Gesetz vom 25. Juli 1871, über das im Falle der Anlegung, Ergänzung, Wiederherstellung oder Änderung von Grund- oder Bergbüchern zum Zwecke der Richtigstellung derselben einzuleitende Verfahren.

594 „In Abänderung der Vorschriften des italienischen Zivilgesetzbuches erfolgt der Erwerb des Eigentumsrechtes und der anderen dinglichen Rechte an Liegenschaften durch Rechtsgeschäfte unter Lebenden nur mit der Eintragung des Rechtes im Grundbuch. Ebenso hat die Änderung oder die Aufhebung der obgenannten Rechte durch Rechtsge-

In den Gebieten, in denen das Grundbuch (*sistema tavolare* oder *libro fondiario*) nach dem obengenannten Artikel gilt, können das Eigentum und andere dingliche Rechte an unbeweglichen Sachen unter Lebenden nur durch die Eintragung mittels eines gültigen Titels (Kaufvertrag, Tausch etc.) erworben werden. Der Konsens zwischen den Seiten ist somit notwendig aber nicht hinreichend; um das entsprechende Recht zu erwerben muss die Publizität über das Grundbuch erfolgen.

Das Vermächtnis des ABGB in Italien liegt somit im „*sistema tavolare*" der genannten Gebiete, die vormals unter österreichischer Herrschaft lagen, und die noch heute das österreichische System des Grundbuchs und der Eigentumsübertragung von Liegenschaften beibehalten haben.

In Folge des Parlamentsbeschlusses[595] des italienischen Verfassungsgesetzes über den Föderalismus nach einem Volksentscheid 2001 und der *legge delega* zum Steuerföderalismus[596] ist nicht auszuschließen, dass in einer nahen Zukunft bestimmte Teile des Privatrechts (man denke hier vor allem an das Grundbuchsystem und die Regelungen zur Eigentumsübertragung) des ABGB in den Regionen Veneto, Friaul und Südtirol noch eine weitere Umsetzung und Ausbreitung finden werden. Da diese Gesetze Regionen und Provinzen eine beachtliche legislative Autonomie auch im Bereich des Privatrechts verleihen werden, ist es sehr wahrscheinlich, dass in den betroffenen Gebieten neue privatrechtliche Regelungen eingeführt werden. Der Parlamentsbeschluss und die *legge delega* wurden zum aktuellen Stand noch nicht umgesetzt, da die Debatte zur konkreten Umsetzung innerhalb der italienischen Regierung noch offen ist[597]. Weiters wird derzeit in bestimmten Provinzen der Regionen Veneto und Lombardei die Möglichkeit untersucht, das *sistema tavolare,* das in Italien in ausgewählten Provinzen gültig ist, anstelle des Systems des italienischen Zivilgesetzbuches einzuführen.

---

schäft unter Lebenden ohne die entsprechende Eintragung oder Löschung keine Wirkung. Die in den Grundbüchern eingetragenen Rechte und Pflichten erlöschen durch die Vereinigung nicht, bis sie nicht im Grundbuch gelöscht sind." Region Trentino-Südtirol, nicht-amtliche Übersetzung, http://www.regione.taa.it/normativa/legge_lf_bil.pdf

595 Ein Parlamentsbeschluss über ein Verfassungsgesetz stellt selbst ein Verfassungsgesetz dar, das wiederum vom der Regierung umgesetzt werden muss.

596 *Legge delega sul federalismo fiscale n 42, 5 maggio 2009*. Mit dieser Legge delega erhalten Provinzen und Regionen weitreichende Autonomien, nicht nur auf fiskaler, sondern auch auf legislativer Ebene. Eine legge delega gibt der Regierung Vorgaben, die diese jedoch erst konkret umsetzen muss.

597 Mit einem Ergebnis der Debatte wäre, nach einer Ankündigung des Ministerpräsidenten im Juli 2011, im Oktober desselben Jahres zu rechnen. Durch den Fall der Regierung Berluscuni und Abschaffung des Ministeriums für den Föderalismus ist die Debatte derzeit pausiert.

Es ist somit denkbar, dass das ABGB 200 Jahre nach seinen in Kraft treten weitere Strahlen auf das italienische Privatrecht wirft.

Es ist hier noch anzumerken, dass mit dem Fall der Regierung Berlusconi und der neu eingesetzten Regierung Monti im November 2011 es schwerer vorstellbar wird, dass in einigen Regionen des Nordens unterschiedliche juristische Lösungen eingeführt werden könnten. Der vorige Minister für föderalistische Reformen ist durch einen Minister für die „*Coesione territoriale*" ersetzt worden. Dies könnte einen Wendepunkt für die zukünftige italienische Legislation darstellen, die sich von einer dezentralen und föderalistischen Perspektive in eine einheitliche und zentralisierte entwickeln könnte, wie dies auch in den Vergangenen Monaten vom Präsidenten der italienschen Republik Giorgio Napolitano favorisiert wurde. Aktuell hat die Regierung Monti eine wichtige Reform des Katasters in Italien angekündigt, wobei dieser wie bisher vor allem meßtechnische und steuerrechtliche Relevanz haben soll.

Anhang I

Orginaltext von Giovanni Sardagna „*Promemoria über die Einführung des österreichischen Zivil- und Gesetzbuches in Italien*".

Nr. 1.

Pro Memoria

Ueber die Einführung der österr. Civil- und Criminal Gesetzbücher in Italien

Die Einführung eines neuen Gesetzbuches und die Organisirung der Justizpflege in einem Lande, wo ansehnliche und wohlorganisirte Gerichtshöfe die Gerechtigkeit verwalteten, und in welchem eine bedeutende Anzahl ausgezeichneter Justizmänner das öffentliche Vertrauen besitzen, ist im Materiellen so leicht, daß darüber jedes Wort überflüssig scheint.

Mit einigen wenigen Veränderungen, einer Instrukzion, der Versetzung, Ueberwachung und Entlassung einiger Beamten ist die Sache abgethan, zumahl wenn man, wie in den italienischen Provinzen Sr. Majestät der Fall ist, hinlängliche Macht hat um jeden aus der öffentlichen Meinung entstehenden Widerstand beseitigen zu können.

Der Zeitgeist scheint zwar eine stäte Berücksichtigung dieser Meinung zu erheischen. Wenn aber höhere Staatsrücksichten eintreten und dem Volke wahre Güter, vom Throne aus verdankt, mit gezwungenen, auf Eitelkeit und Nebenrücksichten begründeten Rückhaltungen der Menge in Collision geräth, so gilt hier Nachgiebigkeit

801

von Seite der Staatsverwaltung zur Schwäche, und die beglückten Nazionen verwanden in der Folge segnend die momentanen Übel, aus welchen ihnen, oder wenigstens ihren Nachkommen dauerhaftere Güter zugingen.

Ganz anders verhält es sich aber wenn ein ganzes Volk mit den Gebildeten an seiner Spitze die Ein- oder vielmehr die Einführung fremder Institutionen aus Gründen perhorrescirt, oder wenn laut die öffentliche Meinung aller Klassen sich auf eine nationelle Weise gegen Verfügungen erklärt, und denselben, wenn auch keine thätige, doch eine Mental-Opposition entgegensetzt, die bleibend ist, und in bedenklichen Zeitläufen sich vielleicht nur zu laut ausspricht. Hier tritt der Gemeinspruch vox populi vox Dei in seine volle Kraft, und die Ereignisse unserer Zeit haben hinlänglich bewiesen, daß keine Macht groß genug sey, um diese Stimme unberücksichtigt lassen zu können.

Ob nun die Einführung der österreichischen bürgerlichen und peinlichen Gesetzbücher ohne bedeutende Modifikazionen in Italien, wogegen sich die öffentliche Meinung so laut geäussert hat, zum ersten, oder zum zweiten Falle gehöre, ist der Vorwurf gegenwärtiger Untersuchung in welcher wir übrigens, der nothwendigen Kürze wegen, alle Citazionen, zu denen juristische Abhandlungen beinahe unwillkürlich führen, möglichst zu beseitigen beflissen waren. — — —

Kein Zweig der öffentlichen Verwaltung greift so tief in die innersten Verhältnisse einer Nation

tion, an keinem nehmen selbst die niedersten Klassen so vielen Antheil, als an dem Gesetzbuche und der Gerechtigkeitspflege.

Was immer die neueren philosophischen Rechtslehrer nur vom Gesetze a priori sagen wollen (und übrigens weit entfernt den natürlich angebornen Sinn der Rechte zu bestreiten) so zeigt uns doch die Geschichte auf allen Seiten, daß das Gesetz bei allen Völkern immer aus den Fällen entstand, und daß hier, wie in allen nicht mathematischen Wissenschaften, und wie selbst in den Künsten, die Theorie, oder vielmehr das Aussprechen der Norm, der Praxis, oder der gelösten Aufgabe, nachfolgte, wie schon die Poetik des Aristoteles, Homers Göttergesängen und die Aphorismen des Hippokrates seinen Kuren.

Ist das römische Recht beinahe mehr als eine Sammlung von Entscheidungen über Fälle, und wo auch der Prätors Ausspruch nicht namentlich angeführt ist, setzt man es dem Gesetze doch an, wie es den, bereits entstandenen Streit für die Zukunft, beseitigen sollte.

Was ist das Canonische Recht anders als eine Sammlung von Normen, die von der Zeit gefordert und durch Fälle veranlaßt wurden?

Die Fälle aber entstehen aus den Sitten, Gewohnheiten und Eigenheiten der Völker, welche ihrerseits wieder auf eine gleichbenannte nämlich Klima, Abstammung, Geschichte und Religion beruhen.

Wie die Gesetze den Völkern nachgeben, und sich ihnen anpassen müssen, beweiset die ältere

80W

bei zunehmender Kultur in spätern Zeitperioden nöthigen werdende Überarbeitung und Modifizirung der Gesetzbücher.

Um hier bei Österreich stehen zu bleiben, sehen wir nicht die Carolina ungeachtet in zwey Jahrhunderten ohne modifiziert, fortbestehen, bis der höchstweise, und für die damaligen Zeiten sehr milde Theresianische peinliche Gesetzbuch sie verdrängt.

Die siebenziger Jahre erweckten den schlafenden Geist der Deutschen, unsere Litteratur erblühte, mit ihr verbreitete sich die Bildung in alle Classen, und das nächste Viertel Jahrhundert erheischt schon eine neue Norm, die unter Josephs Regierung das dringende Bedürfniß ausfüllt.

Kaum sind andere fünfundzwanzig Jahre verflossen als auch dieses umgestaltet, verändert und erweitert werden muß, und den Grund zu jenem Criminal-Gesetzbuch giebt, das stets eine der schönsten Zierden der Regierung unsers gütigsten Monarchen bleiben wird.

Es wäre falsch wenn hier nicht am Platze, daß blos Erweiterung der Lehren und schönern Ausbildung der in den letzten Zeiten aufgestellten Rechtstheorien von Seite der Regierung, und nicht vielmehr das Bedürfniß der Zeit selbst, diese Gesetzbücher veranlaßt hätten.

Das gegenwärtige Criminal-Gesetzbuch dürfte hinlänglich geeignet gewesen sein, die, an die eiserne Carolina gewöhnten Gemüther in Schranken zu halten, und die Theresianische Halsgerichtsordnung war ganz den damaligen Sitten und Leiden.

Ansichten der Landesbewohner weit angemessener. — Sie wird auch ihrer Gründlichkeit, der bei ihrer Ausarbeitung verwendeten Sorgfalt und der in ihr vorherrschenden Humanität wegen, stets als ein Meisterwerk der Gesetzgebung und als das passendste für jenen Theil anerkannt werden müssen, wenn sie auch gleich noch die Tortur gestattet.

Gleiche Bewandtniß hat es mit den bürgerlichen Gesetzen. — Das Römische Recht bildet die) Basis der Justiz in Österreich und war nur durch eine Art Gewohnheitsrecht (meines Wissens zuerst durch den seligen von Martini, dem Verfasser der ersten Theile der bürgerlichen Gesetzbücher in lateinischer Sprache redigirt) den deutschen Sitten angeschmiegt. — Diesem folgte der obangeführte erste Theil der bürgerlichen Gesetzbücher und letzterem das gegenwärtig bestehende.

Gleiche Ansichten brachten auch hier gleiche Wirkung hervor, und ähnliches sehen wir in den meisten Ländern Europens.

Nur England dürfte hier von Einigen vielleicht als Ausnahme, oder wohl gar als Gegenbeweis angeführt werden, weil eine ganz besondere Anhänglichkeit an die alte Form der englischen Gesetzgebung ein Ansehen von Unabänderlichkeit giebt, das doch in der Wirklichkeit gar nicht Statt findet. Überhaupt darf man nur einiger Maßen in den Geist dieser Gesetzgebung eindringen, um sich zu überzeugen, daß sie gerade mehr vielleicht als alle übrigen mit dem lebendigen Leben fortschreitet.

203

Die Ursache ist ganz einleuchtend, da die Aussprüche der britischen Gerichtshöfe Gesetzeskraft erhalten, so wird jedem neuen Fall, wie ihn die Zeit bringt, die Norm gegeben, und wenn ein Gesetz als veraltet mit den Sitten in Conflict geräth, findet dessen Abänderung im Parlamente beinahe niemals Widerstand.

So hält denn das _Recht_ mit _dem Bedürfnisse der Zeit_ gleichen Schritt, ohne jene Erhabenheit zu verlieren, die mit der langen Dauer verbunden ist.

Beinahe auf dieselbe Weise hat das römische Recht von den zwölf Tafeln an, bis zum Untergang des römischen Reichs fortgedauert und erschien durch Justinians Compilation nur verjüngt. Die ungeheure Menge damit verschiedener Fälle erhielten es noch länger [illegible], als bereits sein eigentliches Leben aufgehört hatte, und es zu einer historischen Denkwürdigkeit herabgesunken war.

Doch sehen wir es, selbst als man auf allen hohen Schulen nichts anders zu lehren wußte, mit Us und Coutumes, Landrechten, diritti provinciali &c. amalgamirt, die jene Lücken ausfüllen mußten, welche sich aus der Verschiedenheit der damaligen Sitten ergaben, endlich aber, eben weil es nach und nach zu oft mit den überall erwachenden Privatansichten in Collision [illegible] weil kein Gesetzgeber mehr da war, der es der Zeit anzupassen vermochte, in den meisten Ländern Europa's jetzt mit allerneuesten [illegible] vertauscht worden, als eine leider nicht fortschreitende Norm, der sich. Man kann deshalb die _ungeeigneten_ Einführung der

Weisheit übrigens niemand bestreitet, und
aus welchen die meisten Grundsätze und der für mehrere
Zeiten noch brauchbare in alle neuere Gesetz-
bücher aufgenommen wurde.

Im Gegensatze mit den deutschredenden Euro-
päischen Nazionen liebten nur die stabilisten
Völker einen langwierigen Stillstand, nie fort-
schreitend behalten dieselben Völker, und daher
auch unveränderte unveränderliche Gesetze als
weiteren Beleg der bisher angeführten Daten.
Wir hatten nur dadurch beschränkt den alten
Gemeinzwecke - anderer Zeiten anderer Völker
als Section noch - folglich andere Gesetze -
beifügen zu dürfen.

Wenn aber die Sitten und Fälle in den län-
geren oder kürzeren Zeit, so äußerst verschieden
werden, um es nicht eine neue, doch wenigstens
eine bedeutend veränderte Gesetzgebung zu
erheischen, so bedarf es wohl kaum einer Erwäh-
nung, daß derselbe Fall bei entfernten Ländern
in noch weit größerem Maßstabe eintreffen
müsse. Wenn nämlich aus den obbenannten
Gründen dieselbe Nazion, auf demselben Boden, in
einem halben Jahrhundert einer so bedeutenden
Modifikazion ihrer Gesetzgebung bedarf, so ist
es doch wohl nicht denkbar daß ein anderer
Himmelsstrich ein heterogenere Abstammung,
und eine ganz verschiedene Geschichte, nicht eine
noch weit größere Divergenz unter Zeitgenossen

Code Napoleon ist kein Resultat der Fort-
schreitens und der Nothwendigkeit anzusehen.

804

hervorbringen sollten, und es sich sonach hier das Be-
dürfniß einer verschiedenartigen Gesetzgebung
hier nicht noch dringender darstellte.

Der Österreicher vor 50 Jahren her, und der
jetzt lebende, sind aller Erfahrungen, die seit-
her die Generazion erlebten, und ihrer über-
aus großen Fortschritte in der Kultur, deren die
Geschichte keines Volkes ein ähnliches Beispiel auf-
zustellen vermag, ungeachtet, von einander noch
immer weniger verschieden, als zur Stunde der
Italiener und der Deutsche.
Die Ansichten, wie die Erinnerungen beider
Völker sind sich größtentheils fremde, die Be-
dürfnisse bei den erstern ungleich heftiger,
die Sittengesetzgebungen.
Daß sonach die Fälle verschieden seyn müssen, und
das gleiche Recht für beide Völker nicht an-
passend sein können, bedarf nun kaum einer fer-
nern Beweise, wenn es nur nicht gelungen ist,
die Nothwendigkeit der Modifikazion der Gesetze
in der Zeit zu erweisen.

Ein fürchterlicher Beispiel scheint hierüber
nur die neueste Geschichte recht absichtlich vor
Augen gestellt zu haben. War die öffentliche
Meinung, welche doch zum Sturz Bonapartes
nicht wenig beigetragen hat, gegen diesen
Despoten am meisten gestimmt hatte, war
gerade die Einführung seines Code Napoleon,
der hier bekanntlich nicht anpassend, von den Deut-
schen, den Spaniern, und selbst von den Italie-
nern in den vielen Fällen wo er mit den
Sitten und Gewohnheiten, und den damit herrschen

9.

begründeten Rechtsgelehrten in Deutschland, als eine der härtesten moralischen Torturen angesehen würde, die die unterjochten Völker von diesen Mächtigen ihrer Hand zu erleiden hatten.

Unmöglich kann eine Regierung, die so väterlich das Wohl ihrer Völker will, die Wichtigkeit dieser so einfachen Bemerkung verkennen, unmöglich kann es unter dem milden Zepter des gütigsten Monarchen geschehen, daß auf die Eigenheiten und auf die Bedürfnisse der Völker Italiens bei der Einführung unserer Gesetzgebung gar keine Rücksicht genommen und vorzüglichere Justizmänner aus ihrer Mitte, als ob es sich um die Organisirung einer Kolonie, oder um Civilisirung eines ganz rohen Volkes handelte, hierüber gar nicht vernommen oder die gemachten Bemerkungen unbeachtet gelassen werden sollten.

Das österreichische bürgerliche und criminal Gesetzbuch ist übrigens so weise, der Beifall, die Lob von allen Rechtsgelehrten, vorzüglich in Deutschland erhielten, so groß, die Zufriedenheit der Völker damit so allgemein, daß es gewiß auch bald in Italien als trefflich anerkannt, und statt zum Gegenstande der allgemeinen Klage zum Vorwurf der allgemeinen Dankbarkeit dienen würde, wenn es nur jenen bedeutenden Modifikazionen unterlägen, die von der öffentlichen Meinung so laut gefordert werden.

Ohne hier in den Gegenstand einzudringen und ohne mir vermessen zu wollen in diesen Blättern die vorgeschlagenen Aufgaben selbst

905

-aufzulösen, was durchaus nur einem kundigen Rechtsgelehrten und Richter beider Länder möglich ist, erlauben wir uns bloß eine allgemeine Betrachtung vorauszuschicken und dann einige Punkte flüchtig zu berühren, deren Abänderung, selbst im ersten Momente schon als dringend erscheint.

Im allgemeinen glauben wir, daß es für Italiener durchaus nöthig sein dürfte, die Gesetzbücher - besonders aber das bürgerliche - von ihrem jetzigen Standpunkte etwas herabzustellen und bei den einzelnen Paragraphen weit mehr in das Detail einzugehen.

Der Italiener ist in der Regel ein hellerer Kopf, er begreift leichter, als der Deutsche, bis auf einen gewissen Grad, und klar liegt ihm dann der Fall mit allen Incidenzpunkten vor Augen. Ist aber eine gewisse Tiefe überschritten, soll er sich in abstrakte Spekulazionen einlassen, so ist er hierzu weniger noch, als der Franzose geeignet. Den Beweis hievon liefert Italien schon dadurch, daß wenn er gleich in allen Fächern - wenn mir dieser Ausdruck erlaubt ist - praktische Denker von hohem Werth aufweisen kann - ein eigentlicher spekulativer Philosoph seit Cicero und Seneca und einigen ihrer Zeitgenossen im Alterthume, die doch nur den Griechen die Wage zu halten vermochten, und seit einigen Crasser, Aristotelikern im Mittelalter - in diesem Lande nicht geboren wird.

Nun ist der österreichische Criminal- wie

auch das bürgerliche Gesetzbuch größtentheils ein Substrat von Grundsätzen einer geläuterten Rechtslehre ein, und es wird darin nur soviel in dem einzelnen Fall hineingezogen, als zum Leitfaden der Richter schlechterdings nöthig ist. Gerade dieses ist für den italienischen Richter eine Pein, wenn er ängstlich ist, weil er sich zu jener Abstrakzion und zu jener Anwendung allgemeiner Grundsätze nicht hinauf zu schwingen vermag, und immer den Fall vereinzelt finden möchte – im entgegengesetzten Falle aber bietet ihm eben diese Allgemeinheit größern Spielraum zur Willkühr dar, die er sodann zu seinem Zwecke zu benützen verstehen wird.

Dieses im Allgemeinen. Insbesondere erwähnen wir folgender Punkte:

Der erste betrifft die Lösung der Frage, ob die Todesstrafe in einem Lande, das wie z.B. die Lombardie, durch die Eigenthümlichkeit seiner Irrigations Cultur eine Klasse Menschen erzeugt, die den Raub als Nebengewerbe zu betrachten durch die Umstände beinahe gezwungen sind, und gegen welche selbst die strengste französische Polizey keinen vollständigen Sieg erfechten konnte, nicht wenigstens auf den Straßenraub auch ohne Mord ausgedehnt werden müsse, – denn nur dadurch allein dürfte es möglich sein, nach Aufhebung der wahrhaft drakonischen französischen Criminal Codex, die ohnedies so äußerst gefährdete öffentliche Ruhe, und die Sicherheit der Straßen [auf welchen man bei Nacht nicht ohne Geleite reisen darf, und selbst aller Bewachung der wachsamen und überaus thätigen Gendarmerie ungeachtet, oft bei hellem Tage angefallen wird] zu erhalten. Die jetzt schon eingetrettene Nothwendigkeit der weit theureren Verpflegung der herumwandernden Handwerker spricht laut für diese Behauptung.

Der zweite betrifft die Züchtigung mit Streichen, gegen welche sich das Nazionalgefühl selbst bei Verbrechern empört, und die von jeher in Italien verabscheut, seit der französischen Occupation noch dergestalt bei dem Volke die Idee der Entehrung nach sich zieht, daß dem damit Bestraften der Rücktritt in die bürgerliche Gesellschaft, aller Besserung ungeachtet, auf ewig verschlossen bleibt. Die bereits als nöthig erkannte Abschaffung derselben bei schweren Polizey-Übertrettungen scheint hier unserer Meinung vollkommen zu bewähren.

Der dagegen erhobene Zweifel ist der Gutmüthigkeit der Nation zu folge, in Österreich nur eine schwere Polizeyübertrettung und kann ganz füglich, als eine solche behandelt werden, da obgleich z.B. Degen, Stöcke der Mode wegen trotz der Gesetze nicht selten geführt werden, Mordthaten aus Zorn und bei Raufhändeln höchst selten sind. In Italien ist hingegen die höchste Anreizung der Wuth das einzige Mittel häufigen Morden zu begegnen,

ren, und nur der unverhältnißmäßigen Strenge, welche von der französischen Regierung sehr angewendet wurde, ist die so äußerst bedeutende Abnahme solcher Criminalfälle zu verdanken, denn sich in den letzten Zeiten der venezianischen Regierung in Brescia in den 18 Monaten einer Prozeduren 629. ergaben.

Ein selbst verschärftes politisches Recht von nicht langer Dauer, ist nie viel zu schweren Dauer gegen dieses, bereits werden einjenen Übel und die Einverleibung der nützlichen beibehaltenen französischen Gesetze in unser vollständiges Criminalgesetzbuch wird von allen Sachverständigen sehnlichst gewünscht.

In wie ferne endlich die Vorgänge der Verbrechen dem italienischen Charakter angemessen sey, und ob die Hoffnung durch den Verlauf einer gewissen Zeit die Verlässigkeit zu gewinnen, Hierländer nicht sehr vielen Übelthätern als gerechtes Heilmittel zu Verbrechen dienen wird, scheint gleichfalls einer weitläufigen Erörterung zu bedürfen.

a.) Wir begnügen uns mit diesem Einzelnen die für den vorgesetzten Zweck hinreichend

---

a) Haller, stellt sich überhaupt die Verschiedenheit der Deutschen und Italiener durch Vergleichung der Justiztabellen der – Mailand und dem Deutschen Bezirk, dass in einem Jahre mehr Mörder als Diebe, ganz Österreich und Vernunft; In einem der letzteren Jahre waren zwey Vatermörder darunter, wovon einer nur eine Kleinigkeit seinem Vater mit einem Schuß der-

bina.

80

sein dürften und glauben nur noch ein Paar ähnliche Fälle aus dem bürgerlichen Gesetzbuche anführen zu müssen.

Die Heiligkeit der Kontrakte die das österreichische bürgerliche Gesetzbuch so sehr aufrecht zu halten bemüht ist, bedarf nach demselben keiner andern Formalität als der blossen Nahmens-Unterschrift. Nur bei einer Nation, wo Treue und Glauben, noch weniger als bei so vielen übrigen durch den Einfluss der entmoralisirenden Grundsätze des Jahrhunderts gefährdet wurde, ist es möglich eine so strenge Verpflichtung mit so wenig Vorsicht gegen Betrug übernehmen zu lassen. In Italien wo, wie die Nazionalen selbst eingestehen, Trug und List sehr häufig an der Tagesordnung sind, wird diese einzige Norm nicht nur zu den häufigsten Prozessen sondern auch zum Ruin vieler Familien <u>ganz bestimmt</u> Anlass geben. <u>Die blosse Einführung der Chirografar Instrumente durch den Codex Napoleon war der Grund sehr vieler Prozesse über Falsa in dieser Hinsicht</u>, und Verbrechen dieser

---

bemerkten die Gurgel abschnitt, ihn in Stücke zerschnitt, in einen Koffer einpackte und ganz ruhig die Nacht in seinem Schlafzimmer verweilte!!! — In der Lombardie vergeht <u>kein Tag ohne einen Mord</u>, und wenn je einer ohne einen Todschlag vorübergehet, so wird die Zahl häufig an einem andern Tage ersetzt — Und doch fehlt es gar nicht an einer sehr thätigen Polizey — Wie soll nun unser gleiches Gesetzbuch auslangen? —

(a) der Fall kann sehr häufig vorkommen.

Wie wenig gar mit dem, nach dem österreichischen Gesetzbuch durch Ehe und selbst zwei Zeugen beweisbaren letzten Willen vorgehen dürfte, läßt sich im Voraus bestimmen, und der Erblasser der ganzen Bevölkerung von diesem Gesetze wäre allein ein sicherer Bürge seiner Unverwundbarkeit.

Das österreichische Gesetzbuch scheint, wie es bei einer natürlichen Nation, damit aber Treue und Glauben geübt werde, nöthig und nützlich ist, dem Zeugenbeweis außerordentlich, wo

(b) man aber für Geld Meineide finden kann, wo kein Schritt ungestraft, ohne daß [wie aus den Polizey Rapporten selbst erhellet] die schändlichsten grausamsten Verbrechen verfallen, da sind falsche Zeugen so selten nicht, wie in Deutschland, und die größeren Förmlichkeiten, besonders aber die Notariats-Urkunden durchaus nöthig.

Wie in Frankreich und Italien unter der vorigen Regierung der Adel bei Gelegenheit der Conscription, der Handelsstand aber durch das Continental System zu falschen Eiden verleitet und gewöhnt wurde, bedarf keiner Erinnerung.

Zu allen Gefahren dürfte sich aber auch noch die Betrachtung gesellen, daß es durch zweyg.

(a) Es stand im Ganzen kein zweifelhafter Fall zu Mailand den Herzog Sonderi zum Zweck, in welchem es sich um eine falsche Chirographe des Testaments handelt!

(b) Oder, wenn man die Geschichte Mailands verlegen hätte, gewiß für keine Übertreibung halten wird.

808

[illegible] jenes römischen Recht und Landesgebrauch ganz und gäbe war, wo der Codex Napoleon, dessen Basis doch vorzüglich römisches Recht ist, hie und da schon als zu abstrakt, und eben der Strenge in solchen Punkten, als eine wahre Plage um die Bewerbung der von den italienischen Rechtsgelehrten vorgeschlagenen Modifikazionen, als eine jener Handlungen der Willkühr betrachtet wurde, die das Bonapartische System dem Volke so sehr verhaßt machten, das Österreichische Gesetzbuch welches all dem Vorangeführten doch wohl nicht allen sa) Modifikazionen bei einem Volke entbehren könne, bei welchem allein das römische Recht gewissermaßen lebendig geblieben ist.

Das Palladium der Adelsstände in der Lombardie, der Codice Censuario, enthält eine Menge Verfügungen, die Gesetzkraft erhalten haben, und die wie z. B. daß ein verpachtetes Grundstück vom Eigenthümer binnen einem Jahre wieder

---

sa) Lehr widersprechen sich das schon früher Gesagte. Das österreichische Gesetzbuch geht viel weniger, als die meisten übrigen, in die besonderen Fällen ein – es läßt dem Richter übrig in den Geist der Gesetze einzudringen, und darnach gemäß den einzelnen Fall zu schlichten – ob dieser erweiterte Wirkungskreis den Richtern Italiens besonders in der Zeitfolge statt finden können, wird die Erfahrung lehren. – Und daß in unserem Gesetzbuche die Lehrsätze des römischen Rechts, wie z. B. bei den ganzen Abschnitte von [illegible] beibehalten wurden, macht die Italiener für unser [illegible] aus den bereits entwickelten Gründen keineswegs empfänglicher.

eingelöset werden darf mit dem bürgerlichen Gesetzbuch in vollkommenem Widerspruche, dessen.

Die Wohlthat der Censur Anstalt ist durch eine lange Erfahrung und durch die außerordentliche Anhänglichkeit der Nation an diese vaterländische Einrichtung zu bewährt, um hierauf gar keine Rücksicht zu nehmen, und es wäre sonach um so dringender diesen wichtigen Umstand zur Sprache zu bringen, als auch staatswirthschaftliche Unternehmungen hiebei in Berührung kommen müssen.

Eben so dürfte es als gewiß anzunehmen seyn, daß das österreichische bürgerliche Gesetzbuch für die vielen hierlandes in Rechtsverhältnissen vorkommenden Streitigkeiten zu wenige und zu unbestimmte Normen enthält, und daß die Einverleibung der hierüber bestehenden aus langer Erfahrung entsprungenen Anordnungen in dem Civil Codex durchaus zur Sicherung eines so wichtigen Theils des Eigenthums der Producenten erheischt wird.

Die Leichtigkeit — persönliche Verpflichtungen aller Art in dingliche Rechte umzuändern, scheint hierlandes gleichfalls um so mehr als ein sehr unliebsamer Mangel angesehen zu werden, da es nicht verhindert werden kann, daß dieses Gesetz nicht retroactiv wirke, und daß z. B. die Gläubiger Hypothekar Rechte erlangen, die ihnen zur Zeit des Darlehens von dem Schuldner nicht eingeräumt worden waren.

Sehr bedauerlich bleibt übrigens die Außerkraftsetzung einiger im Codice di Comercio enthaltenen trefflichen Normen, deren Einführung vielleicht auch in Österreich noch gerade —

809

ein Bedürfniß zu werden scheint – daß z. B. ein Kaufmann, der seinen ganzen Credit bereits verloren hat, noch auf Credit forthandeln könne, ohne als Betrüger angesehen zu werden – daß einer Frau oder Söhnen von dem Tage des Falliments noch Vermögensantheile abgetreten werden können, wie doch wohl häufig geschieht; dürfte allerdings durch Vermehren der hierüber im letzten Theil stehenden bestehenden Gesetze zum großen Nutzen in Hinsicht auf Moralität und Handels Credit beseitigt werden.

Selbst Se. Majestät Kaiser Joseph II, dem gewiß nicht Mangel an Thätigkeit im Durchgreifen und bei Neuerungen vorgeworfen werden kann, hat den 1ten Theil des bürgerlichen Gesetzbuches in der Lombardie nicht eingeführt! – ! ein Beispiel das allein bestimmend seyn dürfte, um wenigstens einer sehr bedeutenden Modifikazion und nicht allein den ganz besondern Würdigung jener Bemerkungen, welche von der in Mailand zu diesem Behufe (a) niedergesetzten Kommission gemacht wurden, sondern vielleicht auch noch die Gewährung der so laut ausgesprochenen Wünsche der Stadt zu sichern, den zu Folge beide Gesetzbücher von einer blos aus Richtern und Rechtsgelehrten der Lombardie und der Venezianischen zusammengesetzten Comission [illegible] durchgegangen und über die von selben

---

(a) Die von Venedig aus zur Sprache gebrachten Abänderungen sollen von nicht sehr großem Belange

19.

vorgeschlagene Veränderung von der Hofcommis-sion in Gesetzsache mit Beiziehung einiger Referenten aus diesen Ländern entschieden würde.

Wir haben bisher bloß den Gesetzbüchern erwähnt. Was liesse sich nun erst von der Gerichtsordnung sagen, die in allen Ländern ganz besonders auf Eigenheiten der Nazion, auf ihre politische Verfassung und fast immer auf Gerichtsgebräuche begründet ist, die nur in irgend einer Prozeßordnung ganz vollkommen ausgesprochen werden. Mit jener ehrerbietigen Freimüthigkeit, die wir nur in dieser ganzen Abhandlung verübt haben

---

sein. Es dürfte jedoch der Umstand hier nicht übersehen werden, daß Venedig unter der vorigen Regierung nur der Sitz eines Appellazionsgerichts war – und daß solche Arbeiten doch eigentlich bloß von Justizmännern verarbeitet werden können, die bereits den Einfluß der Gesetzgebung von einem höhern Standpunkte übersehen. — Zudem ist dem Verfasser der gegenwärtigen Schrift zwar nicht bekannt ob das Appellazionsgericht nicht bereits bei Besetzung desselben schon zur Hälfte mit deutschen Räthen besetzt war, von welchen man, ohne diesen würdigsten Männern zu nahe zu treten, in der kurzen Zeit ihres Aufenthalts in Italien, die hinlängliche Kenntniß der Sitten und Eigenheiten der Landesbewohner nicht erwarten kann. Die kurze Zeit endlich, welche die Comission in Mailand zur Vorlegung ihrer Monita dürfte gleichfalls kaum etwas Vollständiges zu erwarten hoffen lassen.

810

wagen wir es voraus zu sagen, daß diese Gerichtsordnung in Italien nie Eingang finden, und daß keine Macht hinreichend stark sein wird, sie vollständig einzuführen – Wir enthalten uns aller weiteren Andeutungen hierüber, da uns bestimmte Data mangeln. Wenn es aber wahr sein sollte, daß in einigen, ja sogar in Haupt-Städten deutscher Provinzen Criminal-Inquisiten Monate lang auf Urtheil warten – daß bei Landgerichten, Beamte es wagen dürfen und wagen können, die Heu-Ärnte der Untersuchung eines Verbrechers vorzuziehen, wenn unbedeutende Prozesse ohne Verletzung der Form in Jahren hinausgezogen werden können, wovon der Verfasser dieses Aufsatzes allerdings selbst Beispiele erlebt hat – und dieß bey einer menschlichen Nation deutschen Stammes vorfällt – und wenn hingegen seit Einführung der napoleonischen Gerichts-Ordnung die Justiz bei einem wandelvollen Volke lateinischen Stammes ungleich schneller als je – wahre – administrirt würde – so ist es schwer sich der Ueberzeugung hinzugeben, daß die österreichische Form hinlänglich die zweckmäßigste sey!!

Wir schließen diese Bogen mit einer nur sich in der österreichischen Monarchie häufig aufdringenden Betrachtung, daß nämlich die Absicht durch Gleichförmigkeit in der Verfassung und in den Gesetzen ein Amalgam der so vielen und so verschiedenen Nationen aus welchen der österreichische Kaiserstaat besteht, zu bilden, wohl nimmermehr, sondern vielleicht gerade eine fortwährende Divergenz unter denselben erzeugt werden dürfte.

Keiner der Völker, die dem sanften Zepter des erlauchten Habsburg-Lothringischen Erzhauses untergeordnet sind, ist zahlreich und mächtig genug, um mit Kraft auf das Vorherrschen Anspruch machen zu können, und gerade die Deutschen, welche die Hauptstadt besitzen, sind es weniger noch als die Übrigen.

Die Erfahrung lehrt uns, daß die bezweckte Assimilation der Stämme nur dann möglich ist, wenn kleine Provinzen einem großen homogenen Körper, wie etwa Elsaß Frankreich, vereinigt werden.

Liebe zum Herrscher-Stamme auf milde Regierung und Völkerglück begründet, ist das wahre Band, das den österreichischen Staaten-Verein so innig verbindet, und das sich in Zeiten von Gefahr, stets bewährt hat. Die Nichtanerkennung der Herkunft, der Bildung, der Sitten und Gewohnheiten, die man den Frangosen in allen Manifesten vorwarf, und eine ähnliche Form, die nur gleich ist, ohne allen gleichpassend zusagen scheint das Mittel nicht, um diesen so ganz in den Absichten des gütigsten Monarchen liegenden Zweck, zu erreichen.

In Ländern wo noch Rohheit und gänzlicher Mangel an wissenschaftlicher Ausbildung herrscht, kann freilich leichter durchgegriffen werden, dagegen ist nur so mehr Vorsicht in jenen Provinzen nöthig, die in der

Aufklärung wenigstens gleichen Schritt mit den Deutschen gehalten haben, deren Litteratur und vorzüglich die juridische Rechtsfreunde der Fortschreitenden zählt, dessen wir a) uns nicht verhehlen können.

Die Güte unseres angebeteten Monarchen und die Liebe, mit welcher er seinen Völkern zugethan ist – die Beweise von Huld, welche er bereits den ihm wiedergegebenen italienischen Provinzen auf so vielfältige Art ertheilet hat – erlaubt es uns mit voller Zuversicht zu hoffen, daß dieser wichtigste in der Privatwohlfahrt so tief eingreifende Gegenstand seiner allumfassenden Aufmerksamkeit nicht entgehen werde.

Unser Ziel wäre überschwenglich erreicht, wenn diese Blätter auch nur den entferntesten Anlaß zur Betrachtung über das dermalige Gesetz geben und dadurch unendliches Übel von diesen herrlichen Provinzen abgewendet würde. —

---

a) Als ausgezeichnete Rechtsgelehrte zählt Italien im 1300 Jahrhundert unter vielen andern: Giacomo da Beloisio, Odrado da Ponte, Rainieri degli Arsendi, Nicolo Spinelli, Nicolo Materelli, Bartolomeo da Salicetto, Andrea Rampini und die berühmten Männer Bartolus und Baldus. Im 1400. Cristoforo da Castiglioni, Jacobo da Isolani, Paolo Castro, Giorgio Campugnano, Alessan-

dro

dro da Imola, Bartolomeo Soncino, Giason del Maino, ferner die berühmten Juristen Giovanni da Imola, Francesco Accolti, detto l'Aretino, dann Pietro Tomasi, Giovanni Balbi, Giovanni Silvio und Aurelio Siciliano die in Deutschland, sowie Filippo Decio in Frankreich das Studium der Rechtslehre beförderten. Um 1500: Alberto Bruni, Francesco Corti, Paolo Parisio, Lancellotto Politi, Andrea Alciati Mariano Socini, Aimon Cravetta Giulio Claro, dann Ludwig Renat und Sigismund Cati, Prospero Farinacci und Antonio Medici die nach Frankreich; Matteo Gribaldo und Francesco Giovanetti die nach Deutschland, und Alberico Gentili der nach England als Rechtslehrer berufen wurde. Um 1600: Francesco Brancacci, Francesco Albizzi, Bartolomeo Chesio, Antonio Marta, Gian Domenico Rinaldi, Franc° Acarigi, Prospero Fagnani und Vincenzo Gravina.

Unter den im 17. Jahrhunderte sich in Rechtsfache ausgezeichneten Männer, deren Zahl noch weit beträchtlicher ist, genügt mir einen Beccaria und Filangieri zu erwähnen.

Anhang II

Originaltext “*Progetto catastrale*” von Gaetano Grisi.

Progetto Catastrale

L'esperienza coadiuvata da filantropici lumi dè giorni
stri, ha provato alle Potenze d'Europa che la formazione d'un
nsimento è la più solida base, ed il principale fondamento di uno
ato.

Il censimento misura le forze dell'amministrazione, toglie
mezzo tutti quegli arbitrj, abuso di potere, ed altro che possa san=
nare l'autorità pubblica alle voci del malcontento, rende l'agricolto=
diligente, e speculativo, consolida la tranquillità del suddito, che gioi=
d'un inalterabile giustizia, e per ultimo raduna in se stesso tutti
gli avvantaggi che costituiscono una maggiore ricchezza al Prin=
e, e la più ampia soddisfazione al suddito.

Per convincersi di questa grande verità basterà solo di gettare
o sguardo sul territorio della Lombardia Austriaca, e comparato
sto a se stesso fra il regolamento provvisorio nei tempi di Carlo VI,
'installamento del Catastro seguito nel 1750. sotto i felici auspicj del=
E.sa Imperatrice Maria Teresa, vi si scorgerà quella differenza,
uegl'immensi vantaggi ai quali è solo da attribuirsi la gloria con
questo stato ha saputo sostenere i suoi pesi in questi ultimi
ni calamitosi, senza degradare, o deperire nel complesso della
ricchezza.

005

\

Vi saranno molti individui, che sprovveduti delle principali nozioni, e concentrati soltanto nelle vedute d'un falso interesse, sostenuto da obbliqua, e simulata contraddizione; superstiziosi per le antiquaglie di loro Avi; nemici giurati de' lumi, e degli schiarimenti d'una saggia amministrazione, come di tutto ciò che può vestire il carattere di novità; si occuperanno a diseminare dei discorsi di opposizione con voci male assortite, e fors' anche contradditorie per conformarle al gusto e genio delle varie classi di persone influenti, e così conservare quell' oscurità, nelle cui tenebre possano perpetuarsi i disordini delle loro manipolazioni: questi per diminuire il merito di un così utile, e grandioso stabilimento, apporranno che il territorio Milanese è ricco per natura, e che quindi alla sola sua fertilità, e felice posizione devono attribuirsi gl'immensi avvantaggi tanto ammirati dall' Europa, e che perciò sul dubbio, che le utilità possano derivare unicamente dalla sola istituzione, non è prudenza di assoggettare lo Stato a delle spese che possano riescirle aggravose.

È innegabile che una tale riflessione non sia atta a sorprendere la buona fede, e lo spirito breve di coloro, che per natura non possono applicarsi ad oggetti di penose riflessioni, e siccome questi esseri corti sono per l'ordinario quelli che costituiscono il maggior numero non solo, ma ben anche dagli arcani che involgono le umane vicende, quasi generalmente destinati al risolvimento dei più importanti affari; così da ciò nasce frequentemente l'ammissione di tanti assurdi, che vengono dimostrati per altrettante infallibilità, e con ciò sacrificato il vero interesse ad un certo ordine palliativo, e distruttivo di tutti gli ordini. Accade in siffatti casi, ciò che suole accadere ad un valente medico, che intraprenda la cura di una malattia volgarmente non conosciuta, o che abbia lo svantaggio d'essere di carattere lento, e dispendiosa: coloro che non possono concepire le risorse dell'arte, e le penetrazioni della scienza, ma che frattanto non sentono che il dolore della spesa; sono pronti ad entrare in diffidenza e contro il medico, e contro l'efficaccia dè rimedi, e si dispongono insensibilmente ad abbandonare il pensiere della propria salute.

Se per avventura questo Progetto avrà la sorte di cadere fra le mani di qualcuno di quegli esseri benefici, che dedicato sinceramente al vantaggio del proprio paese, vorrà assumere un ingerenza speculativa, avrà occasione di convincersi intimamente, che la Lombardia deve tutte le sue risorse a questo regolamento. Conoscerà dal Codice censuario Milanese, dalla relazione del

Consigliere Neri, e dalla Storia locale, che ancora nel Settimo decimo Secolo avanti l'installazione del nuovo catastro, la Lombardia non presentava che la calamità d'un arbitraria, e sregolata amministrazione, che le contribuzioni non erano pagate che a stento mediante reiterate esecuzioni; che il piccolo possidente abbandonava la coltivazione per lo scarso compenso a fronte dei pesi; che il ricco non ritraeva una rendita proporzionata ai suoi possedimenti per l'avvilimento della coltura, e che finalmente tutta l'amministrazione non era che una fonte perenne di arbitrj, discordie, rapine, abuso di facoltà, e lagrimevoli risultanze inerenti alle false notificazioni, ed a tutti quei disordi che dovevano essere necessariamente provocati da un amministrazione sprovveduta di sani regolamenti, e di basi geometriche.

Si osserverà parimenti che le maggiori imposte ascendevano a ventiquattro denari all'anno per ogni scudo d'estimo corrispondenti a due Soldi di Milano, ed anche questi esatti con ogni mezzo di violenza; e che posteriormente all'installamento del nuovo catastro, il doppio, e posteriormente trè quinti di più dell'ordinaria imposizione si pagava, come si paga senza il menomo incomodo dè possidenti, e senza veruna ostilità. Finalmente che nel breve spazio di 40. anni protetta la Lombardia dalla sua nuova saggia amministrazione si è veduta a saziare intrepidamente l'ingordigia de' Francesi ed a sanare ancora coi framenti di estenuate forze le piaghe dell'Austria, che tutt'ora sta cicatrizzando; e l'addove tutte le altre Provincie di quest'istessa Monarchia, ed in ispecialità le Provincie Venete, non inferiori di prodotti alla Lombardia, siccome il Trevisano, Padovano, Polesine, e Vicentino &c trovansi ciò non di meno in un deperimento, e così sensibile sconcerto, che fa loro desiderare impazientemente l'imminente esecuzione del nuovo efficace regolamento, qual balsamo salutare di rigenerazione; frattanto che la Lombardia ha la gloria di vedersi sempre appoggiata a quel giusto equillibrio, che costituisce il suo trionfo, la sua maggioranza, e l'universale ammirazione.

Il terreno della Lombardia considerato all'epoca presente è lo stesso di ciò che si trovava essere nel 1750. può e deve aver migliorato, ma i miglioramenti saranno sempre dovuti alla sapienza di quell'amministrazione che ha saputo calcolare le forze dello stato, all'equilibrio de' possidenti, alla base di quella

907

proporzione che geometricamente stabilita lascia luogo ai compensi ed alla speculazione dell'agricoltore, e finalmente all'influenza di quell'industria, che incoraggiata dal prospetto di luminose considerazioni di equità, risvegliano nell'anima un germe di maggiore speranza, inspirano il più vivo sentimento in favore del Principe, e del proprio interesse, ed anima l'individuo a raddoppiare i suoi sforzi, onde giungere avidamente al conseguimento di rapidi progressi; ciò che riunisce in un solo punto tutti quegli avvantaggi che fanno salire uno Stato ad una costante prosperità.

Queste verità hanno colpito tutte le potenze d'Europa, che ad eccezione di poche, quasi generalmente hanno abbracciato un così salutare istituto. Vedasi fra queste la Baviera, che animata dalla fermezza, e dalle saggie vedute dell'affettuoso Massimigliano di felice memoria, ha progredito con tale rapidità che puossi ora annoverarla fra una delle più felici, e prospere nazioni.

Il piccolo stato di Massa e Carara fa risuonare per ogni dove le magnanime cure dell'Arciduchessa Maria Beatrice d'Austria. Il Ducato di Parma, Piacenza, e Guastalla gioirà ben presto dei felici risultati che la benefica Sovrana li prepara. Le buone disposizioni della Toscana produrranno effetti positivi, quantunque più lontani, per la derivazione delle massime, e mettodi ritratti da sorgente estranea alla vera fonte, e che oltre un maggiore dispendio deve provocare un sensibile ritardo ai felici compensi. Nello Stato Pontificio fù impiegata un'energia, che giustifica la più alta fiducia riposta nelle premesse risultanze al risorgimento dello Stato, ciò che prova la grande considerazione che quel Governo dimostra al Sistema da organizzarsi, e siccome alla penetrazione Ecclesiastica nulla sfugge di ciò che può riferirsi al vero interesse, così sembra indubitato, che il termometro religioso sappia pesare con infallibilità tutte quelle induzioni che devonsi riputare altrettanto convincenti quanto sanzionate dall'esperienza.

L'Austria, la Francia, e l'Inghilterra non hanno trascurati i possibili mezzi per conseguire il medesimo scopo, ottenuto non senza grandi sagrifizj per le immature cognizioni che dovettero ritrarre dall'esperienza pratica. Ciò che finisce di provare quanta fiducia, e quanta aspettativa si fonda in questa nuova geometrica organizzazione.

Premesse le menzionate circostanze, e fatti dimostrati con tanta evidenza, il sottoscritto progettante propone per

908

o Stato di Luca la compilazione del nuovo catastro, ap=
roggiato alle medesime basi, e norme di quello della Lombar=
dia con tutte quelle modificazioni, ed amplificazioni che la natu=
a del luogo, e parziali circostanze rendessero indispensabili,
uindi propone di dare l'operazione compiutamente finita nel
orso di tre anni; vale a dire la formazione delle Mappe di
tutte le singole Comuni del Ducato, copia delle stesse per l'uso
mministrativo onde conservare le originali, un altra copia da
onsegnarsi a tutte le singole Comuni per la pubblicazione coi
onfronti di ragguaglio colle misure locali, altra copia ridot=
ta al quarto della Scala per la comodità degli Agenti am=
ministrativi trattate col relativo colorito di tutte le qualità
di coltura, registri di tutti i terreni indicanti il numero di Map=
pa, Nome, e Cognome del proprietario, nome particolare del
Campo, qualità di coltura, classe alla quale appartiene, e valor
capitale; quinternetti di calcolazione, e relativi registri, quin=
ternetti delle stime di terreni, evasione ai riclami sia per ciò
che risguarda la misura, come per quanto appartiene alla stima,
finalmente tutti quegli accessori che devono concorrere all'im=
mediata attivazione, senza che il Governo possa avere altri
pensieri.

La superficie del Ducato di Lucca ammonta a 277. miglia quadrate incirca da 60. al grado, ossia 949, 057, 677. metri quadrati corrispondenti a 949, 057. pertiche censuarie da mille metri quadrati cadauna.

La spesa della sola misura nella Lombardia è ammontata economicamente a Lire Una, e Cinquanta Centesimi per ciaschedune pertica di mille metri quadrati, le spese dell'Austria nelle Provincie Tedesche sono incalcolabili perchè in relazione allo scarso sviluppo, quelle della Romagna appena arrivarono a venti Centesimi in via di appalto, ciò che fa elogio alla finezza ecclesiastica, la quale nell'aver saputo scieglere le persone le più istrutte, e consumate nell'arte ha ottenuto il medesimo risultato con vistosi risparmi; quelle del Ducato di Parma a Centesimi trentacinque, per le maggiori difficoltà che presentano i monti, e le piccolissime proprietà.

I prezzi di cui fu parlato sono relativi soltanto alla misura, e formazione delle Mappe, le stime poi furono eseguite a spese dei rispettivi Governi, che non importarono meno di quelle della misura.

Ad oggetto quindi di facilitare ed i mezzi, e la pos=

sibilità, avuto riguardo a particolari circostanze, si residua il progettante a dare tutta l'opera compiuta di misura, e stima per il prezzo di 55,000 Francesconi che viene a corrispondere a circa 34. Centesimi alla pertica censuaria da mille metri quadrati, vale a dire all'incirca la metà di quanto fu speso dagli altri Governi speculativi.

Per seconda facilitazione, avuto riguardo alle forze dello stato, si dividerà il pagamento delle somme in tre, quattro, ed anche cinque anni, che in forza di quest'ultima espressione si ridurrebbe a 11,000. Scudi all'anno, e si avrebbe anche con ciò il mezzo di gioire dei compensi per fare fronte alle spese degli ultimi due anni.

Ingegnere Gaetano Frisi

Bibliographie

Amtliche Dokumente

ASM (Archivio di Stato di Milano), Studi, Parte moderna, B. 988, Faszikel 5 und 11

ASM (Archivio di Stato di Milano), Studi, parte moderna, B. 942

Archiv für Kunde österreichischer Geschichtsquellen, Band 23, Wien 1860, S. 212 f.

Carte segrete e atti ufficiali della Polizia austriaca dal 4 giugno al 22. Marzo 1848, I, Capolago 1851, S. 420 f.

Haus-, Hof- und Staatsarchiv, Staatskanzlei Provinzen Lombardo-Venezien, Karton 33

Notificazione sulla „Conservazione degli attuali uffici delle ipoteche e modo d'iscrizione degli atti" 16. Marzo 1816, in Raccolta degli atti del governo e delle disposizioni generali, Volume I, Mailand 1816, S. 220-222.

Notifikation vom 29. November 1919, in Raccolta degli atti di governo, Mailand 1819, II, S. 191-192.

Raccolta degli atti di governo e delle disposizioni generali emanate dalle diverse autorità in oggetti sì amministrativi che giudiziari, Mailand 1818, I, II, S. 154-155

Zeitschriften

Eco dei Tribunali, 69, Sezione Seconda. Giornale di Giurisprudenza Civile, Venedig 1852, S. 129 f. und S. 135 f.

Eco dei Tribunali, 70, Sezione Seconda. Giornale di giurisprudenza civile, Venedig 1852, S. 138 f.

Eco dei Tribunali, 909, Sezione Seconda. Giornale di Giurisprudenza Civile, Venedig 1858, S. 121 f.

Giurisprudenza pratica secondo la legislazione austriaca, Faszikel XIX, Mailand 1820, Parte I, S. 100-106

Giornale di Giurisprudenza Civile, Vendig 1858, S. 121 f.

Giornale di giurisprudenza pratica 11, parte civile, Venedig 1857, S. 212 f.

Giornale di giurisprudenza pratica 12, parte civile, Venedig 1857, S. 226 f.

Giornale per le scienze politiche legali 1, Milano 1850, S. 237 f; S. 445 f.

Giurisprudenza pratica secondo la legislazione austriaca, Faszikel X, Milano 1817, Parte I.

Ius Commune 2, 1969, S. 84 f.

Journal of Modern Italian Studies, 13, n. 4, Dez. 2008, S. 480-485

Labeo, 15, 1969, S. 7 f.

Mitteilungen des Instituts für Österreichische Geschichtsforschung, Band 7, Ausgaben 2-3, Wien 1949, S. 281 f.

Monitore dei Tribunali, 1, Venedig 1856

Österreichische Militärische Zeitschrift ÖMZ 2/2010

Rivista di Diritto Civile, 3, 1911, S. 808 f.

Rivista di diritto tavolare, 2, 1983, S. 45 f.

Rivista di storia del diritto italiano 49, 1976, S. 5 f.

Rivista internazionale di diritto comune, 4, 1993, S. 7 f.

Storia in Network, 89, 2004

Teoria e storia del diritto privato 3, 2010, S. 2 f.

Wagners' Zeitschrift, 1830, 3, S. 403 f.

Zeitschrift der Savigny Stiftung für Rechtsgeschichte, Germanistische Abteilung, 85, 1968, S. 104 f.

Zeitschrift der Savigny Stiftung für Rechtsgeschichte, Romanistische Abteilung, 30, 1909, S. 209

Monographien, Sammelwerke, Beiträge

Ambrosoli L., Giuseppe Mazzini, una vita per l'unità d'Italia, Bari 1993

Aquarone, A. L'unificazione legislativa e i codici del 1865, Mailand 1960

Arese F., La Lombardia e la politica dell'Austria: Un colloquio inedito del Metternich nel 1832 (estratto dall'Archivio storico Lombardo, Serie ottava, volume II, Mailand 1950, S. 1-55)

Ascheri M., Introduzione storica al diritto moderno e contemporaneo, Turin 2008

Astuti G., Influssi romanistici nelle fonti del diritto longobardo. In Settimane di studio del centro italiano di studi sull'alto medioevo, XXII, 1975, S. 653 f.

Astuti G, Il Code Napolon in Italia e la sua influenza sui codici degli stati italiani successori in Annali di Storia del diritto XIV - XVII (1970-1973), S. 2 f.

Baker K.M., The old regime and the French Revolution, Chicago 1987

Bartha H., Pallaver G., K. A. von Martini, Ein österreichischer Jurist, Rechtslehrer, Justiz- und Bildungsreformer im Dienste des Naturrechts, Wien 2007

Barta H., Karl Anton von Martinis bleibende Bedeutung für die österreichische und die europäische Rechtswissenschaft in H. Barta, G. Pallaver (Hg.), Karl Anton von Martini, Wien 2007, S. 78 f.

Basevi G., Annotazioni pratiche al codice civile austriaco, Mailand 1845

Bauer A., Europa und seine Regionen: 2000 Jahre Rechtsgeschichte, Köln 2007

Bendek L. A., Bendeks nachgelassene Papiere, Leipzig 1901

Benvenuti G., Le republiche marinare. Amalfi, Pisa, Genova, Venezia, Rom 1989

Bergeron L., France under Napoleon, Princeton 1981

Bernardini A., Italien–Österreich–Südtirol: Übersetzungen von Gesetzestexten in zwei Jahrhunderten, in La traduction juridique, Kongressbeiträge Universität Genf 17-19.2.2000, S. 173 f.

Bertaut J., Le roi bourgeois, Paris 1936

Bertaut J., Marie Louise, la Femme de Napoleon I, 1791-1847, Paris 1940

Berzero G., Il Conte di Cavour, in R. Giusti (Hg.), Il Lombardo-Veneto (1814-1866). Atti del convegno storico, Mantua 1977, S. 337 f.

Blaas R., Le sette politiche. Metternich e il concetto di delitto politico, in R. Giusti (Hg.), Il Lombardo-Veneto (1814-1866). Atti del convegno storico, Mantua 1977, S. 22 f.

Bombelli R., Storia della corona ferrea dei re d'Italia, Florenz 1870

Borella F., Annotazioni al codice civile universale austriaco col confronto del diritto romano, Mailand 1816.

Brauneder W., Das österreichische ABGB: eine neuständische Kodifikation in vestigia iuris romani, in Festschrift für Gunter Wesener, herausgegeben von Klinkenberg, Rainer, Stiegler. Graz 1992, S. 67 f.

Brauneder W., Die Geltung des Code Civil in Österreich, in E. Berger (Hg.), Rechtstransfer durch Zivilgesetzbücher, Beiträge Lichtenstein-Institut, 29/2005, S. 33 f.

Brauneder W., Vom Nutzen des Naturrechts für die Habsburgermonarchie, in D. Klippel (Hg.), Naturrecht und Staat, München 2006, S. 146 f.

Brauneder W., Das allgemeine Bürgerliche Gesetzbuch für die gesamten Deutschen Erbländer der österreichischen Monarchie von 1811, Sonderdruck aus Gutenberg- Jahrbuch 1987, Mainz 1987

Brogiolo G. P., Chavarria Arnau A., I Longobardi: dalla caduta dell'impero all'alba dell'Italia, Turin 2007

Browning R., The war of the Austrian Succession, New York 1993

Bueno de Mesquita D. M., Gian Galeazzo Visconti, Duke of Milan (1351-1402): A study in the political career of an italian despot, Cambridge 2011

Burdese, A. Manuale di diritto privato italiano, Turin 1973

Bürge, A. Das französische Privatrecht in 19 Jahrhundert, Frankfurt/M. 1991

Burke P., Venedig und Amsterdam im 17. Jahrhundert, Göttingen 1993

Butterfield H., The Peace Tactics of Napoleon 1806-1808, III, Cambridge 1929

Caizzi B. et al., Nuove questioni di storia del risorgimento e dell'unità d'Italia, II, Milano 1961.

Campagnari V., Preti liberali nel risorgimento mantovano, in R. Giusti (Hg.), Il Lombardo-Veneto, Mantua 1977, S. 359

Candeloro G., Storia dell'Italia moderna, I: Le origini del Risorgimento, Mailand 1956

Cannata C. A., Das ABGB und die Juristische Kultur in der Lombardei, in Selb, Hofmeister (Hg), Forschungsband Franz von Zeiller, Graz/Wien/Köln 1980, S. 43 f.

Cantarella E., Storia del mondo antico, Mailand 1994

Cappelletti M., Merryman J.H., Perillo J., The Italian Legal System: An Introduction, Harvard 1968

Carabelli A., Il diritto ipotecario vigente nel Regno Lombardo-Veneto, Mailand 1856

Caravale M., Alle origini del diritto privato europeo, Bologna 2005

Carcano G., Il codice civile austriaco e i suoi caratteri. Studi per la compilazione del codice Patrio, in "Monitore dei Tribunali", 1, Venedig 1856

Carcano G., Sul diritto privato naturale di De Zeiller, in Giornale per le scienze politiche legali 1, Mailand 1850, S. 237 f; S. 445 f.

Cardini F., Carlo Magno. Le lettere, Rom 2001

Caroni P., Privatrecht. Eine sozialhistorische Einführung, 2. Auflage, Basel/Frankfurt 1999

Carozzi G., Giurisprudenza del codice civile universale della monarchia austriaca divisa in diversi trattati esposti secondo l'ordine delle materie in esso contenute, Vol. 1-3. Mailand 1818-22

Carpanetto D., Ricuperati G., L'Italia del settecento. Crisi, trasformazioni, Lumi, Bari 1986

Castagnetti A., La società veneziana nel Medioevo, Band. 1- 2, Verona 1992/1993

Castelli G. A., Il codice civile generale austriaco confrontato con le leggi romane e col già codice civile d'Italia, 6 Bände, Milano 1831-32

Castelli G., Manuale del codice civile generale Austriaco, Milano 1956

Cessi R. (Hg.), Liber Plegiorum & Acta Consilii Sapientum, in: Deliberazioni del Maggior Consiglio di Venezia, Bd. 1, Bologna 1950

Cessio R., La Crisi del 1866. A proposito di recenti pubblicazioni, Venedig 1969.

Chamber D. S., The Imperial Age of Venice, New York/London 1970

Chandler D.G., The Campaigns of Napoleon, I, London 1973

Ciprandi I., L'Università di Pavia nell'età della Restaurazione, in M. Malatesta (Hg.), Problemi scolastici ed educativi nella Lombardia del primo ottocento, Mailand 1977-78, II, S. 193 f.

Cognasso F., Vita e cultura in Piemonte. Dal Medioevo ai giorni nostri, Turin 1969

Conati M., La Bottega della Musica. Verdi e la Fenice, Mailand 1983

Cortese, E. Alle origini della scuola di Bologna, in Rivista internazionale di diritto comune, 4 (1993), S. 7 f.

Cortese E., Il diritto nella storia medioevale, II, Rom 1995

Cracco G., Societé e stato nel medioevo veneziano, Florenz 1967

Crétineau-Joly J., L'Eglise Romaine en Face de la Révolution, Paris 1859

D'Amore M., La donna nella storia. Viaggio nei secoli alla scoperta del ruolo della donna, Rom 2004

De Castro V., Storia aneddotica politico-militare della guerra d'Italia nel 1859, II, Mailand 1859

de Fournoux, A. Napoléon et Venise 1796–1814, Paris 2002

De Simoni A., in B. Leoni, Dizionario bibliografico dei Valtellinesi e Valchiavennaschi, Sondrio 1978, S. 131

Deambrois M., La stampa della restaurazione nel Lombardo-Veneto,in R. Giusti (Hg.), Il Lombardo-Veneto (1815-1866). Atti del convegno storico, Mantova 1977, S. 161 f.

Del Giudice F., Codice civile generale austriaco, Görz 1928.

Di Fiore G., Controstoria dell'Unità d'Italia. Fatti e misfatti del Risorgimento, Mailand 2007

Di Nolfo E., Il trattato di Zurigo del 10 novembre 1859, in G.B. Clemens (Hg.), Nation und Europa, Festschrift für Peter Krüger zum 65 Geburtstag, Stuttgart 2001, S. 85

Di Simone M. R., Das ABGB in Italien, in E. Berger (Hg.) Österreichs Allgemeines Bürgerliches Gesetzbuch. Eine europäische Privatrechtskodifikation, III, Berlin 2010, S. 294

Di Simone M. R., Il diritto austriaco e la società veneta, in "Venezia e l'Austria" (Fondazione Giorgio Cini), Venedig 1999, S. 134 f.

Di Simone M. R., Introduzione del codice civile austriaco in Italia. Aspetti e momenti, in Studi in memoria di Gino Gorla, II, Milano 1994, S. 1022 f.

Di Simone M. R., Il codice civile generale austriaco nel dibattito per l'unificazione legislativa italiana, in B. Mazohl, M. Meriggi (Hg.), Österreichisches Italien-Italienisches Österreich? Interkulturelle Gemeinsamkeiten und nationale Differenzen vom 18. Jahrhundert bis zum Ende des ersten Weltkrieges, Wien 1999, S. 399 f.

Diaz F., Dal movimento dei Lumi al movimento di popoli. L'europa tra illuminismo e rivoluzione, Bologna 1986

Dipper C., Napoleonische Herrschaft in Deutschland und Italien, Berlin 1995

Diurni G., L'Expositio ad „Librum Papiensem" e la scienza giuridica preirneriana, in Rivista di storia del diritto italiano 49 (1976), S. 5 f.

Dölemeyer B., Nachwort zu „Napoleons Gesetzbuch- Code Napoléon", Nachdruck der Originalausgabe, Frankfurt/M. 2001

Dölemeyer B., Mohnhaupt H., Somma A. (Hg.), Richterliche Anwendung des Code Civil in seinen europäischen Geltungsbereichen außerhalb Frankreichs, Frankfurt 2006

Dorsi P., La prima fase di funzionamento del sistema tavolare a Trieste: il lento cammino di una riforma, in Rivista di diritto tavolare, II, 1983, S. 45 f.

Ebert K., Gesetzgebung und Rechtswissenschaft, Ein Beitrag zur Zeit des späten Naturrechts in Österreich, in Zeitschrift der Savigny Stiftung für Rechtsgeschichte, Germanistische Abteilung, 85 (1968), S. 104 f.

Eccher B., Das ABGB und die italienische Privatrechtswissenschaft,in G. Pallaver (Hg.), Geschichte, Institutionen und Recht bei Karl Anton von Martini. Trento 2002, S. 249-255. Überarbeitete Version erschienen als: Eccher B., Die italienische Sprache und das ABGB , in Bartha H., Pallaver G. (Hg.), K. A. von Martini, Ein österreichischer Jurist, Rechtslehrer, Justiz- und Bildungsreformer im Dienste des Naturrechts, Wien 2007, S. 254-259

De Egger F. "Jus naturae privatum. Editio germanica tertia latine reddita a Francisco nobili De Egger", Wien 1816

Engelmann W., Die Wiedergeburt der Rechtskultur in Italien durch die wissenschaftliche Lehre, Leipzig 1938

Engels F., Ausgewählte militärische Schriften, II, Berlin 1958,

Esposito R. F., La Massoneria e l'Italia, Rom 1979

Eyssell, A. P. Th. Doneau, sa vie et ses ouvrages, Dijon 1860

Fauvelet de Bourienne L., Memoirs of Napoleon Bonaparte, I, London 1836

Fedynsky, A. Räumliche Geltung des ABGB im Wandel der Zeit, (Dissertation) Universität Wien, Wien 1944

Ferid M., Das französische Zivilrecht, Band 1, Frankfurt 1971

Ferid M., Sonnenberger H. J., Das französische Zivilrechte, Band 2, 1, Heidelberg 1986

Ferrante R., Un ruolo per l'interprete: La scienza giurdica italiana tra Code Napoleon e ABGB, in Forum Historiae Iuris, 30/01/2006

Ferretti R., Aspetti e problemi di storia dello Stato dei Presidi in Maremma, Grosseto 1979

Floßmann U., Österreichische Privatrechtsgeschichte, Wien 2008

Fontana G. L., Patria veneta e stato italiano dopo l'unità: problemi di identità e di integrazione, in Storia della cultura Veneta, herausgegeben von G. Arnaldi und M. Pastori Stocchi, Band VI ("Dall'età napoleonica alla prima guerra mondiale"), Vicenza 1986, S. 553 f.

Frasca F., Le operazioni dei corpi militari veneti e d'alcuni alleati, in "Venezia Quarantotto. Episodi, luoghi, protagonisti di una rivoluzione, 1848-1849", Milano 1998, S. 35–41.

Friggerio A., Risorgimento e unità d'Italia, Novara 2010

Galletto P., La vita di Daniele Manin e l'epopea veneziana del 1848-49, Treviso 1999

Galluzzi J.R., Istoria del Granducato di Toscana, IV, Firenze 1822

Gasperini L., Massimiliano d'Austria, ultimo Governatore del Lombardo Veneto nei suoi ricordi, in Nuova Antologia 299 (1935), S. 565

Gazzoni F., Manuale di diritto privato, Napoli 2000

Geerke H. P., Napoleon vom Leutnant zum Kaiser, Leipzig 1913

Genzmer E., die justinianische Kodifikation und die Glossatoren, in Das römische Recht im Mittelalter, E. H. J. Schrage (Hg.) 1987, S. 5 f.

Ghisalberti C., Aspetti di vita pubblica e amministrativa nel Veneto intorno al 1866, in „Clio", II, 1966, S. 293 f.

Giardina A., Sabatucci G., Vidotto V., Manuale di Storia 2, L'età moderna, Bari 1996

Giardina A., Sabatucci G., Vidotto V., Manuale di Storia 3, L'età contemporanea, Bari 1997

Gibellini, P. Alessandro Manzoni. Il Conte di Carmagnola, Turin 1995

Giusti R., Il Veneto nel Risorgimento dal 1848 all'unità, Venedig 1983

Giusti, R. Il Veneto all'indomani dell'unità in Il Lombardo-Veneto tra risorgimento e unità, herausgegeben von R. Giusti, (Atti e memorie del museo del risorgimento di Mantova) 1980-81, S. 35 f.;

Goldoni L., Maria Luigia donna in carriera, Mailand 1991

Grisi G., Progetto Catastrale, Haus-, Hof- und Staatsarchiv, Staatskanzlei Provinzen Lombardo-Venezien, Karton 33, S. 905 f.

Guerci L., Le monarchie assolute, II: permanenze e mutamenti nell'Europa del Settecento, Turin 1986

Gutzwiller M., Geschichte des internationalen Privatrechts. Von den Anfängen bis zu den großen Privatrechtskodifikationen, Basel 1977

Haas A.G., Metternich, reorganization and nationality 1813-1818: A History of foresight and frustration in the rebuilding of the Austrian empire, Wiesbaden 1963

Haemmerle G.,Nestor G., Manuale del codice civile, Innsbruck 1877

Halpérin J. L., Histoire du droit privé francais depuis 1804, Paris 1996.

Hearder H., Cavour, Bari, 2000

Herre F., Maria Theresia, die große Habsburgerin, München 2004

Herre F., Napoleon Bonaparte. Eine Biographie. München 2006

Horn N., Die juristische Literatur der Kommentatorenzeit, in Ius Commune 2, 1969, S. 84 f.

Huch R., Das Risorgimento, Leipzig 1908

Jarnut J., Storia dei Longobardi, Turin 2002

Kaiser W., Die Epitome Iuliani, Frankfurt 2004

Kantorowitz H., in Zeitschrift der Savigny Stiftung für Rechtsgeschichte, Romanistische Abteilung, 30, 1909, S. 209

Kaser M., Römische Rechtsquellen und angewandte Juristenmethode, Wien-Köln 1986

Klessmann E., Goethe aus der Nähe: Berichte von Zeitgenossen, München 1994

Kretschmayr H., Geschichte von Venedig, Band I, Aalen 1964

Krüger P., Das unberechenbare Europa: Epochen des Integrationsprozesses vom späten 18 Jahrhundert bis zur Europäischen Union, Stuttgart 2006

Kulischer J., Allgemeine Wirtschaftsgeschichte des Mittelalters und der Neuzeit, Band I, München 1988

Kunkel W., Schermaier M., Römische Rechtsgeschichte, 13 Auflage, Heidelberg 2001

Kunz H., Die Feldzüge des Feldmarschalls Radetzky in Oberitalien 1848 und 1849, Leipzig 1890

Kurz H., Von Montebello bis Solferino, Berlin 1888

Lanaro S., Dopo il '66 . Una regione in patria, in Il Veneto, herausgegeben von S. Lanaro (Storia d'Italia, Le regioni dall'unità ad oggi), Turin 1984, S. 409 ff.

Lange H., Römisches Recht im Mittelalter,I, München 2007

Le Goff J., L'Italia fuori dall'Italia. L'Italia nello specchio del Medioevo, in Storia d'Italia, 2/2, Turin 1974 S. 1933-2088

Le Masson, A. Storia della campagna di Novara nel 1849 dall'autore di Custoza, Turin 1850

Lefebvre G., Napoleon, Stuttgart 2003

Leoni, B. Dizionario bibliografico dei Valtellinesi e Valchiavennaschi, Sondrio 1978

Leti G., Carboneria e Massoneria nel risorgimento italiano, Genua 1925

Levra U.,(zusammen mit F. Levi, N. Tranfaglia) Storia d'Italia, II, Rom 1978

Liebs D., Die Jurisprudenz im spät-antiken Italien, Berlin 1987

Luzio A., Il processo Pellico-Maroncelli secondo gli atti officiali segreti, Mailand 1903

Luzio A., La Massoneria e il risorgimento italiano, Band I, Bologna 1925

Lynn J.A., The wars of Louis XIV. 1667-1714, Harlow 1999

M. Montanari, Politica e strategia in cento anni di guerre italiane: il periodo risorgimentale, Rom 1996

Macry P., Introduzione alla storia della società moderna e contemporanea, Bologna 1980

Maestrazzi E., La lega Lombarda: Storia del Duecento, Band 1, Mailand 1851

Mangini N., Sulla politica teatrale dell'Austria nel Lombardo-Veneto, in R. Giusti (Hgbr.), Il Lombardo-Veneto (1815-1866). Atti del convegno storico, Mantua 1977, S. 139 f.

Manzoni A., I promessi sposi, Mailand 1842, (Verlag Manna, Mailand 2011)

Martina G., Pio IX, Rom 1985

Martinez D., Al codice civile austriaco: l'avvocato Diego Martinez. Spiegazioni dell'introduzione e dei capitoli I, II parte prima di detto codice, 2 Bände, Mailand 1823

Mattarelli S., Duties and rights in the thought of Giuseppe Mazzini, in Journal of Modern Italian Studies, 13, no. 4 (Dez. 2008), S. 480-485

Mattei J., I paragrafi del codice civile austriaco avvicinati alle leggi romane, francesi e sarde, 5 Bände, Venedig 1852-1856

Mattiangeli, D. La recezione Dell'Allgemeines Bürgerliches Gesetzbuch nel Lombardo-Veneto, in „1861 Antecedenti e conseguenze per l'Italia e l'Austria, Tagung des Österreichischen Historischen Instituts in Rom, Rom, 26.11.2010

Mayer-Maly T., Die Lebenskraft des ABGB, in Österreichische Notariatszeitung, 118, 1986, S. 265 f.

Mazohl B., Österreichischer Verwaltungsstaat und administrative Eliten im Königreich Lombardo-Venezien 1815-1859, Mainz 1993

Mazohl, B. Gli ultimi anni del dominio austriaco in Lombardia (1857-59) in R. Giusti (Hg.), Il Lombardo-Veneto (1815-1866), Mantua 1977, S. 79 f.

McKay D., Prince Eugene of Savoy, London 1977

McLynn F., Napoleon. A biography, New York 2011

McPherson H., La Divine Comtesse: Representing the Anatomy of a Countess, in The Modern Portrait in Nineteenth Century France, Cambridge and New York 2001, S. 38-75

Menestrina F., Nel centenario del codice civile generale austriaco, in Rivista di Diritto Civile, III, 1911, S. 808 f.

Meriggi M., Amministrazione e classi sociali nel Lombardo-Veneto (1814-1849), Bologna 1983

Meriggi M., Il Regno Lombardo-Veneto, Turin 1987

Michel A. Th., Beiträge zur Geschichte des Österreichischen Eherechts, I. Graz 1870-71, 89 f.

Montagu V.M., Eugène de Beauharnais: The adopted Son of Napoleon, London 1913

Montesquieu C.L., De l'esprit des loix, ed. G. Truc, Paris, 1956.

Montholon C.T., History of the captivity of Napoleon at St. Helena, London 1846

Monti C., Selvini A., Il Catasto nella Storia, in Bollettino SIFET (Società italiana di topografia e fotogrammetria), 1/1997, S. 47 f.

Mörke O., Das Haus Oranien Nassau als Brückenglied zwischen den politischen Kulturen der niederländischen Republik und der deutschen Fürstenstaaten, in H. Lademacher (Hg.), Oranien-Nassau, Die Niderlande und das Reich, Münster/Hamburg 1995, S. 47 f.

Moschetti G., Il catasto di Macerata dell'anno 1560 e la bolla "Ubique Terrarum" di Paolo IV del 18 maggio 1557, Neapel 1978

Mozzarelli, C. Alberto de Simoni, Memorie intorno la propria vita e scritti, Mantua 1991

Nafziger G. F., Napoleon's invasion of Russia, New York 1998

Negri G.M., Dei difetti del codice civile italico che porta il titolo di codice Napoleone e dei pregi del codice civile austriaco, Vicenza 1815.

Nelson Gay H., Uno screzio diplomatico fra il governo pontificio e il governo americano e la condotta degli Svizzeri a Perugia il 20 giugno 1859, Unione tip. cooperativa, Perugia 1907

Nohlen D., (mit Sternberger D., Vogel B., Landfried K.) Die Wahl der Parlamente: Europa, II, Berlin 1969

Norwich J. J., A History of Venice, New York 1982

Ogris W., 175 Jahre ABGB. Eine Bilderfolge in fünfzehn „Hauptstücken", Wien 1986/87

Oman C., Napoleon's Viceroy: Eugene de Beauharnais, New York 1968

Omodeo A., Die Erneuerung Italiens und die Geschichte Europas 1700-1920, Zürich 1951

Omodeo A., Difesa del Risorgimento, Turin 1951

Otte G., Die Rechtswissenschaft, in: Renaissance S. 127 f.

Palmer, A. Glanz und Niedergang der Diplomatie. Die Geheimpolitik der europäischen Kanzleien vom Wiener Kongress bis zum Ausbruch des ersten Weltkrieges, Düsseldorf 1986

Pécout G., Il lungo Risorgimento: la nascita dell'Italia contemporanea (1770-1922), Mailand-Turin 1999

Pellico S., Le mie Prigioni, Mailand 1986

Pennington K., Learned Law, Droit Savant, Gelehrtes Recht: The tyranny of a concept, in Rivista internazionale di diritto comune 5, 1994, S. 197 f.

Pesendorfer F., Eiserne Krone und Doppeladler, Wien 1987

Petacco A., Il regno del Nord. 1859: Il sogno di Cavour infranto da Garibaldi, Mailand 2009

Pfaff L., Hoffmann F., Commentar zum österreichischen allgemeinen bürgerlichen Gesetzbuch, I, Wien 1877

Piano Mortari V., Razionalismo e Filologia nella metodologia giuridica di Baron e di Duareno, in Labeo, 15 (1969), S. 7 f.

Pillinini G., Il sentimento filo-asburgico nel Veneto agli inizi della seconda dominazione austriaca, in Il Lombardo-Veneto (1815-1866) sotto il profilo culturale, economico e sociale, „Atti del convegno storico" a cura di R. Giusti, Mantua 1977, S. 47 f.

Pisanelli G., Dei progressi del diritto civile in Italia nel secolo XIX, Mailand 1872

Pischedda, C. Problemi dell'unificazione italiana, Modena 1963

Plesser M.A., Jean Marie Etienne Portalis und der Code Civil, Berlin 1997

Polo M., Il milione, Venedig 1928

Pontiggia G., Rumi G., Il tramonto di un regno. Il Lombardo-Veneto dalla restaurazione al risorgimento (1814-1859), Mailand 1988

Potoschnig U., L'unificazione amministrativa delle provincie Venete, Vicenza 1967

Pötsch C., Metternich: Seine Politik und sein Europaverständnis, Norderstedt 2006

Pratobevera C. J. (Hg.), Nachrichten über die neueste Gesetzgebung und Rechtspflege in den österreichischen Staaten, in Materialien für Gesetzkunde und Rechtspflege in den österreichischen Erbstaaten, II, 1816, S. 292 f.

Prieschl M., Der Weg nach Solferino - Die politischen Ursachen von 1859, in Österreichische Militärische Zeitschrift ÖMZ 2/2010, Wien 2010

Providenti E., Roma e il Lazio nel Risorgimento, in "Capitolium", 1968 (XLIII), N° 3-4, S. 12-32

Pugliatti, S. La Trascrizione, Band 2, Mailand 1989

Puppo M., Il Romanticismo, Rom 1994

Rainer J. M., Europäisches Privatrecht, Frankfurt 2007

Rainer J.M., Römisches Staatsrecht, Darmstadt 2006

Ranieri F., Einführung und Geltung des Österreichischen ABGB in das Regno Lombardo-Veneto (1815-1859) in H. Coing (Hg.), Handbuch der Quellen und Literatur der neueren europäischen Privatrechtsgeschichte, III, I, München 1982, 226 f.

Reale, A. Istituzioni del diritto civile austriaco con le differenze tra questo e il diritto civile francese e coll'adattamento delle disposizioni posteriori alla promulgazione del codice civile generale austriaco publicate nel regno lombardo veneto, Bände I-IV, Pavia 1829-36

Rebuffa G., Lo Statuto Albertino, Bologna 2003

Regnoli O., Sulla formazione di un nuovo codice civile italiano e sulla convenienza di alcune leggi transitorie, Genua 1859

Riotte T., Hannover in der britischen Politik, Münster 2005

Riva E., Manuale di Storia 1300-2000, Roma 2007

Romagnoli S., Il sogno di Gioberti: un Italia unita Catto-Liberale. Con Papa, in Storia in Network, 89 (2004)

Romeo R., Vita di Cavour, Bari 2004

Rösch G., Der venezianische Adel bis zur Schließung des Großen Rates: zur Genese einer Führungsschicht, Sigmaringen 1989

Rösch G., Venedig. Geschichte einer Seerepublik, Stuttgart 1998

Rüstow W., Der italienische Krieg 1859 politisch-militärisch beschrieben, Zürich 1860

Ruth E., Geschichte des italienischen Volkes unter der napoleonischen Herrschaft als Grundlage einer neuen Geschichte Italiens, Leipzig 1859

Sandonà A., Il Regno Lombardo-Veneto 1814-1859. La costituzione e l'amministrazione. Studi di storia e di diritto; con la scorta degli atti ufficiali dei dicasteri centrali di Vienna, Mailand 1912

Sardagna G., Pro Memoria über die Einführung des österreichischen Zivil-und Criminal-Gesetzbuches in Italien, Haus-, Hof- und Staatsarchiv, Staatskanzlei Provinzen Lombardo-Venezien, Karton 33, S. 804 f.

Sarti R., Giuseppe Mazzini. La politica come religione civile, Roma-Bari 2000

Savigny F. K., Geschichte des römische Rechts im Mittelalter, IV, Heidelberg 1826

Schindler G., Von Arlecchino zu Kasperl-Commedia dell'arte in Österreich, in B. Mazohl, M. Meriggi (Hg.), Österreichisches Italien-Italienisches Österreich?, Wien 1999, S. 571 f.

Schlosser H., Grundzüge der neueren Privatrechtsgeschichte. Rechtsentwicklungen im europäischen Kontext, Heidelberg 2005

Scirocco A., Garibaldi. Battaglie, amori, ideali di un cittadino del mondo, Roma-Bari 2009, S. 18 f.

Selb W., Hofmeister H., Beiträge zur Gesetzgebungs- und Wissenschaftsgeschichte, Wien-Graz-Köln 1980

Sella D., Capra C., Il ducato di Milano, Turin 1984

Sellert W., Zur Rezeption des römischen und kanonischen Rechts in Deutschland von den Anfängen bis zum Beginn der frühen Neuzeit, in H. Boockmann (Hg.), Recht und Verfassung im Übergang vom Mittelalter zur Neuzeit, Teil I, 1998, S. 115 f.

Severini M., La Repubblica romana del 1849, Vendig 2011

Sloan W. M., Life of Napoleon Bonaparte, III, Whitefish 2005

Smith D. M., Italy: A Modern History, Ann Arbor (Michigan) 1969

Sohm R., Mitteis L., Institutionen: Geschichte und System des römischen Privatrechts, Berlin 1949

Solinas G., Verona e il Veneto nel Risorgimento, Verona 2008

Soriga R., Le società segrete, Mailand 1942

Speranza P., Manuale del diritto di matrimonio austriaco civile ecclesiastico, Wien 1817

Stadler P., Cavour: Italiens liberaler Reichsgründer, München 2001

Stadler P., Der Friede von Zürich 1859: Säkularbetrachtung einer geschichtlichen Episode, Wien 1959

Taglioni O., Commentario al codice civile generale austriaco, 10 Bände, Mailand 1816-1825

Terzaghi L., Del sistema ipotecario e del tavolare in rapporto all'azione quasi serviana, in Eco dei Tribunali, 909, Sezione Seconda. Giornale di Giurisprudenza Civile, Venezia 1858, S. 121 f.

Thiriet F., La Romanie vénitienne au Moyen Age. Le développement et l'exploitation du domaine colonial vénitien (XII–XV siècles), 2. Auflage, Paris 1975

Tivaroni C., L'Italia durante il dominio austriaco, I, Turin 1893

Tornielli A., Pio IX. L'ultimo Papa re, Mailand 2004

Torrente A., Manuale di diritto privato, Mailand, 1990

Trabucchi A., Istituzioni di diritto civile, Padua 2005

Triggiano A., Towards a Civil Code: the Italian Experience, in Teoria e storia del diritto privato 3, 2010, S. 2 f.

Troje H. E., Zur humanistischen Jurisprudenz, in Festschrift H. Heimpel, II, 1972, S. 110 f.

Trusen W., Römisches und partikuläres Recht in der Rezeptionszeit, in Festschrift Lange, 1970, S. 97 f.

Tulard J., Napoleone. Il mito del salvatore, Milano 1980

Valle E. in Eco dei Tribunali, 70, Sezione Seconda. Giornale di giurisprudenza civile, Venezia 1852, S. 138 f.

Valsecchi F., Il dominio del Lombardo-Veneto e i problemi della politica austriaca in Italia, in R. Giusti, Il Lombardo-Veneto (1815-1866), Atti del convegno storico, Mantua 1977, S. 3 f.

Vannoni G., Le società segrete dal seicento al novecento, Florenz 1985

Veltzke V., Napoleon: Trikolore und Kaiseradler über Rhein und Weser, Köln 2007

Vocelka K., Österreichische Geschichte, München 2007

Vollrath H. (Hg.), Der Weg in eine weitere Welt. Kommunikation und "Außenpolitik" im 12. Jahrhundert, Berlin 2008

von Hardegg J., Vorlesungen über Kriegsgeschichte, III, Darmstadt/Leipzig 1862

von Helfert J. A., Zur Geschichte des lombardo-venetianischen Königreichs, Wien 1908

von Helfert J. A., Kaiser Franz I von Österreich und die Stiftung des lombardo-venetianischen Königreichs, Innsbruck 1901

von Hellwald F. H, Der österreichische Feldmarshall Graf Radetzky: Eine biographische Skizze, Stuttgart/Augsburg 1858

von Olberg E., Die französische Armee auf dem Exerzierplatze und im Feld. Mit einem Rückblick auf den Feldzug in Italien im Jahre 1859, Berlin 1861

von Preradovich N., Gyulai, Ignaz Graf. In: Neue Deutsche Biographie (NDB). Band 7, Berlin 1966, S. 365.

von Würzbach C., Biographisches Lexikon, XXVIII, Wien 1874, S. 244-45

von Zeiller F., Commentar über das allgemeine bürgerliche Gesetzbuch für die gesammten Deutschen Erbländer der Oesterreichischen Monarchie, Wien und Triest 1811

Walpole S., Comyn Lyall A., The history of twenty-five years 1856-65, London 1904

Wana T., Recht und Revolution in Italien im 19. Jahrhundert, Seminararbeit (Universität Wien), Wien 2010

Weidenbush W., Das italienische in der Lombardei in der ersten Hälfte des 19. Jahrhunderts, Tübingen 2002

Weigand K., Österreich, die Westmächte und das europäische Staatensystem nach dem Krimkrieg, Husum 1997

Wesel U., Geschichte des Rechts, München 1997

Wesenberg G., Wesener G., Neuere deutsche Privatrechtsgeschichte, Lahr/Schwarzwald 1976

Wesener G., Einflüsse und Geltung des römisch-gemeinen Rechts in den altösterreichischen Ländern in der Neuzeit (16 bis 18 Jahrhundert), Wien/Köln 1989

Willms J., Napoleon: Eine Biographie, München 2005

Wolfram H., Die Goten: Von den Anfängen bis zur Mitte des sechsten Jahrhunderts, München 2001

Woolf S. J., Napoleone e la conquista dell'Europa, Bari 1990

Zajotti P., Semplice verità opposta alle menzogne di Enrico Misley nel suo libello l'Italie sous la domination autrichienne, Paris 1834

Zedinger R., Lothringen-Toskana-Mitteleuropa. Kulturtransfer als Folge eines Ländertausches (1737-1765), in B. Mazohl, M. Meriggi, Österreichisches Italien-Italienisches Österreich?, Wien 1999, S. 549 f.

Zimmermann W., Die Befreiungskämpfe der Deutschen gegen Napoleon, Stuttgart/Leipzig 1836

Zimmermanns K., Theil A.C., Ulmer C., Friaul und Triest: unter Markuslöwe und Doppeladler, Köln 2011

Zorzi A., La repubblica del leone. Storia di Venezia, Mailand 2001

Zorzi A., Venedig. Eine Stadt, eine Republik, ein Weltreich 697–1797, München 1981

Zorzi A., Vita di Marco Polo veneziano, Mailand 2000

Jurisprudenz

Entscheidung 13. März 1851 N. 1099 des OGH Niederösterreichs

Entscheidung 14. August 1851 N. 6825 OGH Wien

Salzburger Studien zum Europäischen Privatrecht

Herausgegeben von J. Michael Rainer

Band 1 Marc Herzog: Die Haftung des Gastwirts für eingebrachte Sachen des Gasts nach §§ 701 - 703 des Deutschen Bürgerlichen Gesetzbuchs. 1999.

Band 2 Andreas Reinhart: Familienplanungsschaden. Wrongful birth, wrongful life, wrongful conception, wrongful pregnancy. Eine rechtsvergleichende Untersuchung anhand des deutschen und des anglo-amerikanischen Rechts. 1999.

Band 3 Markus Frank: Untersuchungen zu den *Politika* des Aristoteles. 1999.

Band 4 Stefan Josef Schermaier: Der Gemeinschaftsrechtliche Staatshaftungsanspruch. Entwicklung, Perspektiven und Auswirkungen auf das österreichische Recht. 1999.

Band 5 Carmen Windhaber: Reiserecht in Österreich, Deutschland und Kanada. 2000.

Band 6 Korbinian Dietl: Unfallhaftung beim Expeditions- und Trekkingbergsteigen. Zugleich ein Beitrag zum Reiserecht für den Bereich der Bergreisen sowie zum Sporthaftungsrecht für den Bereich des Bergsports. 2000.

Band 7 Erich Jeroscheg: Eigentum an beweglichen Sachen. Französisches Recht und Rechtsvergleich. 2000.

Band 8 Thomas Tschaler: Das Moment der Gefahr als Element der Schadenszurechnung im System des Haftpflichtrechts. Eine rechtstheoretische Untersuchung der möglichen Schwächen gängiger Haftungsmodelle. 2000.

Band 9 Christian Hellenthal: Zulässigkeit einer supranationalen Fußball-Europaliga nach den Bestimmungen des europäischen Wettbewerbsrechts. 2000.

Band 10 Wolfgang Bengen: Die Systematik des § 823 I BGB im Deliktsrecht. Zugleich ein Beitrag zu den Verkehrspflichten. 2000.

Band 11 Gerhard Pöttler: Vergleichende Verbraucherschutzrichtlinienumsetzung in europäischen Mitgliedsstaaten. Anhand ausgewählter Beispiele der Pauschalreise-, Timesharing- und Produkthaftungsrichtlinie. 2001.

Band 12 Johannes Michael Rainer: Europäisches Privatrecht. Die Rechtsvergleichung. 2., überarbeitete und ergänzte Auflage. 2007.

Band 13 Erwin Schön: Allgemeines Vertragsrecht und Kaufvertragsrecht - ein Rechtsvergleich Österreich, USA, Spanien und UN-Kaufrecht. Unter Einbeziehung von PECL und UNIDROIT-Prinzipien. Gemeinsamkeiten, Unterschiede, Bewertungsversuche. 2003.

Band 14 Patrick Schenner: Skiunfall! Wer haftet? Schadenersatz im österreichischen Skirecht. 2003.

Band 15 Peter Unterkofler: Die rechtliche Stellung des Pflichtteilsberechtigten im Spannungsverhältnis zwischen Erbrecht und Privatstiftungsrecht. 2003.

Band 16 Susanne Spaun: Der Herausgabeanspruch bei Diebstahl oder illegalem Export von Kulturgütern. 2003.

Band 17 Josef Wolff: Trust, Fiducia und fiduziarische Treuhand. Historisch-rechtsvergleichende Untersuchung mit einer Darstellung des Trust in Schottland sowie des römischen und österreichischen Fideikommiss. 2005.

Band 18 Johannes Michael Rainer / Johanna Filip-Fröschl: Transfer of Title Concerning Movables Part I – Eigentumsübertragung an beweglichen Sachen in Europa Teil I. Introduction, Estonia, Italy, Poland, Portugal, Scotland, Slovenia, Spain. Einführung, Estland, Italien, Polen, Portugal, Schottland, Slowenien, Spanien. Edited by Johannes Michael Rainer – Herausgegeben von Johannes Michael Rainer. 2006.

Band 19 Mary-Rose McGuire: Transfer of Title Concerning Movables Part II – Eigentumsübertragung an beweglichen Sachen in Europa Teil II. National Report: Germany. Edited by Johannes Michael Rainer – Herausgegeben von Johannes Michael Rainer. 2006.

Band 20 Claes Martinson: Transfer of Title Concerning Movables Part III – Eigentumsübertragung an beweglichen Sachen in Europa Teil III. National Report: Sweden. Edited by Johannes Michael Rainer – Herausgegeben von Johannes Michael Rainer. 2006.

Band 21 Arthur Salomons: Transfer of Title Concerning Movables Part IV – Eigentumsübertragung an beweglichen Sachen in Europa Teil IV. National Report: The Netherlands. Edited by Johannes Michael Rainer – Herausgegeben von Johannes Michael Rainer. 2006.

Band 22 Viola Heutger: Ein gemeineuropäisches Kaufrecht. Vision oder nahe Zukunft? 2007.

Band 23 Thomas Käferböck: Erleichterungen und Erschwernisse zur Realisierung des Erblasserwillens im internationalen Erbrecht. Das Haager Testamentsübereinkommen einerseits und die Problematik der Pflichtteilsermittlung bei Nachlassspaltung andererseits. 2008.

Band 24 Astrid Hauser: Der Europäische Gerichtshof und der U.S. Supreme Court. Eine vergleichende Analyse ausgewählter Aspekte. 2008.

Band 25 Philipp Riesenkampff: Die Beweisbarkeit der Übermittlung unverkörperter Willenserklärungen unter Abwesenden in Deutschland, Österreich und England. 2009.

Band 26 Daniele Mattiangeli: Vorteile der *Romanitas* im Bereich des Vertragsrechts aus einer historisch-vergleichenden Perspektive. 2009.

Band 27 Johannes Michael Rainer (Hrsg.): Vis a potestas legum. Liber amicorum Zoltán Végh. Herausgegeben von Michael Rainer. 2010.

Band 28 Lorenz Wolff: Pflichtteilsrecht – Forced Heirship – Family Provision. Österreich – Louisiana – Schweiz – England und Wales. Ein Rechtsvergleich. 2011.

Band 29 Karin Schwarz: Mediation und Collaborative Law unter besonderer Berücksichtigung relevanter Rechtsbereiche im österreichischen Zivilrecht. 2011.

Band 30 Daniele Mattiangeli: Die Anwendung des ABGB in Italien im 19. Jahrhundert und seine historischen Aspekte. 2012.

www.peterlang.de